Lágrimas de sangue

A saúde dos escravos no Brasil da época
de Palmares à Abolição

Alisson Eugênio

Copyright © 2016 Alisson Eugênio

Grafia atualizada segundo o Acordo Ortográfico da Língua Portuguesa de 1990, que entrou em vigor no Brasil em 2009.

Edição: Haroldo Ceravolo Sereza
Editora assistente: Camila Hama
Projeto gráfico, capa e diagramação: Cristina Terada Tamada
Revisão: Julia Barreto
Assistente acadêmica: Bruna Marques
Assistente de produção: Dafne Ramos/Cristina Terada Tamada
Imagem da capa: Porão de um navio negreiro, John Moritz Rugendas - Biblioteca Nacional

Este livro foi publicado com o apoio da FAPEMIG.

CIP-BRASIL. CATALOGAÇÃO NA PUBLICAÇÃO
SINDICATO NACIONAL DOS EDITORES DE LIVROS, RJ

E88L

Eugênio, Alisson
Lágrimas de sangue: a saúde dos escravos no Brasil da época de Palmares à Abolição
Alisson Eugênio. - 1. ed.
São Paulo: Alameda, 2016.

270 p.; 23 cm

Inclui bibliografia
ISBN 978-85-7939-369-3

1. Escravidão - Brasil - História - Séc. XIX. 2. Escravos - Brasil - Condições sociais. 3. Escravos - Brasil - Saúde. 4. Escravos - Brasil - Doenças. I. Título.

15-28529   CDD: 981
           CDU: 94(81)

ALAMEDA CASA EDITORIAL
Rua Treze de Maio, 353 – Bela Vista
CEP 01327-000 – São Paulo – SP
Tel. (11) 3012-2403
www.alamedaeditorial.com.br

Aos trabalhadores e trabalhadoras que com seu suor e inteligência constroem, desde a escravidão, este país. À minha filha Bárbara Baptisteli Vieira que, quando estiver preparada, também dará sua contribuição para fazer deste país um lugar melhor para se viver. À memória de minha avó, Nilza Vieira de Souza, que após ter perdido seu marido, Joaquim Vieira de Souza, em um trágico acidente na mina de Morro Velho, teve que criar seus quatro filhos ainda crianças, entre um e cinco anos: minha mãe Raimunda Bárbara Vieira, meu tio Luís Eustáquio Vieira, e minhas tias Maria Vieira e Rita de Fátima Vieira, para os quais também dedico este livro.

Senhor Deus dos desgraçados!
Dizei-me vós, Senhor Deus!
Se é loucura... sé é verdade
Tanto horror perante os céus...

Castro Alves

SUMÁRIO

Introdução 17

Capítulo 1 29
Esboço historiográfico sobre a saúde dos escravos

Capítulo 2 59
Diário do cativeiro

Capítulo 3 87
Os relatos de Luís Gomes Ferreira
na obra *Erário mineral* (1735)

Capítulo 4 119
Os relatos médicos da época da Ilustração

Capítulo 5 139
Os relatos de Luís Antônio de Oliveira Mendes
em sua *Memória...* (1793)

Capítulo 6   167
Os relatos dos médicos que atuavam no Império

Capítulo 7   195
Os relatos dos administradores da mina
de Morro Velho: 1835-1888

Considerações Finais   233

Anexos   241

Referências   251

Agradecimentos   269

ÍNDICE DE IMAGENS

As imagens de Debret e Rugendas encontram-se na Biblioteca Nacional:

Imagem 1   72
Moradia de escravos, John Moritz Rugendas

Imagem 2   73
Extração de ouro, Jean Baptiste Debret

Imagem 3   83
Açoite no pelourinho, John Moritz Rugendas

Imagem 4   84
Escravos no libambo, Jean Baptiste Debret

Imagem 5   84
Moenda de cana, Jean Baptiste Debret

Imagem 6   85
Negros calceteiros, Jean Baptiste Debret

Imagem 7   145
Porão de um navio negreiro, John Moritz Rugendas

Imagem 8   149
Mercado de escravos, Jean Baptiste Debret

Imagem 9   186
Ex-voto, invocação de milagre, coleção Márcia de Moura Castro

Imagem 10   191
Cirurgia no pé de um escravo: *Gazeta Médica da Bahia*

As imagens abaixo encontram-se na Universidade do Texas:

Imagens 11-16   229
Cotidiano do trabalho escravo na mina de Morro Velho

Imagem 17   232
Reunião dos escravos da mina de Morro Velho (revista)

Imagem 18   232
Emancipação dos escravos da mina de Morro Velho (1886)

ÍNDICE DE TABELAS

Tabela 1   219
Percentual de escravos internados no hospital da mina de Morro Velho afetados por doenças pulmonares

Tabela 2   222
Percentual de escravos internados hospital da mina de Morro Velho afetados por demais doenças

Tabela 3   224
Taxas de óbitos da população escrava de Morro Velho

Tabela 4   225
Balanço demográfico das crianças escravas de Morro Velho

Tabela 5   226
Balanço demográfico da população escrava em Morro Velho

Tabela 6   237
Mapa dos escravos doentes tratados no
hospital de caridade de Barbacena

Tabela 7   241
Balanço demográfico da população escrava
em Minas Gerais: 1871-1876

Tabela 8   248
Doenças dos escravos que buscavam cura na Prodigiosa Lagoa

Tabela 9   249
Procedência dos escravos que buscavam
cura na Prodigiosa Lagoa e suas doenças

ÍNDICE DE GRÁFICOS

Gráfico 1   227
Evolução da população escrava da mina de Morro Velho

Gráfico 2   227
Balanço das taxas de óbitos da população escrava de Morro Velho

Gráfico 3   227
Balanço do nascimento de escravos na mina de Morro Velho

Gráfico 4   228
Balanço dos óbitos de crianças escravas na mina de Morro Velho

Gráfico 5   228
Saldo dos sobreviventes entre as crianças escravas

INTRODUÇÃO

"*O Brasil é o inferno dos negros...*"
André João Antonil (1711)[1]

"Pude ver com os meus mesmos olhos quanto a espécie humana sofre na inumerável multidão de negros." Esse testemunho é apresentado pelo cirurgião português Antônio José Vieira de Carvalho, no prefácio de um manual médico francês dedicado a doenças de escravos que ele traduziu em 1801 (DAZILLE, 1801),[2] quando exercia seu ofício em Vila Rica. Sua visão trágica da vida dos africanos e seus descendentes submetidos ao cativeiro no Novo Mundo faz parte de um conjunto de relatos sobre as condições de saúde da população escrava brasileira, os quais são o objeto deste livro, cujo objetivo é analisar uma das faces mais dramáticas da escravidão. Entre os textos produzidos a esse respeito destacam-se os dos cirurgiões e médicos,[3] pois eles os produziram com base em suas expe-

---
1 ANTONIL, André João. *Cultura e opulência do Brasil...* 2ª ed. São Paulo, Melhoramentos, 1976, p. 90.
2 Esse médico escreveu tal livro com base em sua experiência em São Domingos (território colonial francês no Caribe).
3 Houve uma distinção entre cirurgião e médico até o final do século XVIII. O primeiro era considerado inferior, por ser um ofício mais prático e por isso identificado como um ofício manual.

riências e formações profissionais, o que lhes torna uma fonte privilegiada para estudar esse assunto.

No Brasil, a primeira obra médica a retratar abundantemente as condições de saúde dos escravos foi *Erário Mineral*. Trata-se de um manual de medicina prática escrito pelo cirurgião Luís Gomes Ferreira, com base em sua experiência profissional de aproximadamente vinte anos em Minas Gerais, e publicado em 1735. Esse texto foi um dos primeiros do campo de conhecimento médico elaborados no espaço imperial português a esboçar críticas à maneira como os senhores tratavam os indivíduos submetidos à escravidão, as quais estavam fundamentadas na moral religiosa católica e no ideário jesuítico elaborado a partir da época da queda do quilombo de Palmares. Por isso, foi a partir da leitura dele que surgiu a idéia de elaborar esta pesquisa, cujo recorte cronológico começa na mencionada época (por terem surgido nela as primeiras inquietações e ideias sobre o governo dos escravos) e termina na Abolição (1888). Os diversos relatos médicos produzidos nesse período sobre a vida sofrida no cativeiro e a razão de tantas moléstias que dizimava vorazmente os indivíduos nele confinados responderão às seguintes questões: 1) Quais as motivações dos seus autores para escreverem sobre esse assunto? 2) Por que em seus escritos predominam uma visão trágica da escravidão? 3) Quais foram os argumentos utilizados para melhorar as condições de saúde da população escrava? 4) Como fundamentaram os seus argumentos? 5) Até que ponto os seus textos exerceram alguma influência no tratamento dos escravos?

Ao responder a essas perguntas, o objetivo dessa pesquisa é examinar: 1) o interesse intelectual médico pelas condições de saúde da população escrava; 2) as interseções entre esse interesse, o contexto histórico no qual ele surgiu e os problemas que lhe ensejaram; 3) os efeitos sociais das ideias dele derivadas.

Para esse exame, as proposições metodológicas do historiador Quentin Skinner serão utilizadas, mas de forma adaptada aos objetivos dessa pesquisa.[4]

---

4   Isso quer dizer que não se pretende aqui fazer exatamente o que Skinner fez nas obras em que ele aplicou o método contextualista (situar os textos dos autores no contexto em eles foram produzidos para investigar os problemas que os motivaram) e intertextualista (elaborar uma espécie de arqueologia das obras que os autores utilizaram para fundamentar seus textos). Pois, com tais métodos, seu objetivo maior é descobrir qual o sentido histórico dos textos (penso, conforme reflexão de Francisco José Calazans Falcon no capítulo 4, "História das ideias", inserido na obra organizada por Ciro Flamarion Cardoso e Ronaldo Vainfas (1997) que descobrir o sentido de um texto é missão praticamente impossível, sobretudo porque os textos, e todos os modos de expressão, ou linguagem, são polissêmicos). O que se pretende nessa pesquisa, em síntese do já explicitado acima, é entender o que levou os autores estu-

Inspirado na teoria da ação social de Max Weber, a de que o sentido de uma ação é dado pela relação entre ela, as suas motivações e os seus resultados, ele mostra como os textos podem ser interpretados como uma forma de seus autores intervirem no mundo social em que vivem, motivados por questões enfrentadas pelas sociedades nas quais atuam e almejando determinados fins. Para isso, o intérprete precisa compreender os contextos sociais e intelectuais da produção textual que estuda. O contexto social é constituído pelo conjunto de problemas ligados com o tema abordado nos textos a serem interpretados. Já o contexto intelectual é formado pelo vocabulário conceitual, pelas categorias de pensamento, pelos pontos de vista e pelas ideologias usadas para orientar, organizar e sustentar os argumentos dos escritores. (SKINNER, 1996 e TULLY, 1988)

A partir da primeira contextualização, conecta-se o assunto dos textos às questões enfrentadas pelas sociedades em que foram produzidos e às quais visavam responder. A partir da segunda contextualização, ligam-se as abordagens dos textos ao universo da cultura intelectual da época, que lhes forneceu os dispositivos ordenadores de seus argumentos. Essas conexões permitem o historiador compreender o porquê do surgimento do interesse intelectual por determinados temas, bem como o ideário que fundamenta a maneira pela qual são abordados.

Para tal compreensão muito contribuirão também conceitos analíticos formulados pelo sociólogo Pierre Bourdieu.[5] Segundo ele, entre a ação e o meio so-

---

dados nesse trabalho a escrever, e como escreveu (com alta dose de dramaticidade), sobre as condições de saúde dos escravos e quais os efeitos o conteúdo dos seus escritos provocaram na forma de se lidar com a população escrava. Assim, a contextualização será necessária para identificar alguns problemas da época em que os autores escreveram, e que têm relação com seus textos, e a intertextualidade será necessária apenas para identificar as tradições intelectuais que os autores usaram para embasar seus argumentos. Então, não pretendo fazer uma utilização plena da proposta de Skinner, pois, se desejasse fazer, a minha pesquisa teria que ter outro foco: as fundações do pensamento dos letrados/intelectuais que atuaram no Brasil sobre as condições da saúde dos escravos, ou algo próximo disso. Portanto, como não pretendo focar na fundamentação dos textos e sim na sua característica narrativa (dramática) e nos seus possíveis impactos na sociedade em que, e para quais, foram escritos, ou nos seus possíveis efeitos práticos para a preservação da mão de obra escrava, em contexto de escassez de oferta de escravos ou de ameaça de revolta escravista, ou de ataque ao ideário escravocrata, utilizarei a referida referência teórica de forma adaptada (isto é, fazendo uso apenas da contextualização e intertextualidade no limite da necessidade de uma pesquisa cuja fonte de pesquisa são textos, cujos autores expõem seu pensamento sobre um determinado assunto para intervirem ou combaterem problemas de suas épocas) sem me comprometer a reproduzir o que tal referência já fez em seus clássicos trabalhos.

5   Ao utilizar essa referência teórica, pretendo tão somente me apropriar do seu conceito de cam-

cial em que ela ocorre, existe um universo intermediário, denominado campo, "no qual estão inseridos os agentes e as instituições que produzem, reproduzem ou difundem a arte, a literatura e a ciência", entre outras formas de produção (BOURDIEU, 2004, p. 20). Neste estudo, o campo é a medicina, a ação é o ato de escrever um texto e de escolher um assunto que será o seu objeto, e o meio social, a sociedade escravista brasileira, cujos problemas contra os quais a ação se orienta são os altos índices de mortalidade da população escrava.

Isso quer dizer que todo agente tem como suporte de sua ação um campo, que, além de ser um *locus* de mediação entre seu ato de agir e o meio social no qual busca intervir, é também um microcosmo social que exerce influência decisiva na forma dos indivíduos nele inseridos ver o mundo, compreendê-lo e de fundamentar suas ações nele. Para melhor explicar isso, Bourdieu elaborou o conceito de *habitus*, isto é, "sistema das disposições socialmente constituídas que", na condição de um modo de operação dos campos, "constituem o princípio gerador e unificador do conjunto de práticas e das ideologias de um grupo de agentes" (BOURDIEU, 2001, p. 190). Em outras palavras, o *habitus* é uma matriz que dinamiza as percepções e ações, uma vez que ele é resultante, em cada indivíduo, do processo de interiorização das regras, normas, valores e crenças (por que não dizer cultura em sentido amplo?) de uma dada sociedade, proporcionando ao campo a sua essência como espaço social ordenador e regulador das ações. Essa ordenação e regulação são feitas a partir do *habitus*, que caracteriza a ação dos seus agentes, conferindo a eles suas especificidades próprias (comportamentais e discursivas) do seu campo de atuação.

Os agentes em análise são os cirurgiões e médicos, cujos relatos sobre as condições de saúde da população escrava, objeto deste livro, serão examinadas como produto de um interesse intelectual, que surgiu quando a escravidão passou a ser

---

po para situar os textos dos autores no seu campo de atuação/formação. Com isso quero saber de onde os autores falam. Trata-se de uma forma de complementar e reforçar a adaptação que tento fazer da abordagem de Skinner. O conceito de campo permite entender como os autores procuram defender seus argumentos como um *a priore*, como ideias que, sustentadas na autoridade (religiosa, no caso dos jesuítas, científica, no caso dos médicos, ou filosófica, no caso dos intelectuais da ilustração _ muitas vezes esses macrocampos de autoridade se misturam em uma mesma obra, ora com a predominância de um, ora de outro) deveriam, no entendimento dos seus formuladores, ser admitidas sem questionamento. Mas sem focar a pesquisa nisso, e sem a pretensão de, como é comum em muitas obras bourdianas, investigar as tensões intelectuais, ou as relações de poder entre os membros de um campo, porque senão o seu foco deveria ser algo relacionado a um estudo das divergências e convergências de ideias entre os autores que escreveram sobre doenças de escravos e, de que maneira, a partir da dialética intelectual entre eles, seu campo de saber foi sendo constituído.

assunto de maior preocupação social e tema de reflexão dos letrados coloniais a partir do episódio da queda de Palmares. Dessa maneira os textos, em que elaboraram seus relatos, serão interpretados como um meio de intervenção no seu meio social e derivados do *habitus* do seu campo de conhecimento, a partir do qual legitimavam seus argumentos para intervir nas relações entre senhores e escravos, e com isso contribuir para melhorar o tratamento destes últimos e, assim, reduzir os altos índices de mortalidade no cativeiro.

Mas era somente esse o motivo do empenho intelectual daqueles agentes ao relatar as péssimas condições de saúde dos escravos e propor recursos para melhorá-las? Em sociedades em que o acesso ao aprendizado, principalmente da escrita, é restrito, quem sabe escrever acaba gozando de certo prestígio. No Antigo Regime, quem conseguia publicar seus escritos tornava-se, geralmente, pessoa prestigiada, se não contrariasse as censuras a determinadas opiniões e assuntos. Assim aumentava consideravelmente o que Bourdieu chamou de capital cultural (BOURDIEU, 2004, p. 29-30) (domínio de elementos simbólicos, língua, artes, ciência, etc, mais utilizados pelas elites), cujo acúmulo poderia melhorar sua posição na sociedade e, particularmente, no campo no qual atuava. Então, não se pode descartar essa e outras motivações dos autores dos textos cujos conteúdos serão analisados neste estudo, mas serão relacionadas com os problemas oriundos dos efeitos morais, políticos e econômicos das precárias condições de vida da população escrava que nortearão esta "operação histórica".[6]

Enfim, esta pesquisa será conduzida tendo como referência as proposições metodológicas de Quentin Skinner para o estudo da produção de ideias, assessoradas pelos conceitos de campo formulado por Pierre Bourdieu.

A hipótese que será defendida é a de que o interesse intelectual médico pela publicação de textos sobre como reconhecer, tratar e prevenir doenças da população escrava no Brasil foi estimulado pelo fato de a escravidão ter se tornado objeto de preocupação das elites coloniais após o episódio de Palmares. Esse quilombo, formado ao longo da segunda metade do século XVII, foi o principal alvo da política repressora colonial depois da expulsão dos holandeses de Pernambuco (1654), pois ele representava uma ameaça à ordem escravista, pelo seu tamanho, pelo incentivo à resistência que poderia exercer nos escravos, com maior potencial de rebeldia, contra sua condição servil. Sua destruição ocorreu em 1695, e para

---

6 A expressão "operação histórica" foi elaborada por Certeau (1988) no seu exame crítico da construção do saber historiográfico.

isso foi necessário uma longa e sangrenta guerra. A partir do momento que se tomou consciência de sua ameaçadora existência, a escravidão começou a ser objeto de letrados (por que não chamá-los de intelectuais?)[7] atentos às contradições sociais escravistas (as quais Palmares é a expressão mais emblemática) que, naquele período da colonização, se encontravam definitivamente amadurecidas (VAINFAS, 1986, p. 94-97). Daí em diante, desde os jesuítas até os autores laicos anteriores à Ilustração, os escritores mais atentos a esse problema dedicaram textos sobre como governar os escravos, de modo a evitar maiores tensões no cativeiro.[8]

Um dos elementos fundamentais das normativas de suas propostas, para o exercício do bom governo sobre aqueles indivíduos, foi o cuidado com a saúde deles. E isso por duas razões. A primeira porque se tratava de uma obrigação paternalista senhorial de amparar a sua escravaria como contrapartida dos serviços compulsórios por eles prestados. O desamparo poderia aguçar nela o sentimento de revolta que a todos preocupava e, além do mais, afrontava a moralidade religiosa respaldada na caridade e no amor ao próximo, que definem essencialmente a cultura cristã na sua versão católica. A segunda porque se tratava de uma atitude de defesa do próprio patrimônio; afinal os escravos eram antes de tudo vistos como mercadoria e, como tal, se morressem tão precocemente e em tão grandes quantidades poderiam gerar prejuízos para os cabedais dos seus proprietários, da Colônia e da Coroa, pois eles compunham a força de trabalho da qual emanava a produção exportável responsável em grande parte pelo "sentido da colonização".[9]

No entanto, como o tráfico de africanos conseguiu se organizar empresarialmente com tamanho êxito, ofertando carga humana abundantemente, com preços considerados relativamente baixos[10] (até a sua extinção em 1850) pelos grandes

---

7   Afinal se, de acordo com Karl Manheim, os intelectuais são aqueles "que tem a tarefa especial de formular uma interpretação do mundo para a sociedade." Cf. Burke (2003, p. 25) então eles podem, mesmo com o perigo do anacronismo, ser assim identificados.

8   Além de Vainfas (1986), Marquese (2004) também pesquisou esse assunto.

9   Utilizo a expressão "sentido da colonização", proposta por Caio Prado Jr. em seu clássico *Formação do Brasil contemporâneo* e aprofundada por Novais (1995) para interpretar a relação entre metrópole e colônia, apenas para dizer que se trata de um dos sentidos possíveis, e sem esquecer de outra face dessa mesma relação proposta pelos autores de *Antigo regime nos trópicos* (Fragoso et al, 2001) e *Modos de governar* (Bicalho e Ferlini, 2005).

10 A organização do tráfico é tema dos livros de Klein (2004) e Florentino (1997, p. 76. A afirmação de que os escravos eram relativamente baratos foi feita por diversos autores, como Prado Jr. (1995, p. 159) e Florentino (1997, p.76). A conclusão de que, por causa disso os senhores não se sentiam motivados a empregar maiores cuidados com seus escravos é de Conrad (1985, p. 15).

empreendedores e quase sem interrupções, havia pouca motivação econômica destes em melhorar as condições de saúde dos seus escravos. Isso gerava custos adicionais que poderiam onerar o seu investimento, porque essa melhoria demandaria maior dispêndio financeiro com alimentação, moradia, vestuário, remédios e redução da jornada de trabalho. No seu cálculo orçamentário, era mais barato recorrer ao tráfico, porque não se esperava que os indivíduos submetidos ao cativeiro pudessem servir por longos anos, mesmo tomadas todas as precauções para aumentar o seu tempo de vida produtiva.[11]

Isso não quer dizer que os senhores eram totalmente negligentes com a saúde dos cativos, mas sua preocupação com esse assunto foi limitada pela facilidade de adquirir novos africanos e com baixo custo e pela opinião corrente de que a vida útil dos escravizados não era duradoura. Consequentemente as taxas de óbito deles eram muito altas, o que poderia favorecer a escalada de tensões na sociedade escravista e, ao mesmo tempo, feria a sensibilidade religiosa e, a partir da Era das Luzes, a compaixão humanitária dos que se sensibilizaram com o dramático sofrimento dos escravos.

O interesse intelectual médico surgiu dessa complexa realidade, nos quais se entrecruzam problemas sociais, políticos, econômicos e religiosos, formadores do contexto que contribui para lhe dar sentido. Quanto ao conteúdo trágico da abordagem dos textos dele derivados, isso se deve à estratégia de seus autores de despertar o sentimento religioso e/ou humanitário dos senhores de escravo e das autoridades governamentais, que poderiam editar algumas leis (como de fato editaram) para evitar maiores abusos dos agentes da escravidão (comerciantes e proprietários de africanos e seus descendentes), para redução de tamanha mortalidade no cativeiro.

Ao escolherem esse tema, a partir do momento em que as contradições das relações sociais da produção escravista tornaram-se claras e preocupantes, e abordá-lo tragicamente para se atingir a referida finalidade, os autores argumentaram que os senhores deveriam tratar melhor os seus escravos. Para isso, era necessário tomar certos cuidados preventivos, tais como alimentação mais abundante e nu-

---

11 Mello (1983, p. 155-156) apresenta três estimativas discrepantes sobre o tempo de vida útil dos escravos. Robert Simonsen estimou em sete anos os que trabalhavam nos engenhos de açúcar do século XVIII, Charles Boxer encontrou depoimentos de mineradores que esperavam contar com doze anos de trabalho deles. Stanley Stain descobriu nos escritos de um fazendeiro do século XIX que os cafeicultores esperavam quinze anos de vida produtiva da escravaria.

tritiva, vestimenta em quantidade suficiente e própria para cada estação, senzalas espaçosas, arejadas e salubres, tarefas compatíveis com o vigor de cada indivíduo, tempo de descanso suficiente para renovação das suas forças e, se assim mesmo adoecessem, fornecerem a eles tratamento médico adequado.

Esse conjunto de medidas foi proposto pelos que escreveram, no caso do Brasil, no século XIX. Os que escreveram antes, no mesmo caso, se empenharam mais em explicar aos senhores como remediar as enfermidades da população cativa, mas sem deixar de criticar, mesmo que sutilmente, as condutas reprováveis de determinados senhores pouco atentos às necessidades vitais dela. Ao fazerem isso, fundamentaram-se no *habitus* de seu campo de conhecimento, por meio do qual legitimavam os seus argumentos, respaldados na moral religiosa, como a caridade, e, posteriormente à Era das Luzes, no sentimento humanitário aflorado pelo Iluminismo como elemento laico de combate a tudo aquilo que agravava a miséria da existência humana, como as iniquidades da escravidão.

Não há dúvidas que os apelos dos autores dedicados a convencer os senhores a melhorar o tratamento dos escravos surtiram efeitos, principalmente após a extinção do tráfico de africanos em 1850. Há indícios disso em alguns documentos históricos, como o leitor verá ao longo do antepenúltimo e do penúltimo capítulos deste livro. Mas houve limites para que as condições de saúde da população escravizada atingissem um nível de qualidade idealizada pelos que escreveram sobre esse assunto, tentando contribuir para a reforma dos costumes senhoriais na exploração do trabalho escravo. Limites do próprio conhecimento médico e limites exercidos pelo programa de abolição gradual da escravidão, pelo próprio fim tardio do tráfico de africanos, no Brasil, pela oferta de cativos pelo tráfico interprovincial e pela política de imigração desencadeada a partir da Lei do Ventre Livre (1871). Apesar dessas limitações, muitas vidas certamente foram poupadas (impossível precisar), após a medicina ter sido integrada ao governo dos escravos como um dos seus instrumentos mais estratégicos.

Eis as hipóteses que serão sustentadas ao longo deste livro. A documentação utilizada para desenvolvê-las são os textos médicos escritos entre 1735 (quando foi publicado o primeiro deles) e 1888 (quando a abolição da escravidão foi decretada no Brasil). Eles estão conservados em acervos de várias instituições: Arquivo Nacional, Arquivo Público mineiro, onde há dados estatísticos de fontes seriais (como os sensos) de grande valia para analisar o comportamento demográfico da população escrava; Academia Nacional de Medicina, Biblioteca Nacional,

Instituto de Estudos Brasileiros da USP, Museu da Inconfidência, Real Gabinete Português de Leitura, onde estão os livros, periódicos e teses da medicina que fornecem os relatos sobre as condições de saúde no cativeiro. Os textos nos quais eles se encontram podem ser classificados em dois grupos: 1) os que foram escritos para os senhores de escravos, sob a forma de manuais didáticos de tratamento das moléstias dos seus negros, como o de Luís Gomes Pereira, *Erário Mineral* (1735), e o de Jean Baptiste Alban Imbert, *Manual do fazendeiro ou tratado doméstico sobre enfermidades dos negros* (1ª ed. 1834, 2ª ed. 1839). Estes por sua vez podem ser divididos em os que foram publicados sem a influência do Iluminismo, caso do primeiro, e com a influência dele, caso do segundo. Aquele sem apresentar um programa de cuidados preventivos e este com grande preocupação com tais tipos de cuidados. Um fundamentado na moral cristã, quando adverte os proprietários que tratavam mal os seus escravos, e o outro, ao fazer a advertência sobre o mesmo problema, fundamentado na sensibilidade humanitária das Luzes. 2) Os que foram escritos para circular na comunidade acadêmica, como os periódicos de instituições médicas, por exemplo, os da Academia Imperial de Medicina, criada em 1835, e os independentes dele, como a Gazeta Médica da Bahia, iniciada em 1866. Além desses também as teses defendidas na Faculdade de Medicina do Rio de Janeiro, inaugurada em 1832, como o de David Gomes Jardim, *Algumas Considerações Sobre a Higiene dos Escravos*, defendida em 1847, as quais muitas vezes eram publicadas pelos editores da época. 3) Os que foram escritos para circunstanciar as autoridades governamentais, sob a forma de relatórios ou memórias, como o texto de Luís Antonio de Oliveira Mendes, *Memória a respeito dos escravos e tráfico da escravatura entre a Costa da África e o Brasil* (1793).

Há ainda uma documentação pouco estudada, por se tratar de propriedade de empresa privada e por isso de difícil acesso,[12] que não se enquadra em nenhuma destas classificações, dado o seu caráter híbrido de fonte seriada e narrativa, e dado o motivo de sua produção: prestação de contas das operações de minas exploradas em Minas Gerais pela Saint John Del Rey Mining Company à sede londrina dessa companhia, particularmente a mina de Morro Velho, uma das maiores do mundo, que funcionou desde 1834 até a década de 1980 na cidade de Nova Lima

---

12 Agradeço imensamente ao prof. dr. Douglas Libby Cole da UFMG, que franqueou a cópia que ele conservava dela no Centro de Estudos Mineiros, por ele coordenado na referida universidade, e a Pablo Lima, prof. dr. da mesma instituição, que me informou sobre a existência dessa cópia.

(um dos pólos do quadrilátero ferrífero e situada na região metropolitana de Belo Horizonte). Tratam-se dos relatórios anuais elaborados pelos administradores da mina sobre o que se passava nela e com seus empregados, mesmo os escravos. Entre outras informações relevantes, tal documento apresenta estatísticas da população escrava, inclusive sobre doenças que a levava para o hospital, provido de médicos e enfermeiros, mantido pela mineradora para tratá-la. A partir desses relatórios pode-se avançar um pouco o conhecimento sobre a história das ideias e das práticas relacionadas à saúde dos africanos e seus descendentes submetidos à escravidão. Pois eles constituem a única fonte primária até agora descoberta que permite ao historiador avaliar em uma longa série o que se pensava e se praticava dentro de um vasto empreendimento escravista (o maior de todos em termos de quantidade de trabalhadores escravizados reunidos em média por ano, sendo em apenas um ano, 1867, empregados quase mil e setecentos), bem como quantificar os resultados de sua prática.

Quanto às imagens utilizadas na obra, elas são de caráter apenas ilustrativo. Dessa maneira, não receberam uma análise porque isso fugiria ao objetivo da obra, que é estudar relatos.

Os autores desses textos, exceto os dos relatórios da mina de Morro Velho (a não ser os médicos que apresentaram e interpretaram as estatísticas hospitalares dos escravos dentro destes documentos), integram o que doravante será chamado de elite médica, quer dizer, um grupo de profissionais que obteve êxito na sua área de atuação, tanto na esfera funcional, ocupando importantes cargos, quanto na esfera intelectual, escrevendo sobre assuntos do seu campo de conhecimento.[13] Isso porque eles se enquadram em pelo menos uma dessas esferas, ao terem se associado em sociedades científicas, como a Academia Imperial de Medicina, lecionado nas faculdades de medicina, chefiado instituições médicas, como o Hospício de Pedro II, integrado comissões de órgãos de controle na área de saúde, como a Junta de Higiene Pública, assumido postos políticos ligados a essa mesma área, como as Inspetorias de Saúde das províncias e as Delegacias de Higiene nos municípios, colaborado com periódicos médicos, escrito livros e elaborado relatórios sobre as condições sanitárias do país.

Apesar da diversidade dos indivíduos desse grupo (uma vez que falavam de lugares e tempos diferentes), eles se identificavam a partir dos seus interesses cor-

---

13   Essa definição foi elaborada com base na exposição feita por Neto sobre o conceito de elite (2001, p. 32-33).

porativos em comum (o de, principalmente, aproximar a medicina do Estado), do seu empenho para melhorar as condições de saúde da população e (no caso dos que escreveram no contexto da Ilustração) da sua assimilação da ideia de progresso, que foi usada por eles para embasar as suas propostas. Por essa razão, a expressão elite médica, que longe de denotar uma homogeneidade absoluta entre os seus membros, será usada como sinônimo de "comunidade epistemológica", quer dizer, profissionais responsáveis pelas "unidades fundamentais que constroem o conhecimento e conduzem sua difusão por certos canais". (BURKE, 2003, p. 17)

***

O conteúdo desta pesquisa está dividido em sete capítulos. O primeiro deles apresenta um esboço historiográfico sobre os estudos, que abordaram direta ou indiretamente as condições de saúde da população escrava, com o objetivo de situar essa pesquisa no conjunto da produção sobre tal tema, bem como servir de guia para novos pesquisadores conhecerem parte considerável do que já foi produzido ao seu respeito e das possíveis tendências de novas produções. Ao leitor não especializado sugiro pular esse capítulo, pois trata-se de um relatório, cuja leitura poderá lhe ser enfadonha, de estudos anteriores a esse livro e sobre os quais está apoiado.

O capítulo seguinte sintetiza um conjunto de informações historiográficas sobre a escravidão, com ênfase na história social do trabalho e na história demográfica, para apresentar indicadores que permitem compreender os problemas contra os quais os textos médicos procuravam responder. Para isso serão utilizados relatos de procedência diversa: jornalístico, literário, burocrático (produzida em órgãos governamentais e empresariais), artístico (a pintura), acadêmico (particularmente do campo da medicina), bem como as crônicas dos viajantes. Por meio deles, serão narrados alguns acontecimentos dramáticos da vida cotidiana dos escravos, uns já conhecidos e outros inéditos.

O terceiro capítulo é dedicado à obra *Erário Mineral* do cirurgião português Luis Gomes Ferreira, publicado em 1735 com base na experiência do seu autor na segunda e terceira décadas da colonização mineira. Trata-se de um conjunto de tratados de medicina prática escritos para orientar a população a lidar com suas enfermidades. Neles destacam-se a enorme quantidade de dados sobre as condições de vida, trabalho e saúde da população escrava mineira, que muito contribuirá para o entendimento das causas dos principais problemas de saúde dela, bem como atitudes senhoriais em relação às demandas dos que adoeciam no cativeiro.

O próximo capítulo analisará os textos médicos, publicados a partir do Iluminismo ou da Ilustração, cujos autores questionaram a forma até então predominante de exploração do trabalho escravo, em meio às suas orientações de como reconhecer, tratar e, principalmente, prevenir doenças mais comuns dos negros. Serão utilizados exemplos de territórios coloniais diferentes, para mostrar que tal questionamento ocorreu em todas as áreas onde a escravidão vicejou, e que serviu de base para autores elaborarem os mesmos questionamentos já no período posterior à Independência.

O quinto capítulo é o aprofundamento do anterior. Nele será retomada a *Memória a respeito dos escravos e tráfico da escravatura entre a Costa da África e o Brasil* (1793) do erudito (com formação em direito, filosofia e medicina) luso-brasileiro Luis Antônio de Oliveira Mendes. Esse escrito expõe as críticas mais contundentes elaboradas no circuito colonial português à forma como os escravos eram tratados, desde a sua captura no interior africano, até o seu destino no outro lado do Atlântico. A acidez de suas palavras, seus apelos e suas sugestões contribuem para saber como o problema da exploração do trabalho escravo estava sendo pensado nos quadros da Ilustração portuguesa.

O sexto capítulo discute a produção intelectual dos médicos que atuaram no Brasil, sobretudo após a Independência, a respeito do mesmo problema. Ele será acompanhado até a Abolição, para o conhecimento da evolução dos seus argumentos em momentos distintos da história nacional referentes à escravidão, confrontados com dados estatísticos que podem ajudar a entender se a condição de saúde da população escrava apresentava indícios de melhora ou não.

O último capítulo examinará os relatórios da mina de Morro Velho, para saber se os seus administradores e proprietários estavam ou não em sintonia com o ideário reformista sobre o governo dos escravos elaborados pelos intelectuais de diversas sociedades escravistas, bem como se haviam assimilado no discurso e na prática as recomendações médicas sobre a preservação da saúde no cativeiro.

CAPÍTULO 1
Esboço historiográfico sobre a saúde dos escravos

> *Reescrevemos continuamente a história porque os critérios de avaliação dos acontecimentos passados variam no tempo e que, por consequência, a percepção e a seleção dos fatos históricos mudam, para mudar a própria imagem da história.*
>
> Adam Schaff (1978)[1]

Há muito tempo os historiadores estudam a história da saúde da população escrava. Nos EUA desde pelo menos o estudo de Ulrich Phillips (PHILLIPS, versão reimpressa de 1966)e no Brasil desde pelo menos o estudo de Octávio (FREITAS, 1935). Entre os norte-americanos o interesse por esse assunto cresceu consideravelmente ao longo do século XX, como indica sua copiosa produção historiográfica. Entre nós, somente na última década verifica-se aumento expressivo de trabalhos sobre o mesmo assunto. Ambos países formam, junto com o Caribe, as maiores áreas concentradoras de negros submetidos ao cativeiro nas Américas. Por essa razão, muito útil será como referência um levantamento de al-

---

1   SCHAFF, Adam. *História e verdade*. São Paulo, Martins Fontes, 1978, p. 273.

gumas das diversas pesquisas, que contemplam direta ou indiretamente a história das condições de saúde dos seus cativos.

Uma das primeiras publicações relevantes a esse respeito foi *American negro slavery*, impressa originalmente em 1918, de Ulrich Phillips. Embora seu estudo não foque exclusivamente a saúde da população escrava, ele apresenta várias passagens relevantes sobre essa temática, com considerações instigantes que posteriormente foram examinadas com maior profundidade por outros estudiosos. Entre elas pode-se destacar a de que não havia normalmente por parte dos proprietários, mesmo os dos grandes empreendimentos agrícolas, uma completa negligência em relação às condições de vida dos escravos (uma vez que os investimentos senhoriais para adquiri-los e adaptá-los ao cativeiro nunca foram desprezíveis), principalmente após os debates que culminaram na supressão oficial do comércio de internacional de africanos para os EUA, quando a reposição da mão de obra servil passou a depender da reprodução natural. (PHILLIPS, 1966, p. 263-265)

Essa consideração é uma das mais importantes do ponto de vista historiográfico, porque contribuiu para incentivar trabalhos destinados a verificar até que ponto os senhores investiam na saúde dos indivíduos submetidos à escravidão, ou quais os limites para tal investimento e desde quando a preocupação com a preservação de tais indivíduos começou a ocorrer. Foi o que parte dos estudos subsequentes procurou responder. Para isso, uma das estratégias metodológicas utilizadas foi a elaboração de um inventário das doenças que mais afetavam e mais matavam a população escrava, além da abordagem sobre atitudes senhoriais registradas em diários de fazendas (*records*) e memórias (inclusive de ex-escravos): contratação de médicos e enfermeiras, internação em hospitais, construção de enfermarias, utilização de manuais de medicina prática, melhoramentos em senzalas, aumento e variação da alimentação e vestuário, cada vez mais recorrentes a partir da segunda década do século XIX (após a extinção do tráfico transatlântico de africanos para os EUA). O estudo de tudo isso em conjunto, em regiões e épocas diferentes, permitiu a expansão dos horizontes de compreensão acerca da experiência histórica das condições de saúde nos cativeiros norte-americanos.

Para isso muitos autores empenharam-se desde a seminal obra de Phillips (1918) até a publicação de *Medicine and slavery* (1978), uma das mais completas e importantes pesquisas sobre esse assunto, elaborada pelo historiador Savitt Todd.

Entre eles destaca-se William Dosite Postel, autor de diversos estudos sobre as condições de saúde da população cativa, como *The health of slaves on southern plantations* (1951) considerado como um dos melhores até então.[2] Esse pesquisador elaborou um inventário das doenças mais comuns e mais fatais dos cativos, concluindo que cólera, disenteria e pneumonia estavam entre elas, devido ao descuido com regras básicas de higiene (pouco difundidas na época) no caso das duas primeiras, e de carência de vitamina C e da exposição ao rigoroso frio do inverno no caso da última. Tal descuido foi regra geral na maioria das fazendas das colônias do Sul, mas começou a desaparecer ao longo da primeira metade do século XIX e tornou-se praticamente incomum às vésperas da Guerra de Secessão (1860). (POSTEL, 1951)[3]

O mesmo destaque também deve ser atribuído a outros estudiosos que não se especializaram no tema em pauta, mas deram contribuições bastante relevantes para o seu aprofundamento. Um deles é Eugene Genovese, que no início dos anos 1960 elaborou um trabalho (GENOVESE, 1960), no qual ensaiou a hipótese, aprimorada mais de uma década depois em várias de suas obras, como na clássica *Roll Jordam Roll* (1976), de que nas propriedades com menor absenteísmo e maior paternalismo (quer dizer: em propriedades em que os senhores se faziam mais presentes e viam seus escravos como extensão de suas famílias) houve um gerenciamento mais eficaz da escravaria, diminuindo as tensões sociais e favorecendo a redução das taxas de mortalidades.

Outro deles é Philip Curtin; autor de um dos primeiros estudos mais avançados sobre a relação entre doenças e tráfico transatlântico de escravos (CURTIN, 1968). Publicado no ano de 1968, seu *Epidemiology and slave trade* revela as doenças mais mortíferas durante o tráfico (escorbuto, diarreia, disenteria e varíola estão entre elas) e o seu impacto mórbido sobre a população transportada e seus possíveis efeitos nos escravos já adaptados. Por exemplo, muitas vezes algum escravo chegava aparentemente saudável nas fazendas, mas portava doença, geralmente contagiosa, que provocava considerável estrago demográfico. Esse estudo, cujas ideias centrais foram reiteradas no livro seguinte do mesmo autor, *The Atlantic slave trade* (Idem, 1969), acabou estimulando um debate sobre as taxas de

---

2   Um dos autores que consideram o citado estudo de Postel como o melhor até então escrito é Kaufman (1979, p. 381).

3   Em 1954 esse autor reiterou suas conclusões em um artigo intitulado "Survey on the chronic illnesses and physical impairments among slave population in the Ante-bellun South", *Bulletin of Medical Library Association*, v. 42, n. 2, 1954, p. 158.

mortalidade durante a travessia até então consideradas altíssimas, que acabou impulsionando diversas pesquisas, como as de Herbert Klein, autor de, por exemplo, *The middle passage*, publicado em 1978, no qual procurou, entre outras tarefas, estabelecer uma taxa comparativa de eficiência do transporte de africanos pelos negreiros, calculando taxas médias de mortalidade estimada por navio.

A historiografia norte-americana sobre a relação entre saúde e escravidão foi impulsionada pelo livro de Robert Fogel e Stanley Engerman, *Time on the cross*, publicado em 1974, na esteira das proposições metodológicas da *New economic history* em que, por meio da história quantitativa, inúmeros historiadores procuraram traduzir em números muitas das questões acerca da escravidão, particularmente as relativas às condições de vida dos escravos, avaliada a partir de exaustivos dados demográficos, como os da formação de família; considerada pelos autores um importante instrumento para a administração da população cativa e para sua própria organização social no cativeiro. As uniões entre negros e negras consagradas pelo matrimônio, cada vez mais frequentes no século XIX, e o aumento expressivo dos seus índices de reprodução natural são, de acordo com os referidos autores, dois dos indicadores mais reveladores de uma melhora no tratamento que os cativos estavam recebendo, com os impactos dos debates em torno da abolição do tráfico transatlântico de africanos nos EUA.

O livro deles incentivou um debate intenso sobre diversos aspectos da escravidão. Em relação ao problema da saúde dos escravos, discutiu-se sobre até que ponto os números poderiam revelar uma melhora nas vidas desses indivíduos. Richard Steckel, por exemplo, ao analisar o peso dos negros recém-nascidos nos diários de administração de fazendas do Sul concluiu que em média ele era baixo para os padrões da época, mesmo na primeira metade do século XIX, quando teve ligeiro aumento, o que ajuda a explicar o porquê da alta (embora menos expressiva após o fim do tráfico transatlântico de africanos) mortalidade infantil na população escrava. Em outras palavras, as condições de vida dessa população, ao menos dos situados na base da pirâmide demográfica, haviam melhorado em relação à dramática situação predominante antes da Guerra da Independência, mas ainda não poderiam ser consideradas satisfatórias. (STECKEL, 1979)

Esse autor mostra, para reforçar o argumento acima exposto, em outro texto publicado em 1986, que as taxas de mortalidade dos recém-nascidos atingiam a absurda cifra de 152 óbitos por mil nascimentos em muitas das fazendas por ele estudadas no Alabama, Carolina do Sul, Geórgia e Louisiana, entre 1786 e

1865 a partir de seus diários (*Idem*, 1986, p. 174). Assim, surgiu-lhe a seguinte questão: se as calorias consumidas pelos escravos excedia o mínimo recomendável para restauração da força de um trabalhador braçal, conforme argumentação de Engerman e Fogel no *Time on the cross*, porque as crianças nascidas no cativeiro apresentavam, em geral, baixo peso? Ele responde: nutrição insuficiente das mães (particularmente em relação à proteína), trabalho durante a gravidez, consumo de álcool e tabaco na gestação, entre outros fatores. (STECKEL, p 185)

A esse debate dois autores, Philip Coelho e Robert McGuire, acrescentaram um fator (fator patológico) considerado por eles fundamental para explicar o baixo peso dos escravos ao nascerem: duas doenças muito comuns aos escravos, ancilostomíase e malária, que afetavam o desenvolvimento do feto (COELHO e MCGUIRE, 2000). Realmente, não se pode negar, em face dos estudos modernos interdisciplinares de nutrição, patologia e genética, que as gestantes mal alimentadas e portadoras de determinadas enfermidades, como as infecciosas ou parasitarias, tendem a dar à luz crianças com peso, altura e resistência insuficientes para padrões aceitáveis. [4]

Em 1978, Savitt Todd publicou *Medicine and slavery*, considerado um dos melhores estudos sobre história da saúde da população escrava nos EUA. Trata-se de uma pesquisa dedicada a analisar comparativamente as condições de saúde, as doenças e os cuidados médicos com negros submetidos ao cativeiro na Virgínia. Seu autor dedicou-se durante três anos a aprender em uma faculdade de medicina a base do conhecimento médico para começar suas pesquisas nesse campo de estudos. E isso o permitiu a chegar a conclusões baseado em estudos genéticos, seguindo a linha inaugurada pelo historiador Peter Wood, autor de um importante trabalho sobre os negros na Carolina do Sul (WOOD, 1974). Por exemplo, a de que geneticamente os negros estavam mais predispostos a serem afetados por doenças respiratórias, como a pneumonia (uma das mais incidentes e fatais enfermidades enfrentadas pelos negros em todas as colônias das Américas) porque apresentavam, até o seu contato mais intenso com os brancos e com o clima frio de certas regiões para onde foram deslocados pelo tráfico, baixa imunidade contra os agentes que as causavam. Em contrapartida, resistiram mais contra malária por portarem um gene (G-6 PD), que os protegia dos efeitos mais letais dessa molés-

---

4   A esse respeito os trabalhos publicados nos periódicos *Journal of Nutrition*, v. 123, n. 6, 1993 e *American Journal An Tropical Medicine And Hygiene*, v. 48, n. 5, 1993.

tia (TODD, 1978).⁵ De fato, todos os estudos e todas as fontes médicas e hospitalares da época da escravidão apresentam as doenças respiratórias, ao lado das relativas ao aparelho digestivo, das verminoses e contusões, como um dos problemas de saúde mais comuns e graves no cativeiro. No entanto, essa predisposição dos negros a contraírem moléstias do peito (como eram chamadas genericamente as afecções que afetavam os órgãos do aparelho respiratório naquele tempo) poderia ser neutralizada por alimentação saudável (rica em vitamina C) e por maiores cuidados com a proteção contra o frio durante o inverno, que de modo geral não ocorria, a não ser a partir dos impactos dos debates sobre o fim do tráfico e da própria escravidão e com a maior difusão do saber médico.

No mesmo livro, Savitt Todd, além de apresentar as doenças mais comuns da população escrava (junto das respiratórias, ele elenca as parasitoses, as venéreas e as gástricas e intestinais entre as principais), também analisa os cuidados médicos com a escravaria. Para ele, a tese da negligência senhorial para com a saúde dos negros deve ser relativizada, ao menos na Virgínia (recorte geográfico de seu estudo), porque ele encontrou em muitos diários de fazendas da região anotações relativas a compras de remédios e contratação de médicos para cuidar de escravos doentes, mesmo antes das pressões contra o trabalho escravo e o comércio internacional que o alimentava, quando tais práticas passaram a ser bem mais corriqueiras nas grandes plantações.

Além disso, o autor ainda analisa outro aspecto bastante relevante para história da saúde dos escravizados: as terapias retiradas da sabedoria popular utilizadas em larga escala pelos negros. Segundo ele, mesmo quando um senhor procurava reduzir o custo de manutenção da sua escravaria, evitando contratar médico e comprar remédios, ainda assim restava aos doentes (e muitos até confiavam mais nas soluções tradicionais, geralmente fundamentadas no conhecimento empírico de ervas e minerais) à "farmácia da natureza", cuja oferta era inesgotável para a maioria de indivíduos que vivia na imensa área rural norte-americana.

O seu trabalho despertou grande interesse por ter abordado diferentes assuntos relativos à saúde da população escrava e em profundo diálogo com a medicina, o que permitiu considerável avanço historiográfico a respeito desse tema. Tanto que, a partir dele foi possível fazer balanços comparativos mais precisos

---

5   A relação entre genética e doença encontra-se espalhadas pela obra. As páginas 7 a 47 concentram a maior parte das considerações sobre a questão da imunidade, estando entre as páginas 35 a 41 as relativas às doenças respiratórias.

sobre as condições de saúde dos escravos norte-americanos, como o de Martin Kaufman que confrontou alguns dos mais relevantes trabalhos sobre tal temática para fazer uma síntese dos consensos acerca de algumas das principais questões que a nortearam. (KAUFMAN, 1979)

Depois de *Medicine and slavery*, tantos outros surgiram para investigar os mais variados objetos a respeito da relação entre saúde e escravidão. E como muitos trabalhos já tinham sido desenvolvidos para diferentes regiões norte-americanas, já era possível estabelecer comparações mais aprofundadas entre elas e demais espaços coloniais escravistas, como fez Kenneth Kiple, ao analisar em 1984 o que ele chamou de "história biológica" da escravidão caribenha, partindo da realidade escravista dos EUA. Os mesmos problemas de tratamento e as mesmas doenças também estavam presentes nas mais diversas áreas de grandes plantações do Caribe. Nelas, as doenças pulmonares, como a pneumonia e tuberculose, igualmente figuravam entre as mais mortíferas, ao lado de doenças do sistema digestivo, parasitoses e graves infecções provocadas por enfermidades altamente contagiosas, como o cólera e a varíola. Nelas a medicina aos poucos também foi sendo introduzida nas fazendas, à medida que tal campo de conhecimento foi avançando (com a invenção da vacina contra a varíola) e as pressões iluministas contra a escravidão também foram anunciando o fim da legalidade da importação de africanos.

No entanto, os efeitos demográficos disso não foram tão evidentes nas colônias açucareiras do Caribe quanto nos EUA, pois na primeira região, mesmo com sensível redução da escravidão na última metade do século de vigência, não diminuíram como nas fazendas norte-americanas do Sul, devido a fatores nutricionais (como o consumo de proteína e ferro, que não aumentou suficientemente na dieta caribenha) conjugados com fatores climáticos (as características morfológicas do Caribe proporcionavam uma variação maior de temperatura e um regime de chuvas torrenciais que favoreciam grande incidência de doenças tropicais). (KIPLE, 1984, p. 116-8)

A partir dessa pesquisa outras foram desenvolvidas para a mesma região, com recortes geográficos menores, tendo como referência a realidade dos EUA revelada por diversos autores e a do Caribe revelado por Kenneth Kiple, como a de Richard Sheridam dedicada às "Índias" ocidentais britânias, na qual mostra entre outras coisas o impacto demográfico positivo da introdução do saber médico na população escrava. (SHERIDAM, 1985)

Outra contribuição importante para o avanço da historiografia norte-americana a respeito dessa tema foi dada pelo conjunto de estudos organizados por Alan

Bewll intitulado *Slavery, Abolition and Emancipation*, publicado em 1999, particularmente o volume 7 da obra: *Medicine and the West Indian slave trade*. Além de publicar textos médicos dos séculos XVII ao XIX, para divulgar e facilitar o acesso a fontes bastante esclarecedoras sobre a aplicação do saber médico no tráfico e nas fazendas com grande concentração de escravizados, ele também apresenta uma síntese sobre o impacto dessa aplicação na demografia e economia escravistas das colônias inglesas. Em meio a isso, destacou o desenvolvimento da medicina tropical, como meio eficaz de combater doenças típicas dos trópicos e, consequentemente, de redução dos altos índices de mortalidade tanto de escravos quanto de colonos que prejudicavam os interesses da Coroa. (BEWLL, 1999, p. X)

A essa altura, a produção historiográfica norte-americana sobre saúde dos escravos estava bastante avançada, com centenas de textos publicados sobre o assunto e com diversos consensos relevantes, como o do impacto positivo das pressões iluministas e do movimento abolicionista inglês contra a escravidão e o tráfico que a alimentava, o da eficácia da introdução do saber médico no cativeiro e o da importância da intervenção estatal na relação senhor e escravo para impulsionar o aumento da população escrava.

E foi com base em tal produção que estudos com fins políticos e sociais, analisando comparativamente as condições de saúde entre brancos e negros nos EUA, puderam cobrar medidas reparadoras aos infortúnios sofridos pelos africanos e seus descendentes submetidos ao trabalho servil e os seus efeitos de longo prazo na qualidade da saúde dos descendentes da escravidão, sobretudo dos mais pobres. Um dos estudos que seguem essa linha é o de Rodney Hood, que utilizou estatísticas do Department of Health and Human Service (DHHS), confrontadas com as informações historiográficas sobre a situação dos antigos escravos nas fazendas do Sul, para mostrar que continua havendo considerável disparidade em matéria de saúde pública entre brancos e negros, principalmente nos Estados que foram mais apegados à escravidão e apresentam forte presença de racismo. (HOOD, 2001)

Mais recentemente surgiram novas pesquisas com objetos bem específicos, ou pontuais, que contribuem muito para ampliar o conhecimento da realidade da saúde da população escrava norte-americana. Uma delas é a de Marie Jenkins Schwartz, *Birthing a slave: motherhood and medicine in Antebellun South*, publicado em 2006. Com o aumento das pressões contra o tráfico no Atlântico-Norte que culminaram na proibição desse comércio em 1807, os preços dos escravos cresceram muito em um momento de ampliação da demanda internacional por algodão. A saída dos grandes produtores rurais foi, além de melhorar as condições de saúde de sua escravaria, incentivar a reprodução natural. Sabe-se que essa medida deu certo, pois a população escravizada dos EUA experimentou tamanho avanço que de aproximadamente 1 milhão de indivíduos no início do século XIX passou para algo em torno de 4 milhões às vésperas da abolição da escravatura naquele país (1865). Uma das razões disso, segundo a autora, foi o desenvolvimento de uma medicina especializada na saúde da mulher, particularmente na saúde reprodutiva. Diversos manuais destinado a esse assunto foram publicados ao longo de tal período e as instituições de ensino médico formaram grande número de obstetras e ginecologistas. Nos diários de fazendas ela encontrou para todas as ex-colônias do Velho Sul a contratação de profissionais com essas especialidades para cuidar das gestantes antes, durante e depois do parto, bem como de suas crianças no seu período mais crítico de vida (os primeiros meses,) revelando que os procedimentos médicos do pré-natal foram cada vez mais comuns, sistemáticos e benéficos para a redução da mortalidade das escravas e de seus filhos. Revelou também que houve grande interesse dos médicos em estudar doenças femininas, principalmente as relacionadas com o aparelho reprodutivo, como os tumores, para os quais ela dedicou um capítulo inteiro (o oitavo), e mostrou como todas essas novas cautelas eram divulgadas exaustivamente pelos mais diversos periódicos agrícolas destinados aos fazendeiros. Trata-se de um estudo que somente poderia ser feito em um país com enorme tradição em estudos escravistas e com a disponibilidade de farta, rica e variada documentação, como os abundantes e detalhados diários de fazendas, que permitem o historiador conhecer a fundo a sua experiência histórica em um assunto tão delicado. (SCHWARTZ, 2006, p. 13, 31 e 105)

No início de 2013 Caitlin Rosenthal prometeu a publicação de um livro intitulado *From slavery to scientific management: capitalism and control in America (1754-1911)*, no qual ela investiga o gerenciamento do trabalho, os incentivos para a produção e os recursos para estimular a produtividade, e os encontra em muitas grandes propriedades escravistas norte-americanas, principalmente nas fazendas do Sul, argumentando que o capitalismo não os inventou e sim os aprimorou. Em meio a isso, mostra o quanto as boas condições de saúde dos escravos, possibilitadas entre outras coisas pela inserção cada vez maior do saber médico na administração da mão de obra cativa, foram fundamentais para o sucesso da economia escravista do país. Embora esse argumento não seja novidade, a sua utilização em um novo contexto explicativo (o da eficácia de incentivos aos trabalhadores para melhorar a qualidade e quantidade da produção) revela o quanto o controle das doenças foi decisivo para impulsionar a prosperidade dos empreendimentos e da economia nacional, ecoando a síntese lapidar de Benjamin Franklin (1706-1790), em sua paráfrase da obra máxima de Adam Smith: "A saúde é a riqueza das nações." [6]

Diante dessa breve exposição de alguns dos mais relevantes estudos sobre a saúde da população escrava dos EUA (uma pequena amostra do universo enorme da produção historiográfica norte-americana) pode-se concluir que a historiografia desse país sobre esse assunto, por ser tão avançada, permitiu até o embasamento de estudos de natureza política, como o do acima citado Rodney Hood, para pressionar a Federação a intervir numa disparidade histórica que, mesmo com o fim da escravidão, persiste em muitos de suas localidades.

Esse avanço ainda está longe de ser atingido por nós. E isso talvez seja efeito do fato de o conhecimento histórico acadêmico brasileiro ter se desenvolvido muito tarde e lentamente em relação ao dos EUA. Afinal, a moderna historiografia brasileira somente foi inaugurada entre as décadas de 1930 e 1940, com a publicação e repercussão de três dos seus maiores clássicos: *Casa-grande e senzala* (1933) de Gilberto Freyre, *Raízes do Brasil* (1936) de Sérgio Buarque de Holanda e *Formação do Brasil contemporâneo* (1942) de Caio Prado Jr. [7] quando a organização do ensino profissional e da pós-graduação em história estava sendo ainda iniciada. Acrescente-se a isso o fato de que entre a conclusão dessa organização e a consolidação do amadurecimento da pesquisa histórica no país, com a formação de uma geração de arquivo a partir de finais dos anos 1970 (isto é, que abandonou a tendência até então predominante de estudos interpretativos respaldos na maioria das vezes apenas em fontes primárias transcritas em revistas especializadas, como a do IGHB), decorreu tempo insuficiente para ampliação de oferta de historiadores que pudessem investir em pesquisas tão tematicamente variadas e necessitadas de uma base historiográfica ainda então em construção.[8] Diante desse quadro, eles optaram pelo esforço de responder a questões mais básicas de nossa história

---

6   A referida obra de Adam Smith é *A riqueza das nações* publicada originalmente em 1776.

7   Um dos decanos da intelectualidade brasileira que considera tais clássicos a tríade fundadora da moderna historiografia e sociologia em nosso país é Antônio Cândido. Tais considerações ele teceu no prefácio das edições de *Raízes do Brasil* elaboradas pela Companhia das Letras, na de 1997 por exemplo. Consideração análoga é feita por Motta (2008, p. 69-72).

8   Para uma análise da formação da historiografia brasileira recomendo Motta (2008).

nacional, para posteriormente tentar alargar o seu horizonte de estudo, o que vem ocorrendo desde o final dos anos 1980 em ritmo acelerado.

Por essa razão, antes do final da década de 1970, quando os historiadores começaram a lidar mais diretamente com o tema em discussão, havia pouca coisa disponível para o seu entendimento. Um deles é o livro do médico Octávio de Freitas, *Doenças africanas no Brasil*, publicado em 1935, no qual, ao descrever causas de diversas enfermidades mais comuns dos negros, defende a hipótese de que um dos principais males da escravidão foi o de trazer, junto com os escravos, uma série de patologias estranhas ao país que muito contribuiu para agravar a sua constituição nosológica, tornando-o mais insalubre. (FREITAS, 1935, p. 18-20)

Sua hipótese, fundamentada em uma visão racial e naturalizada da doença, tem sido bastante criticada por autores responsáveis pelo surto historiográfico sobre tal tema no Brasil na última década, como Diana Maul de Carvalho, que condena tal visão por nela estar embutida a ideia de um paraíso degradado pela colonização, conforme sugere o título do primeiro capítulo de Octávio Freitas "Bons ares; maus colonos"; ideia falsa, responsável pela construção de um entendimento deturpado da história biológica e dos povoadores espontâneos e forçados da Colônia, porque ignora o fato de que a disseminação de uma enfermidade "exportada" depende de condições naturais pré-existentes do território onde ela é inserida e das formas de interação entre seu portador e o meio, conforme esclarece a referida autora. (CARVALHO, 2007, p. 6)

Outro estudo dedicado ao tema, mas não de forma exclusiva, é o livro de Gilberto Freyre, *Os escravos nos anúncios de jornais brasileiros do século XIX*, publicado em 1963. Esse autor buscava dados, em fontes até então pouco utilizadas para o estudo da escravidão, para conhecer o cotidiano dos escravos e algumas de suas características sociais. Com essa inovação metodológica, ele recuperou muitas informações sobre a vida dos negros submetidos ao cativeiro, entre elas, marcas ou sintomas de doenças ou ferimentos que pudessem ajudar a identificar escravos fugidos. Com esse tipo de informação, foi possível fazer um quadro dos problemas de saúde mais evidentes nos corpos dos fugitivos e, com isso, conhecer alguns indicadores das condições de vida no cativeiro.

Seguindo o seu método, Márcia Amarantino elaborou uma pesquisa, nas edições de 1850 do *Jornal do Comercio*, para conhecer os mesmos indicadores relativos à realidade da capital do Império no auge da escravidão no Brasil. Dos 409 anúncios observados (como o seguinte: "R$ 500 se dará de gratificação a quem levar ao dar notícia ... de um preto de nome Pedro, nação rebolo, sem barba, estatura regular, com sarnas pelos braços") ela descobriu que os problemas mais identificados nos corpos dos fugitivos anunciados são doenças infecciosas (34,96%) e traumáticas (30,58%).[9] (AMARANTINO, 2007)

Depois do estudo Gilberto Freyre, somente na segunda metade da década de 1970 que outras pesquisas começaram a surgir. Uma delas foi conduzida por Iraci del Nero da Costa dedicada à análise da morbidade em Vila Rica entre 1799 e 1801. Essa análise foi feita a partir dos assentamentos de óbitos registrados na Paróquia de Nossa Senhora da Conceição da antiga e populosa freguesia de Antônio Dias. Segundo seus cálculos, a mortalidade da população escrava girava em torno de 20% e era 76% maior em relação à dos livres, com destaque alarmante para a mortandade infantil (238 mortes por mil nascimentos, sendo 31,42% delas ocorridas no primeiro mês de vida e 37,15% ocorridas entre dois meses e um ano de vida). Em relação às doenças mais comuns, observou que as doenças do aparelho respiratório, principalmente tuberculose e pneumonia, foram as mais mortíferas, seguidas pela hidropisia e gangrenas.[10] (COSTA, 2009)

Sua pesquisa, embora baseada em um curto recorte cronológico e em apenas uma localidade de Vila Rica, traz importante contribuição dos indicadores das condições de saúde da população escrava em uma antiga área mineradora. No entanto, depois de mais de três décadas da publicação original do seu trabalho, ainda não sabemos se os dados obtidos por ela entre 1799 e 1801 dizem respeito à apenas esse biênio e à mencionada freguesia, ou se pode ser generalizado para todo o período e espaço colonial mineiro, devido à ausência de estudos complementares para essa região.

Em 1978, na coletânea organizada por Roberto Machado, foi publicado um capítulo avaliando a preocupação médica e governamental sobre a saúde da população escrava, usando como estratégia de abordagem o levantamento de textos dedicados ao assunto. Como seus autores encontraram pouquíssimos, concluíram que esse tema não era relevante nas reflexões médicas da época em que vigorou a escravidão (MACHADO, 1978, p. 370). Tal capítulo teve o mérito de iniciar uma discussão relevante sobre a história intelectual da medicina dedicada

---

9   O anúncio encontra-se na p. 1382 e os dados tabulados em percentuais das doenças mais visíveis nos corpos dos escravos, segundo os anunciantes, estão na p. 1384.

10 O artigo foi publicado originalmente em 1976. Os dados acima apresentados estão, respectivamente nas páginas 243, 247 e 250.

ao cativeiro e de divulgar fontes médicas muito ricas sobre a história da saúde dos cativos, que acabaram sendo usadas para os mais diversos fins na historiografia especializada no campo de estudos em pauta. E essa sua conclusão manteve-se quase inquestionada enquanto novas pesquisas não foram desenvolvidas, ou seja, por longo tempo.

Porém, no recente impulso aos estudos sobre a saúde dos escravos, promovido pelos pesquisadores identificados com os objetos de pesquisa do campo historiográfico conhecido como história da saúde, da doença e da medicina, há pouco tempo consolidado no Brasil, surgiu o trabalho de Silvio Cezar de Souza Lima: *O corpo escravo como objeto das práticas médicas no Rio de Janeiro (1830-1850)*. Trata-se de uma tese defendida em 2011, no programa de pós-graduação em história das ciências e da saúde da Fundação Oswaldo Cruz, que mostrou que, apesar de haver pouca publicação médica dedicada diretamente à saúde da população cativa, esse tema não pode ser considerado secundário nas reflexões médicas, pois em muitas edições de periódicos e teses de medicina há incontáveis exemplos de análise médica sobre moléstias dos cativos. Mais do que refutar o mencionado trabalho inserido na coletânea de Roberto Machado, o autor revela o quanto, involuntariamente, o corpo escravo foi fundamental para a construção do saber médico brasileiro, ao ser investigado nas suas instituições imperiais de ensino e pesquisa.[11] (LIMA, 2011)

Em 1979 Douglas Cole Libby defendeu a sua dissertação intitulada *Trabalho escravo na mina de Morro Velho*. Grande parte de sua pesquisa foi destinada a analisar as condições de vida, trabalho e saúde dos escravos em um complexo aurífero, localizado na antiga Nova Lima (MG), pertencente à companhia inglesa Saint John del Rey Mining Company. Embora seu objetivo maior é o de mostrar que a escravidão não foi incompatível com o capitalismo em tal empreendimento, ao revelar que o trabalho escravo era mais lucrativo (em termos de mais valia absoluta) do que o assalariado, ele dá importante contribuição ao estudo das condições de saúde da população escrava, ao descrever a rotina de trabalho, da vida e da salubridade na mina de Morro Velho, analisando o empenho de seus administradores para reduzir a mortalidade escrava em tal mina.

O ensaio elaborado por esse autor a respeito das condições de saúde dos escravos da mina de Morro Velho ainda não havia sido revisto e aprofundado até

---

11   A crítica do autor ao estudo de Machado (1978) encontra-se na p. 2 e uma síntese de seu principal argumento está entre as páginas 148-149 e 190 -192.

a publicação deste presente livro, devido ao fato de nossa historiografia sobre tal tema ter sido impulsionada apenas recentemente.[12] Por isso, senti-me motivado a enfrentar documentação produzida pela Saint John del Rey Mining Company (de difícil leitura por se tratar de inglês oitocentista), e empreendi uma análise inspirada no estudo do governo dos escravos nas Américas, elaborado por Rafael de Bivar Marquese, objetivando comparar as conclusões desse autor para as propriedades rurais com um empreendimento urbano. (MARQUESE, 2004)

Assim, com base nos relatórios que os administradores daquela mina enviavam para Londres anualmente e no estudo pioneiro de Douglas Cole Libby, inicialmente observei, no penúltimo capítulo deste livro, que (depois de pressões dos abolicionistas de seu próprio país, da dificuldade prevista de adquirir mão de obra escrava com os debates em torno do fim de fato da importação de africanos para o Brasil nas vésperas de 1850 e dos conselhos divulgados por letrados e médicos a respeito do manejo mais eficaz da população cativa) em Morro Velho houve grande esforço para se colocar em prática um conjunto de preceitos, há muito tempo conhecidos, mas até então pouco aplicados, que acabaram contribuindo para disciplinar o enorme contingente de trabalhadores servis e reduzir a sua mortalidade. Entre os preceitos encontra-se a utilização do saber médico para preservar preventivamente ou restaurar a saúde dos escravos, com a contratação de médicos e enfermeiras, a construção de um hospital e a elaboração de quadros estatísticos anuais para se conhecer as doenças que mais afetavam a mão de obra, com o objetivo de combatê-las.

A eficiência do capitalismo britânico, sua longa experiência com a escravidão em outros espaços coloniais e a reforma na forma de governar os escravos fizeram alguma diferença na demografia destes indivíduos em Morro Velho? Em parte sim, pois os índices de mortalidade na mina eram um pouco menos aterradores quando comparados com estatísticas do século XVIII, mas a baixa fertilidade das escravas e a mortalidade infantil não permitiriam a população escrava crescer naturalmente como ocorreu nos EUA.

Em 1982, Maria das Mercês Somarriba publicou sua dissertação *Medicina no escravismo colonial*. Nela reiterou a tese de Roberto Machado, de que havia uma

---

12 O estudo elaborado por Childs (2002) ao abrigo da Universidade da Carolina do Sul, EUA, embora toque na questão, o faz sem avançar o estudo de Libby (1979), uma vez que seu foco é a análise dos rituais que envolviam as relações de poder entre senhores e escravos, conforme expresso no título de seu trabalho, o qual foi um dos primeiros a divulgar imagens da escravidão na mina de Morro Velho.

quase inexistência de uma reflexão médica sobre a saúde dos escravos, e se propôs "avançar na explicação para a não existência, em escala significativa pelo menos, de uma medicina do escravo e de uma política de saúde voltada especificamente para a mão de obra escrava".

Usando o conceito de escravismo colonial de Jacob Gorender, ela apoiou-se em uma das principais lógicas do escravismo apontadas por esse autor (a de que quanto mais alta a rentabilidade conjuntural da produção escravista no mercado, tanto mais vantajoso estafar o escravo para obter dele o máximo de sobreproduto em curto prazo) para explicar os altos índices de mortalidade da população cativa. Até aí ela contribui para a compreensão da lógica senhorial empregada na administração de sua escravaria.

Em outros termos, ela mostra que algumas variáveis, como preço do trabalhador servil, rentabilidade e sua capacidade de trabalho, foram fundamentais para determinar o comportamento senhorial em relação a aspectos que muito influenciavam a saúde no cativeiro, como o tempo de trabalho exigido dos indivíduos a ele submetidos. Afinal, no cálculo dos senhores, muitas vezes era mais lucrativo substituir um negro desgastado por excesso de horas de trabalho, do que encurtar a sua jornada e fazer investimentos adicionais para prolongar sua vida produtiva.

Assim, quando tal lógica se impunha em determinados contextos, não havia lugar para preocupação mais profunda e sistemática com a saúde dos escravos, o que explica, na visão da autora, a quase ausência de interesse médico na abordagem intelectual de temas a isso ligado; interesse que, segundo ela, somente ocorreu a partir do fim do tráfico transatlântico de africanos para o Brasil e da ampliação da demanda de externa pelos seus produtos agrícolas, notadamente o café. [13] (SOMARRIBA, 1982)

Esse estudo, apesar de corroborar uma tese (a de Roberto Machado acima sintetizada) recentemente contestada pelo citado estudo de Silvio Cezar de Souza Lima, é de grande importância por ter sido o primeiro a utilizar a lógica da rentabilidade dos empreendimentos coloniais para explicar o porquê das condições de saúde dos escravos terem sido tão ruins de um modo geral. E também por ter sido o primeiro estudo que mostrou uma tendência de mudança em tais condições ao final da importação de negros para o Brasil, revelando novas fontes de estudo (manuais

---

13 A lógica do escravismo colonial gorendiana da qual ela se vale encontra-se nas páginas 7, 8 e 11. A sua conclusão de que com o fim do tráfico algumas iniciativas para melhorar a situação sanitária dos escravos começaram a ser praticadas estão entre o final da página 11 e 13.

de medicina prática especializados em doenças de escravos) para outras questões relativas a esse tema. Mesmo com toda essa contribuição, seu trabalho foi quase ignorado pelos historiadores da escravidão e quase não é citado pelos que promoveram esse surto historiográfico sobre o tema em análise; sintoma do caráter incipiente e de algumas fragilidades da historiografia brasileira sobre esse tema.

Outro estudo relevante relacionado com o mesmo tema foi publicado por Pedro Carvalho de Mello em 1983, dedicado ao exame da estimativa da longevidade dos escravos na segunda metade do século XIX. Seu ponto de partida historiográfico é o debate sobre a Abolição após a promulgação da Lei do Ventre Livre. Uma das controvérsias, entre emancipacionistas (os grandes fazendeiros eram seus principais protagonistas) e abolicionistas, a respeito do processo gradual do fim da escravidão, girou em torno da seguinte questão: haveria a necessidade de medidas adicionais para acelerar esse processo? A resposta que conduziria a decisão do Estado dependeria da quantidade média de vida produtiva dos escravos. Sabe-se que os abolicionistas venceram o debate, levando o governo imperial a aprovar leis que culminaram na Lei Áurea (13 de maio de 1888). O argumento principal dos vitoriosos foi o de que as melhorias das condições de saúde poderiam prolongar a longevidade da população cativa, estendendo dessa maneira o trabalho servil por muito mais tempo além do tolerável.

Partindo dessa controvérsia, o autor procurou analisar as fontes demográficas e os testemunhos de estimativas de vida da escravaria para investigar qual era de fato a sua expectativa de vida. Com isso, acabou observando alguns indicadores (sobretudo o de mortalidade e fertilidade) que permitem avaliar as condições de saúde dos escravos. Sua principal fonte é o Censo de 1872, no qual encontrou resultados que o levaram a concluir que, entre 1850 (data do fim do tráfico transatlântico de africanos para o Brasil) e o ano do referido Censo, a fertilidade e a longevidade escrava não aumentaram significativamente. Pois, como entre uma data e outra havia transcorrido pouco mais de vinte anos, o impacto da extinção do tráfico no cálculo econômico dos senhores não teve tempo suficiente para operar seus efeitos no investimento da reprodução natural da população cativa, e, com decreto da Lei do Ventre Livre (1871), que possivelmente freou os ânimos dessa investida, não se poderia esperar que houvesse alguma melhora naqueles indicadores. (MELLO, 1986, p. 162-163)

Sem julgar o mérito dessa conclusão (pessimista demais, uma vez que no intervalo das duas datas acima citadas, 22 anos, havia 611451 escravos de zero a dezenove anos), os dados gerais daquele censo mostram que a demografia escrava tinha condições de crescer naturalmente (sobretudo porque havia considerável equilíbrio entre os sexos, e mais 277139 escravos entre vinte e 29 anos), caso outras condicionantes (principalmente os ligados à saúde) favorecessem e a Lei do Ventre Livre não existisse.

Embora tendo lidado com tema em questão indiretamente, preocupado com um problema da história demográfica, o estudo de Pedro Carvalho de Mello mostra que houve melhorias nos indicadores de saúde no cativeiro após 1850, e mesmo que se para ele a melhora não tivesse sido a ideal, devido ao pouco tempo para a produção dos efeitos do fim do tráfico, está implícito na sua conclusão que havia uma tendência nesse sentido, a qual foi freada inicialmente em 1871 e posteriormente com a vitória dos abolicionistas em relação à aceleração do processo gradual do fim da escravidão.

Enquanto os historiadores brasileiros ainda estavam lidando com a saúde dos escravos apenas eventualmente e, na maioria das vezes, de maneira indireta, uma das mais esclarecedoras pesquisas sobre esse tema foi desenvolvida por Mary Karash ao abrigo da Universidade de Princeton, onde foi publicada em 1987. Focada no Rio de Janeiro entre 1808 e 1850, ela dedicou três longos capítulos ao estudo de aspectos demográficos e das condições de vida, trabalho e saúde da população escrava.

As suas principais conclusões sobre o assunto foram as seguintes: 1) as taxas de óbitos dos negros submetidos ao cativeiro, principalmente a infantil, eram ainda muito altas; 2) as doenças mais mortíferas em tal população eram as mesmas que dos EUA e da Europa (as ifecto-parasitárias, seguidas pelas gastrointestinais e pelas respiratórias), sendo as mais comuns, nessa ordem, a tuberculose, disenteria, diarreia, gastroenterite, pneumonia, varíola, hidropisia, hepatite, malária e apoplexia.

Assim, ela pode afirmar:

> Os historiadores tenderam a culpar as moléstias tropicais pela alta mortalidade de escravos no Brasil, mas o material da Santa Casa contesta, ao menos para a cidade do Rio de Janeiro, a suposição de que essas moléstias sozinhas dizimavam a população escrava, ou que os donos de escravos pouco podiam fazer para preservar sua propriedade diante de doenças endêmicas e epidêmicas (...). Exceto a malária e a varíola, que não respeitavam posição social, as outras doenças podem refletir os baixos padrões socioeconômicos de vida da população escrava. Em outras palavras, os escravos morriam em maior número de moléstias cuja

incidência diminui à medida que os padrões de um grupo populacional melhoram. [Assim] o resultado era uma inevitável despovoação dos escravos. (KARASH, versão brasileira de 2000, p. 258)

Suas conclusões revelam que, no Rio de Janeiro da primeira metade do século XIX, a vida do escravo era, do ponto de vista da saúde, muito ruim. Por isso continuavam morrendo em grande quantidade e por causas na maioria das vezes evitáveis, resultando numa dramática despovoação que somente foi impedida pela reposição de novas importações de africanos.

Como o recorte cronológico da autora compreende o período de intensa atividade do tráfico negreiro internacional na capital do Império, dificilmente se poderia esperar outra realidade, dada a fartura de negros ofertada quase sem interrupção por essa modalidade comercial. Dessa maneira, os dados encontrados por Mary Karash indicam que os grandes proprietários ainda continuavam motivados pela lógica econômica colonial de maximização da exploração do trabalho escravo, com o menor custo, visando à satisfação da ampla e crescente demanda externa por monocultura e ao aumento de sua rentabilidade.

Depois desse passo decisivo na historiografia da saúde dos indivíduos submetidos à escravidão dado pela referida autora, veio a público em 1988 um artigo da pesquisadora Ângela Pôrto, dedicado ao estudo da assistência médica a tais indivíduos, que apresenta informações muito importantes para a compreensão do tema em discussão. Uma delas é a criação de uma companhia de seguros, a Cia União, em 1845 na cidade do Rio de Janeiro, cujos serviços foram contratados já no seu primeiro ano de funcionamento por uma centena de proprietários.

Com essa descoberta ela abriu caminho para relativizar a ideia corrente entre os historiadores de que os grandes senhores eram de um modo geral negligentes com a saúde dos escravos. Pelo menos na capital do país, em meados da última década de vigência do tráfico transatlântico de africanos para o Brasil, o seu trabalho mostra indicadores, como o acima revelado, de que havia centenas de fazendeiros que mostravam grande preocupação com seu investimento em mão de obra compulsória. Afinal, no caso de morte de escravo o seguro não era pago se ela ocorresse por maus tratos e descuido em matéria de saúde. (PÔRTO, 1988, p. 9)

Durante quase duas décadas após a publicação do seu artigo, a autora retornou ao assunto com textos ora de caráter historiográfico,[14] ora de divulgação de

---

14 Entre os textos historiográficos por ela publicados, destaque-se o publicado em 2006.

documentos, ou de apresentação de novas pesquisas, como a coletânea intitulada *Doenças e escravidão: Sistema de saúde dos escravos no Brasil do século XIX*, organizada ao abrigo da Fundação Oswaldo Cruz e publicada em 2007.

Essa coletânea pode ser considerada um marco importante do processo de construção de uma historiografia especializada no tema em análise, ao promover pela primeira vez a reunião de tantos estudos direta e indiretamente ligados a ele que vale como um esforço inicial de síntese, a qual será melhor avaliada mais adiante. Antes é necessário retornar à década de 1990 e recuperar contribuições de mais duas pesquisas relevantes que a antecederam.

A primeira delas é a da professora Ilka Boaventura Leite, que investigou aspectos da vida de escravos e libertos em Minas Gerais do século XIX, a partir dos relatos de viagem dos "viajantes" em uma pesquisa publicada em 1996. Embora esses relatos compõem uma fonte muito controversa, ainda assim ela procurou abordá-la em busca das percepções dos seus autores sobre a realidade da escravidão na maior região escravista do país. E encontrou impressões diferentes entre eles sobre os mesmos objetos, como o tipo, a qualidade e a quantidade de alimentação dada os escravizados. Não obstante, seus relatos lhe serviram para, em um capítulo, examinar a vida cotidiana no cativeiro: dieta, vestimenta, trabalho, folga e saúde foram os itens examinados. Em relação a esse último, ela recuperou nos textos dos viajantes (no total de dezoito) suas observações sobre as doenças mais comuns dos negros e montou um quadro das que mais foram por eles abordadas. Dessa forma, proporcionou um conjunto de dados, muito útil para confrontar com outras percepções (dos médicos e das autoridades públicas, por exemplo) para ampliar a compreensão do quadro nosológico da população cativa. (LEITE, 1996, p. 170)

No mesmo ano Sidney Chalhoub publicou um estudo sobre cortiços e epidemias na capital do Império, no qual abordou algumas questões relativas à saúde dos escravos. Uma delas diz respeito ao problema na identificação de determinados problemas das classes pobres, na ótica das elites, que as faziam ser percebidas como classes perigosas. Um desses problemas era a proliferação de doenças epidêmicas, consideradas oriundas das suas moradias e de seu rústico estilo de vida avesso ao ideal sanitário, que então servia de justificativa às políticas públicas antipopulares na segunda metade do século XIX e início do XX, como a derrubada de cortiços e vacinação obrigatória.

No caso das políticas de saúde pública, nesse contexto de expulsão dos pobres (a maioria de negros) para longe do centro da cidade que então se pretendia "civilizar" e de incentivo à imigração europeia, para substituir os escravos e ampliar a oferta de trabalhadores no incipiente mercado de trabalho assalariado nacional, houve também, segundo o autor, um deslocamento do foco governamental e médico para as doenças que mais poderiam afetar os imigrados do que os escravos remanescentes (CHALHOUB, 1999, p. 92-96). Dessa forma, ele revela: 1) uma relação entre racismo, doença e sanitarismo que ajudou a tornar o Rio de Janeiro muito mais socialmente explosivo nas últimas décadas do Império e no início da República; 2) um descaso público para com a saúde da população escrava, incentivado pela Lei do Ventre Livre e pela enorme quantidade de imigrantes que começaram a vir para o país.

Até o fim do século passado, nos estudos sobre saúde dos escravos predominaram abordagens que lidaram com esse tema de forma indireta (isto é, sem tomá-lo como objeto central de investigação) e, mesmo assim, não eram abundantes, conforme vários autores que se empenharam na elaboração de balanços historiográficos específicos sobre esse assunto já observaram. (PÔRTO, 2006, p. 1024 e BARBOSA; GOMES, 2008, p. 237)

Daí em diante a realidade historiográfica começa a mudar, pois, além da continuidade dos estudos indiretos, há um surto de pesquisas dedicadas diretamente sobre tal tema, que vem aumentando consideravelmente a compreensão dos objetos a ele ligados. Entre 2001 e 2003, quando iniciei meu interesse pelo assunto, publiquei dois artigos sobre a tradução publicada em Lisboa em 1801 feita pelo cirurgião Antônio José Vieira de Carvalho, atuante em Vila Rica, do manual médico de Jean Barthelemy Dazille, atuante em São Domingos, *Observações sobre enfermidades de escravos*, publicada em Paris em 1776.

Foi minha estreia. Havia percebido que os poucos estudos que usaram esse manual não se debruçaram sobre as razões pelas quais ele foi traduzido e o porquê de ambas as monarquias terem patrocinado as suas publicações. E descobri que não se tratava de apenas um esforço para divulgar conhecimento útil para a prosperidade colonial, como interpretou Maria das Mercês Somarriba (SOMARRIBA, 1982, p. 14). Era também uma forma de responder aos apelos humanitários dos iluministas e de demais críticos à escravidão para que se melhorasse a vida dos escravos, a começar cuidando melhor da saúde deles. Pude aprimorar essas conclusões em 2009, depois de alguns anos de experiência com esse objeto, em outro artigo em que procurei aprofundar a compreensão do sentido histórico da publicação do referido manual e de outros do mesmo gênero no Novo Mundo, aproveitando as contribuições da pesquisa de Rafael de Bivar Marquese, sobre a qual passo a falar a seguir, e explorando algumas de suas lacunas.[15]

O seu estudo trilhou os caminhos da história intelectual para abordar os conselhos e debates em torno do governo dos escravos nas Américas, entre os séculos XVII e XIX, usando textos de diversos campos de conhecimento (agronômico, jurídico, médico, teológico, entre outros) para analisar o processo histórico das formas de concepção da escravidão e os meios mais eficazes da administração do cativeiro. Em relação a esse último ponto, um dos documentos mais interessantes de seu trabalho são os manuais escritos por fazendeiros ou seus prepostos. Neles há um conjunto de medidas destinadas a tornar a produção escrava mais eficiente. Uma delas é a melhora na forma do tratamento dos escravos, incluindo nisso maior cautela para com a saúde deles. No caso do Brasil, ao fazerem propostas dessa natureza, seus autores buscavam, entre outras coisas, responder às pressões internas (como a formação do quilombo de Palmares) e externas (a Revolução do Haiti), bem como às críticas contra o tráfico de africanos e às exigências de maior eficiência econômica. Assim, seguindo a tendência intelectual em curso no Ocidente, procuraram mostrar para os grandes proprietários rurais como era possível atender à crescente demanda por produtos agrícolas, explorando a escravaria de uma forma que ela não fosse desgastada predatoriamente e se reproduzisse naturalmente. (MARQUESE, 2004, p. 284)

Lendo esse inovador estudo fica, porém, uma dúvida: o ideal de administração da população escrava, promovido pelos letrados que lidaram com o assunto, foi seguido pelos proprietários dos grandes empreendimentos das décadas finais do Império? Ou, colocada em outros termos, as condições de saúde dos escravos melhoraram quando se tentou implantar tal ideal? Foi o que tentei responder no penúltimo capítulo deste livro para o caso da Mina de Morro Velho.

No ano de 2004 ainda surgiram mais dois estudos a respeito desse tema. Um deles é o de Miridan Britto Falci dedicado às doenças de escravos em Vassouras. Investigando principalmente documentação seriada, com ênfase nos inventários

---

15 Os artigos inaugurais a que me refiro foram publicados nas seguintes revistas: *Varia História*; revista do departamento de história da UFMG (2000, n. 23) e *História Social*; revista do departamento de história UNICAMP (2003, n. 10). O artigo de 2009 foi publicado na *Varia História*; revista do departamento de história da UFMG (2009, n. 41). Em 2010, também publiquei outro texto, discutindo as condições de saúde dos escravos no Brasil do século XIX, *Afro-Ásia*; revista do centro de estudos afro-orientais da UFBA (2010, n. 41). Esses dois últimos estão republicados neste livro.

de bens, a autora elaborou um quadro estatístico com indicadores demográficos que ajudam a avaliar as condições de saúde da população escrava do próspero município cafeeiro do Vale do Paraíba Fluminense e os males que mais a afetavam. E por ele pôde concluir que os indivíduos dessa população no município enfrentavam as mesmas dificuldades de outras regiões, apresentando nível de mortalidade tão alto e incidência de moléstias de mesma natureza que demais regiões já conhecidas. (FALCI, 2004, p. 24)

Esse estudo aponta para uma tendência (a de produção de estudos com recortes geográficos concentrados em cidades, ou em um de seus distritos, necessários para ampliar análises comparativas) que se for consolidada contribuirá para ampliar o entendimento historiográfico sobre as generalidades e particularidades da vida que os escravos levavam nos cativeiros deste vasto país e as enfermidades que mais os atacavam.

Seguindo essa tendência, alguns estudos já foram concluídos, como os publicados em 2009 e 2010 por Carolina Bitencourt Becker, Jaqueline Hans Brizola, Natália Pinto e Paulo Roberto Staudt Moreira dedicados a cidades de Rio Grande, Alegrete e Porto Alegre, nos quais mostram como eram as condições de saúde no cativeiro em tais cidades (ruins de um modo geral) e quais doenças mais os afetavam (as mesmas já conhecidas, mais ou menos na mesma ordem de importância encabeçadas pelas infecciosas, em particular as que afetavam o aparelho respiratório) (BRIZOLA, 2010 e BECKER, 2010). Um desses estudos, por exemplo, mostra que, diferentemente do que se pensava, a maioria dos cativos internados na Santa Casa era composta por uma faixa etária dos doze aos 35 anos entre as vésperas do fim do tráfico em 1850 e os primeiros anos posteriores, com um percentual que variou entre 57 e 64%, o que mostra que o hospital não era uma sala de espera para o cemitério e que e muitos senhores pagavam para recuperar a saúde de seus negros (afinal a Santa Casa somente atendia de graça as pessoas pobres de condição livre e alforriada). (BRIZOLA, 2010, p. 37.)

Retornando a 2004, nesse ano foi publicado o volume inaugural de *Uma história brasileira das doenças*, no qual há um capítulo dedicado ao estudo da saúde dentária dos escravos em Salvador, assinado por três autores. Além de inovarem em relação ao objeto de estudo também usaram um recurso metodológico novo em termos de estudo historiográfico sobre o tema no Brasil: a paleopatologia, que consiste em estudar os vestígios de doenças em fósseis. Nesse caso, investigaram esqueletos de escravos exumados da Igreja da Sé, e descobriram que muitos deles apresentavam doenças bucais das mais variadas, provenientes de baixa ou nenhuma profilaxia, e grande incidência de cárie provocada possivelmente pelo maior consumo de açúcar de trabalhadores servis de uma região açucareira.(SILVA *et al.* In: NASCIMENTO e CARVALHO, 2004). Trata-se de uma inovação que demanda um diálogo intenso entre campos científicos diferentes, cuja aproximação e esforço conjunto poderão dar grandes contribuições ao esclarecimento sobre os problemas mais enfrentados pela população escrava na longa época do cativeiro.[16]

Em 2006, outro volume com igual título trouxe em suas páginas o artigo de Betânia Gonçalves Figueiredo, "As doenças de escravos: um campo de estudo para a história da doença e a da saúde". Texto de natureza historiográfica, com sugestões de pesquisa para avançar nesse tema considerado pela autora pouco explorado, apresenta algumas considerações a cerca da sua história. Uma das mais esclarecedoras é a de que os cuidados para combater as doenças da população cativa não eram motivados apenas pela necessidade de manutenção da força de trabalho, mas também pelas exigências das transações comerciais que envolviam cativos. Conforme suas próprias palavras, "escravos com boas condições de saúde vão atingir um preço no mercado distinto daqueles combalidos fisicamente" (FIGUEIREDO. In: NASCIMENTO, CARVALHO e MARQUES, 2006, p. 253-254). Essa hipótese faz muito mais sentido para os comerciantes de trabalhadores servis (inclusive, havia pessoas especializadas em comprar escravos doentes, por preços irrisórios, para tentar recuperar sua saúde e recolocá-los no mercado) do que para os senhores, uma vez que estes normalmente não adquiriam negros para negociá-los. Todavia, quando a necessidade de envolvê-los em negociações se impusesse, não resta dúvida de que uma das primeiras precauções dos seus proprietários era exatamente melhorar seus aspectos físicos.

Em 2007, a professora Ângela Pôrto organizou junto ao abrigo da Fundação Oswaldo Cruz o livro *Doenças e escravidão: Sistema de saúde dos escravos no Brasil do século XIX*. Trata-se do primeiro conjunto de estudos (primeiro grande esforço de divulgação de pesquisas) publicado sobre esse tema. São quatorze artigos dedicados a objetos diferentes (práticas de cura dos escravos, enfermidades do tráfico, amas de leite, entre outros) (PÔRTO, 2007). Um deles é o de Rosilene Maria Mariosa, que investigou o tratamento de escravos da Fazenda de Santo Antônio

---

16   A propósito, agora pouco foi descoberta uma fazenda no sul de Minas, no município de Machado, mantenedora de um cemitério de escravos, que está sendo investigado por uma equipe de pesquisadores com a qual colaboro, com resultados iniciais esperados para breve.

do Paiol entre 1850 e 1888. Nele sintetizou a sua dissertação concluída em 2006, na qual apresenta descobertas muito reveladoras sobre a postura senhorial em relação às condições de saúde dos cativos na mencionada fazenda.

Situada em Valença (um dos municípios cafeeiros até então mais prósperos do Vale do Paraíba Fluminense), aquela propriedade chegou a abrigar em 1879 mais de trezentos escravos. Para melhorar o tratamento da sua escravaria, seu proprietário montou uma farmácia, aproximadamente às vésperas da extinção definitiva da importação de africanos no Brasil, administrada por um farmacêutico diplomado na Escola de Farmácia de Ouro Preto, para suprir as necessidades do hospital que na fazenda havia para cuidar dos negros. A sua montagem, a contratação de profissional especializado para manipular os seus remédios, a visita periódica de médicos ao referido hospital e a internação de escravos na Santa Casa de Misericórdia local e até mesmo em clínicas particulares permitiram a autora concluir que, ao menos na propriedade por ela examinada, houve grande esforço para melhorar as condições de saúde da população cativa. E um dos indicadores de que esse esforço produziu efeitos benéficos na demografia escrava da propriedade é o batismo de 155 crianças entre as décadas de 1860 e 1880. (MARIOSA, 2006, p. 113)

Na mesma coletânea foi publicada a pesquisa de Cláudio de Paula Honorato: *O controle sanitário dos negros novos no mercado do Valongo*. Trata-se de uma prévia do seu estudo apresentado em 2008 na dissertação intitulada *Valongo: o mercado de escravos do Rio de Janeiro*. Esse estudo analisa a história do maior mercado de escravos construído abaixo do Equador, as suas condições e as dos indivíduos nele comercializados, as razões de sua criação, reforma, ampliação e encerramento de suas atividades tendo em vistas as vicissitudes da escravidão e do tráfico que a abastecia. A necessidade de um estabelecimento dessa natureza revela a preocupação das autoridades públicas da cidade com a saúde de seus habitantes, uma vez que elas sabiam, em face de longos anos da experiência com tal tipo de comércio, que suas mercadorias poderiam espalhar peste (epidemia de doença mortífera altamente contagiosa). Além disso, o autor mostra que houve um esforço, com resultados modestos, mas relevantes, de vacinar os escravos recém-desembarcados contra a varíola, pois essa era uma das enfermidades pestilentas mais temidas e que mais estragos faziam na população (HONORATO, 2008, p. 120-122). Assim, procuraram proteger os vacinados e reduzir as chances da cidade ser contaminada com tão medonha moléstia.

Ainda em 2007 foram publicados pelo menos mais dois trabalhos além dos que estão inseridos na coletânea organizada por Ângela Pôrto. À flor da terra é o título de um deles. Seu autor, Júlio César Medeiros da Silva Pereira, revela a demografia das mortes no cemitério dos pretos novos no Rio de Janeiro, especializado em enterrar escravos, sobretudo os que desembarcavam mortos ou morriam no mercado do Valongo. Sua pesquisa confirma que entre os desembarcados havia grande índice de morte, em sua maioria de homens jovens, e que uma das suas principais causas eram as gastroenterites, como observou nos atestados médicos de muitos dos que lá foram despejados. (PEREIRA, 2007, p. 133 e 126)

Outro estudo é o de Ana Maria Galdini Raimundo Oda sobre banzo e outros males dos escravos na memória de Luís Antônio de Oliveira Mendes, que foi lida originalmente em 1793 na Real Academia das Ciências de Lisboa e publicada em 1812. Uma das moléstias mais comuns na população escrava, o banzo, conhecida como doença da melancolia (sintomatizada por um profundo abatimento que normalmente culminava na morte), provocava dolorosas feridas na alma. Ao debruçar-se sobre esse assunto, a autora mostra como era percebida uma enfermidade silenciosa e como, ao abordá-la, o autor da mencionada memória identifica-se com o ideário abolicionista que então se formava a partir das críticas iluministas à escravidão.

Assim, ela apresenta um quadro muito angustiante em torno de um objeto até então bastante comentado pelos estudiosos, mas ainda sem um estudo profundo, talvez devido ao ainda quase inexistente diálogo entre a história e psicopatologia, do qual depende o aprofundamento da investigação de doenças psíquicas. Suas conclusões preliminares, seguindo os preceitos da história intelectual e tributária do já comentado estudo de Rafael de Bivar Marquese, mostram que a percepção do autor da referida memória estava pautada nas visões trágicas, que circulavam em relatos médicos e de viajantes, a qual serviu de referência para a produção de imagens e discursos anti-escravistas de um abolicionismo em plena formação. (ODA, 2007, p. 350)

Em meio a esse despertar historiográfico sobre o estudo das condições de saúde da população cativa, começaram a surgir trabalhos mais pontuais, além do acima abordado, com base em estudo de um texto específico que contêm informações elucidativas a esse respeito, como o de Maria Regina Cotrim Guimarães, dedicado ao estudo das doenças de escravos no *Dicionário de medicina popular* de Chernoviz (1842). Nele, ao procurar descrições sobre as enfermidades desses indivíduos, observando a maneira como elas são explicadas e as proposições de remediá-las, acabou descobrindo um médico crítico à situação em que se encontrava a maioria dos escravos e ao caráter clandestino do comércio de importação de africanos. Em relação a esse último ponto, sua pesquisa revela um personagem um tanto contraditório, pois, apesar da sua crítica a tal comércio, ele admitia ser o cativeiro ainda melhor do que a vida na África, reiterando o que os agentes justificadores da manutenção do tráfico africano de negros para o Brasil argumentavam. (GUIMARÃES, 2008, p. 5-6)

Na virada da última para a atual década o interesse dos historiadores sobre tema em análise continua a aumentar. Entre os estudos publicados nesse período destaca-se a dissertação de Keith Valéria de Oliveira Barbosa voltada para o exame da mortalidade escrava no Rio de Janeiro entre 1809 e 1831. Usando registros de óbitos e inventários das freguesias de Irajá e Candelária, a autora mostra que, devido à precariedade das condições de vida dos escravizados, seus índices de morte eram muito altos, principalmente entre as crianças, sendo as doenças dos aparelhos respiratório e digestivo, junto com as epidérmicas e parasitárias, as mais comuns entre eles.

Além de mostrar que o lugar e o período analisados também expressam em escala reduzida a situação geral do país, ela se vale de uma pesquisa na qual a autora divulga um inventário, de Bento de Oliveira Braga, feito em 1839, e outro de seu pai, com detalhadas informações sobre escravos doentes e como eram tratados. Entre elas destaca-se o arrolamento de uma casa desde fins do século XVIII para cuidar dos enfermos, o cuidado especial que se teve com um escravo tísico, mandado para uma região de clima mais propício para a sua cura e as precauções tomadas com as crianças recém-nascidas. Pode ser um exemplo extraordinário, mas como a pesquisadora parte do procedimento metodológico da micro-história praticada por Carlo Ginzbourg em seu clássico *O queijo e os vermes* para conduzir sua pesquisa, subentende-se que ela defende a hipótese de que tal exemplo é expressão microscópica de uma realidade mais ampla. Assim, seu estudo abre uma perspectiva para trabalhos dedicados ao estudo comparativo de inventários produzidos em espaços e tempos diferentes, de forma que se for encontrado neles percentual significativo de propriedades com as mesmas ou similares informações, será possível avançar consideravelmente a historiografia sobre a saúde dos escravos no Brasil.[17] (BARBOSA, 2010, p. 56)

---

17   A pesquisa da qual ela retirou as informações sobre o inventário de Bento de Oliveira Braga é de Silveira (1997, p. 130).

Recentemente, no final de 2012, a *História, Ciências, Saúde-Manguinhos* publicou um suplemento, dedicado à relação saúde e escravidão, que pode ser considerado um atestado do começo do amadurecimento da historiografia especializada nesse tema, por reunir treze artigos, decorrentes de ensaios, resultados parciais de teses e estudos avançados, que ajudam a ampliar o conhecimento da dura realidade dos escravos, ao apresentar novas informações e interpretações sobre as suas condições de saúde. Um deles foi escrito por vários pesquisadores que investigaram a mortalidade escrava durante a epidemia de cólera no Rio de Janeiro ocorrida entre 1855 e o ano seguinte. Combinando dados estatísticos do hospital e cemitérios administrados pela Santa Casa de Misericórdia com depoimentos de médicos e textos jornalísticos, os seus autores mostram que a epidemia fez mais estragos na população escrava, principalmente a africana, do que na livre, devido às suas precárias condições de vida e higiene.[18] (KODAMA *et al*, 2012, p. 60, 62 e 65)

Outro deles é dedicado ao tétano; uma doença que afetava em grande parte os recém-nascidos, devido à infecção no umbigo ocasionada pela falta de maiores cuidados com a assepsia durante e após o corte do cordão umbilical, aumentando ainda mais a elevada mortalidade infantil na época. Segundo o seu autor, Ian Read, essa doença, verdadeiro flagelo silencioso da demografia escrava durante séculos, declinou consideravelmente após 1850, devido ao melhor tratamento recebido, em geral, pelos escravos, pelo avanço do saber médico e pela expansão do serviço público de saúde. Isso o levou a defender que a redução dos índices de óbitos desses indivíduos nas últimas décadas da escravidão deve-se em grande parte ao maior controle da mencionada doença.[19] (READ, 2012, p. 108-109)

Esse mesmo autor, também em 2012, publicou uma obra intitulada *The Hierarchies of Slavery in Santos, Brazil, 1822-1888*, na qual há um capítulo, "Illness, recovery and death" (p. 125-153), em que ele mostra que na cidade de Santos observa-se grande aumento de internação de escravos no hospital de caridade local e considerável redução da mortalidade infantil. Para ele, isso é um indicador de um cuidado maior com a saúde da população escrava, cuidado que se explica pela vertiginosa alta dos preços que o mercado de trabalhadores escravizados havia atingido após o fim do tráfico de africanos para o Brasil em 1850.

---

18   Os gráficos entre a p. 69 e a p. 74 são usados para comprovar a maior incidência do cólera nos escravos.

19   A tabela da p. 113 e os gráficos da p. 125 e p. 127 mostram comprovam o declínio das mortes causadas por tétano no Brasil, em particular na cidade de Porto Alegre.

Há também mais dois estudos focados em recortes regionais, Pelotas e Belém, de cujas realidades quase nada se sabia em relação à saúde no cativeiro, que apresentam resultados muito relevantes para o progresso historiográfico desse assunto. Em relação à primeira cidade, Beatriz Ana Loner e demais pesquisadores que assinaram o artigo revelam as condições de trabalho e saúde dos escravos nas charqueadas. Em uma das atividades mais tensas (devido à maior vigilância necessária aos escravos que, para conduzirem suas tarefas, precisavam portar equipamentos cortantes para esquartejar o gado) e árduas, o trabalhador escravizado dos charques estava submetido a muitas doenças relacionadas com ambientes insalubres, como os matadouros das charqueadas, entre as quais se destacam as infecções pulmonares, parasitoses, reumatismo e moléstias do sistema digestivo, além é claro das DSTs comuns aos escravos de todas as regiões. Uma das informações mais importantes desse estudo é persistência de mau tratamento e a insensibilidade de senhores até mesmo em casos de comoção pública. Os autores recuperaram na edição de 6 de novembro do jornal *Onze de Junho* o caso de Paulo, "infeliz pardo", escravo de Rodrigues Condeixa, que estava gravemente doente dos pulmões, e mesmo assim não pode se tratar devido à intransigência de seu senhor. O caso repercutiu, favorecido pelo contexto abolicionista então em formação, levando à intervenção do clube abolicionista local. Em represália, o proprietário deu-lhe quatorze palmatórias e ainda o obrigou a cumprir suas tarefas em seus últimos momentos de vida. No entanto, esse já não era mais o comportamento predominante na época, pois a recorrência de internações dos mesmos escravos, o aumento da quantidade de internados e a redução dos que saíam vivos do hospital indicam nova tendência, próxima das propostas ilustradas do governo dos escravos que vinham sendo publicadas desde o fim do século XVIII.[20] (LONER, 2012)

Em relação à segunda cidade, Márcio Couto Henrique estudou o perfil dos indivíduos confinados no leprosário do Tucundubá e descobriu que quase a totalidade deles era composta de escravos abandonados pelos seus proprietários. Construído em 1815, a instituição destinava-se a confinar as pessoas afetadas pela lepra, que geralmente tinham origem nas camadas pobres da população e, por isso, ficavam à mercê da caridade pública. O fato de o maior número dos confinados serem escravizados, segundo o autor, não indica uma predisposição deles a

---

20 A história do escravo Paulo encontra-se na p. 134. Os casos de escravos reinternados várias vezes pelos seus senhores e a tabela que mostram queda aumento da quantidade de internações e diminuição de mortes dos pacientes estão na p. 149.

essa então considerada medonha e intratável enfermidade, e sim porque, dada sua condição servil, eram alvos preferenciais da segregação imposta aos afetados por males altamente repugnantes. (HENRIQUE, 2012, p. 158)

Além desses, há ainda alguns trabalhos em andamento, conduzidos em departamentos de pós-graduação, como o da doutoranda em história na UNESP de Franca, Ana Carolina de Carvalho Viotti, que está estudando a "atenção ao corpo escravo: dos padres da Companhia de Jesus ao doutores (séculos XVI-XVIII).[21] Recentemente, durante o XIV Seminário Nacional de História da Ciência e da Tecnologia (Ocorrido na UFMG em outubro de 2014), vários trabalhos sobre esse foram apresentados no simpósio temático "Raça, saúde e cidadania no Brasil", coordenado por Kaori Kodama e Regina Celia Lima Xavier. Entre eles o de Maria Renilda Nery Barreto, "Assistência à saúde das escravas no Rio de Janeiro oitocentista", o de Imara da Silva Viana, "Discursos médicos e o olhar da medicina acerca do corpo escravizado" e o de Silvio Cezar de Souza Lima, "Doenças e observação médica em escravos: opilação nos escritos de José Martins da Cruz Jobim".[22]

Enfim, a expansão recente da quantidade e da qualidade de textos sobre as condições de vida, trabalho e saúde da população escrava ampliou tão expressivamente a produção historiográfica desse tema, que já se pode dizer que estamos próximo de consolidar um novo campo de estudos históricos, resultante da interseção da escravidão com a história da saúde, da medicina e da doença. Em outras palavras, já temos uma boa base construída para edificação de uma historiografia especializada que, ao ser fomentada por novas pesquisas, poderá dar grande contribuição para maior elucidação da experiência histórica dos indivíduos submetidos ao cativeiro, dos seus problemas de saúde e da maneira como eles foram enfrentados.

---

21 Um resumo da pesquisa da referida doutoranda pode ser consultado no *Caderno de resumo do III Encontro Nacional dos Pós-Graduandos em História da Ciência*, UFOP, 16-18 de outubro de 2013, p. 29-30. Uma versão mais ampla do seu texto poderá ser consultada nos anais do evento, com previsão de publicação em meados de 2014.

22 *Caderno de programação do XIV Seminário Nacional de História da Ciência e da Tecnologia*, p. 77-78.

CAPITULO 2
Diário do cativeiro

> *A mortalidade dos negros foi, em todas as épocas, muito grande.*
> Joseph Francois Xavier Sigaud (2009)[1]

A escravidão apresenta muitas faces. Embora a violência estivesse na base de todas elas, como ato inaugural da conversão de seres humanos ao cativeiro e como um dos instrumentos de manutenção da ordem escravista, suas variações engendraram diferentes práticas de tratamento dos indivíduos a ela submetidos. Escravos ao ganho (aqueles que viviam a prestar diversos serviços avulsos pelas cidades), por exemplo, muitas vezes passavam dias sem contato com seus senhores, gozando de uma relativa liberdade jamais imaginada pela maioria dos demais. E isso não quer dizer que viviam sob um regime servil melhor, mesmo que fosse mais brando, pois, por princípio, essa forma de organização da produção é considerada perversa pela sua natureza (por privar o ser humano de sua inata liberdade), desde pelo menos as críticas iluministas iniciadas com *O espírito das leis* (1748) de Montesquieu.

---

[1] SIGAUD, Joseph Francois Xavier. Dos climas e das doenças no Brasil ou estatística médica deste Império. (Edição original, Paris, 1844). Rio de Janeiro, Fiocruz, 2009, p. 124.

Apesar da sua perversidade natural, a escravidão não foi um inferno dantesco, pelo menos para uma parte dos escravos que obteve oportunidade de ascender socialmente, como Josefa Freitas de Abreu, nascida "no gentio da Guiné", moradora na freguesia de Antônio Pereira, termo de Mariana, e "casada com o preto forro Lourenço Dias Penides". Essa africana, irmã da Irmandade de Nossa Senhora do Rosário, assinou seu testamento no dia 4 de julho de 1774, e nele declarou que em sua casa havia "vários escravos e outros mais bens" e desejava que "Luzia de nação angola" ficasse "coartada para sua liberdade em meia libra de ouro".[2] Josefa foi trazida da África para o cativeiro da América e acabou tornando-se senhora. E nem se pode afirmar que o caso dela foi o de mais uma negra contemplada pela sorte de ter despertado a atração afetiva e sexual do seu senhor.[3] Afinal, seu esposo era um "preto forro". Qual teria sido sua história? O que a permitiu ascender socialmente? Como pôde acumular escravos e outros bens? Como ela e tantos indivíduos conseguiram transitar do mundo da senzala para o mundo da casa grande? O trânsito entre esses dois mundos pode ser explicado pelas poucas, mais reais, oportunidades que se abriam para essa gente nas brechas do regime escravista. E em alguns lugares essa transição nem foi tão rara como seria razoável pensar. Na antiga Nova Lima (Congonhas do Sabará), por exemplo, em 1771, dos 235 proprietários de escravos 21,7% eram forros e, até a citada data, pelo menos onze ex-escravos obtiveram datas minerais para exploração de ouro.[4]

No meio rural tais mobilidades também eram possíveis. Em 1827 na antiga Ouro Branco, o capitão Jacinto Manuel Dias Coelho, nascido no arcebispado de Braga, proprietário da fazenda Piranguinha, determinou como seu último desejo em testamento que:

> Que por não ter filho, instituo minha legítima e universal herdeira Luzia, filha legítima de Domingos Moçambique e sua mulher Francisca crioula, meus escravos. Declaro que a dita Luzia, apesar de ser filha dos meus escravos, eu a libertei e a criei como minha filha e porque

---

2   Arquivo Eclesiástico da Arquidiocese de Mariana. Testamentos e Óbitos de Mariana, 1719-1874, Q. 14, p. 236.

3   Há muitos casos registrados de ascensão social de escravas por terem despertado a atração e a afeição de seus senhores. Uma delas foi Ângela da Cruz, que foi levada ao altar pelo seu proprietário, Domingos Frenandes, em 1740 no arraial de São Caetano, termo da Vila de Ribeirão do Carmo, conforme narra Venâncio (2012, p. 58).

4   O percentual de ex-escravos senhores foi retirado de Luna (2009, p. 502) e os dados sobre ex-escravos que receberam data mineral foi retirado de Vilella (1998, p. 128).

> mereceu, por essa razão, a atribuo herdeira de tudo quanto possuo. Declaro que minha escrava Francisca crioula e seus filhos (…) depois do meu falecimento ficarão gozando de liberdade, em remuneração a seus bons serviços prestados. Declaro que deixo a estes escravos a que dou liberdade vinte alqueires de terra de planta, ao lado direito do córrego que vem ao terreiro, em divisa com o engenho. Também lhes deixo parte no moinho para moerem seus mantimentos. Declaro que minha herdeira será obrigada a dar mantimentos por seis meses a estes que dou liberdade, e a eles deixo as casas que estão separadas do sobrado. Declaro que deixo de esmola a dita escrava Francisca crioula 10 mil réis e a cada um de seus filhos 4 mil réis. [5]

Muitas vezes, proprietários solteiros e sem herdeiros legítimos, como o capitão Jacinto, doavam às vésperas da morte, em testamento, bens aos seus escravos. Poderia ter doado para Igreja, para a sua irmandade, para alguma instituição de caridade, ou até mesmo para algum parente distante. Mas doou para quem lhe serviu compulsoriamente durante anos, em particular a que ele afirma ter criado como filha. Nada mais evidente da prova de que entre senhores e escravos também poderia haver relações de afeto, muito além da tão conhecida afetividade permeada ou sustentada pelo sexo.

Assim, o mundo do cativeiro revela-se muito mais complicado do que poderia imaginar o leitor não especializado (acostumado a ver a sociedade escravista como se ela estivesse em constante ameaça de guerra civil, como se as suas classes antagônicas vivessem motivadas por um ódio mútuo e, para a mais fraca, como se a vida fosse um deprimente vale de lágrimas). Diante do último exemplo acima apresentado, extraído entre tantos outros que igualmente descortinam uma realidade extremamente complexa, pode-se perguntar: como uma formação social fundada tão explicitamente na violência possibilita lampejos de uma insólita humanidade do escravizador em relação a pelo menos alguns de seus escravos? De tudo já dito para responder a essa questão, pode-se resumir no seguinte: os indivíduos que as formaram eram humanos, com os defeitos e as virtudes que a sua época lhes permitiu praticar. Pois a escravidão (apesar de sua natureza desumana, conforme julgamento histórico dos intelectuais do Iluminismo ou da Ilustração, o qual a nossa Era assumiu como legado civilizacional) não anulou totalmente a humanidade de muitas das pessoas que dela se serviram e nem das pessoas que a

---

5   Arquivo Eclesiástico da Arquidiocese de Mariana. Testamentos e Óbitos de Ouro Branco, 1824 -1869, S. 39, p. verso 26-27.

ela foram submetidas. Isso não diminui ou alivia o peso da catastrófica história da grande diáspora africana. Porém, contribui para a compreensão da natureza humana; da capacidade de muitos indivíduos não perderem a dignidade mesmo em sociedades, como as organizadas no Novo Mundo, em que a hierarquia social, tão explícita e, em grande parte, identificada na cor da pele, estava fundamentada na ideologia da inferioridade natural de alguns povos, supostamente incapazes moral e fisicamente para se autogovernarem, defendida por alguns dos mais influentes filósofos da Antiguidade, como Aristóteles.

Os exemplos da face da escravidão vivenciada em Minas Gerais expostos anteriormente repetem-se aqui e acolá aos reviramos a infinidade de manuscritos dos arquivos históricos espalhados pela América. Todavia, no seu conjunto, compõem a exceção e não a regra das sociedades escravistas formadas neste continente. Pois, não se pode esquecer, os africanos embarcados nos porões dos "tumbeiros" e seus descentes, em sua esmagadora maioria, viveram e morreram como escravos.

Eles foram trazidos para viabilizar a colonização deste vasto território "descoberto" por Cristovão Colombo na época das Grandes Navegações (1492...). Inicialmente, os europeus utilizaram a mão de obra dos nativos, aos quais chamaram genericamente de índios. Mas a drástica redução populacional deles motivou os colonizadores a deslocar milhões de negros para esse lado do Atlântico, para dar continuidade aos empreendimentos coloniais. O Brasil foi o maior importador de africanos. Estima-se que, dos aproximadamente 10 milhões de indivíduos transportados pelos negreiros, 4 milhões aportaram aqui, tanto que um de seus principais portos, o do Rio de Janeiro, transformou-se no maior ponto de desembarque de escravos ao longo do século XIX.[6]

Durante a travessia do Atlântico, as condições de acomodação dos negros nos navios negreiros não eram boas, como diversos autores e documentos mostram. Caso raro de se encontrar, um ex-escravo, Mahommah Banquaqua, que foi trazido da África para o Brasil na década de 1830, escreveu uma memória de sua experiência no cativeiro, na qual diz o seguinte sobre isso:

> Fomos arremessados, nus, porão adentro, os homens apinhados de um lado e as mulheres de outro. O porão era tão baixo que não podíamos ficar de pé; éramos obrigados a nos agachar ou sentar no

---

6   A informação sobre a quantidade de escravos importados para a América e Brasil é apresentada por vários autores. Entre eles Florentino (1997, p. 23). Esse mesmo autor reafirma a posição proeminente do porto da capital do Império como importador de africanos na p. 64.

chão. Noite e dia eram iguais para nós, o sono nos sendo negado devido ao confinamento de nossos corpos. Ficamos desesperados com o sofrimento e a fadiga.[7] (*Apud*: Barbosa e Gomes, 2008, p. 245)

Depois do desembarque, uma nova vida começava; uma vida de um modo geral muito difícil. Na maior parte do ano trabalhavam muito e pesado. Os que estavam ocupados na mineração tinham suas jornadas aliviadas na época de chuva. Os que estavam ocupados no campo tinham alívio na entressafra. Mas, em muitas oportunidades, seus senhores os utilizavam para outros serviços complementares, ou até diferentes, da sua atividade em recesso.

A comida também não era, na maior parte dos cativeiros, farta e variada. A fartura e a variação era um privilégio dos que tinham algum sucesso nas empreitadas, que se podia exercer nos domingos e feriados, quando se tinha permissão para tanto. A moradia era precária. Dormiam em alojamentos conhecidos como senzalas, ou no caso dos que obtinham alguma prerrogativa (ou por ser casado ou viver ao ganho nos aglomerados urbanos) em casebres muito toscos. O vestuário era modestíssimo. Quase não se tinha o que vestir, principalmente nas regiões mais quentes do continente. Exceção seja feita aos poucos escravos domésticos, que acompanhavam a família do senhor aos eventos públicos, notadamente os religiosos, em ocasiões festivas. Esses deveriam expressar o status de seu dono, sua distinção e riqueza. Afora eles, e um ou outro caso de escravo ou escrava que, por alguma razão, caía nas graças de seus proprietários, a maioria tinha pouca roupa para vestir.

Além disso, eram submetidos com certa frequência a castigos em alguns casos por suspeita de fingirem estar doentes (às vezes podia ser fingimento mesmo, mas em tantas ocasiões manifestavam doença que não tinha sinal claramente reconhecido, o que levava os senhores ou seus capatazes entenderem se tratar de preguiça) para não trabalharem, como um dramaturgo contemporâneo das últimas décadas da escravidão no Brasil, Artur Azevedo, representou em *O escravocrata*; peça teatral escrita em 1884:

> Negro não tem licença para estar doente. Enquanto respira, há de poder com a enxada, quer queira, quer não. Para moléstia de negro, há um remédio supremo, infalível e único: o bacalhau. Dêem-me um negro moribundo e um bacalhau, que eu mostrarei se não o ponho

---

7   Duas das melhores análises sobre esse assunto são Klein (2004) e Conrad (1985).

lépido e lampeiro com meia dúzia de lambadas.⁸ (*Apud: Apud*: AMARANTINO, 2007, p. 1385)

Com efeito, grande parte deles não poderia resistir por muito tempo. A vida acabava sendo breve, e para tantos essa brevidade até era um prêmio; uma ruptura radical contra os grilhões da escravidão. Mas para muitos não. Mesmo destituídos da liberdade, distantes da terra de seus ancestrais, deslocados da sua cultura original, ameaçados de banzo (a doença da melancolia) e outros males do cativeiro, desejavam seguir vivendo por motivos diversos, sendo o principal deles o próprio instinto de sobrevivência que marca os seres vivos. Esses talvez fossem mesmo homens de pedra, como os colonos consideravam os mais resistentes; homens que, depois de resistir às agruras de uma longa travessia (do interior ao litoral no continente africano, daí até os portos do Novo Mundo em mais uma enorme distância, e para uma multidão deles mais outra, agora rumo ao mais longínquos rincões das colônias), depois de suportar os desafios do período de adaptação à sua vida cativa, lutavam para viver. Homens que não perdiam a oportunidade de melhorar um pouco a sua condição de vida, estabelecendo alianças entre si, associando-se em irmandades religiosas, negociando com seus senhores um maior fragmento de liberdade para dedicarem-se a outros afazeres, que lhes poderia render algum benefício, tomando senhores como padrinhos de seus filhos, entre outras coisas que poderiam lhes proporcionar o mesmo resultado, mas dentro da ordem. Ou até mesmo, se houvesse chance, buscar algum refúgio no meio do mato, nos quilombos, caso a vida servil atingisse nível insuportável de sofrimento, ou se em sua personalidade fosse formada uma instintiva negação da ordem escravista enquanto estivesse sendo convertido à condição escrava.

É por essa razão que a morte não era um prêmio para a maioria dos escravos. Se fosse, a história teria registrado um número tão elevado de suicídio que teria inviabilizado a escravidão nas colônias. É pelo mesmo motivo que muitos deles procuravam respostas para as anomalias do corpo e da alma nas práticas médicas populares (isto

---

8 O médico Francisco Firmo da Fonseca Reis, em sua tese *Hipoemia intertropical* apresentada Faculdade de Medicina do Rio de Janeiro em 1865, afirma que quando os escravos adoeciam por enfermidades que causam indisposição, seus proprietários, por ignorância, normalmente acabavam a reconheciam, e por isso atribuía a indisposição à preguiça e logo mandava castigá--los (p. 7). O padre Antônio Caetano da Fonseca testemunhou a esse respeito, no seu *Manual do agricultor dos gêneros alimentícios* (1863), dizendo que normalmente os senhores somente reconheciam doenças em seus escravos quando elas eram visíveis ou eles apresentavam sinais de pulso fraco e febre. *Apud*: Stein (1961).

é, acessível a todos e baseada no repertório dos saberes circulantes do povo, acumulados há séculos e oriundos das mais diversas fontes de conhecimento empírico).

Essa busca era fundamental para os que desejavam viver, mesmo sob a condição de escravo. Pois, devido à precariedade do tratamento por eles recebidos de seus senhores (e isso não foi motivado por pura e simples perversidade, e sim por questão de custo; do custo colonial – quer dizer, o conjunto dos gastos de capital diretos e indiretos com as atividades econômicas das colônias – que no caso do tratamento dos escravos não poderia ser mais caro do que o preço de um jovem negro saudável e robusto), estavam muito mais susceptíveis a doenças e, com efeito, a tanta mortalidade precoce, tal como avaliou um médico contemporâneo a esses fatos, Joseph Francois Xavier Sigaud:

> Os negros, ao chegarem, submetidos a um novo modo de alimentação, à influência do clima estranho para eles, descuidados das regras de higiene, levados ao excesso ou condenados a trabalhos múltipus, sofrem grandes alterações em sua constituição física, e daí se engendram os elementos de doenças que lhes são particulares. (SIGAUD, 2009, p. 119)

Foi para evitá-la e, mais do que isso, para responder aos novos desafios impostos pela dinâmica histórica da escravidão, que diversos letrados começaram a escrever sobre a vida no cativeiro. Uma das faces mais dramáticas dessa forma de organização do trabalho se expressa nas condições de vida e saúde da população cativa. No geral, as mais diversas fontes históricas mostram que essas condições não eram muito boas, na maioria dos casos, até pelo menos o fim do tráfico de africanos em 1850 (esse corte cronológico não sugere que, a partir da referida data, tais condições passaram a ser melhores. Mas, sem dúvida, houve tendências à melhorias. Também não quer dizer que antes do fim do mesmo tráfico aquelas condições sempre foram ruins, pois havia exceções).

Uma das fontes mais antigas e controversas a esse respeito foi produzida por membros do clero, sobretudo os ligados à Companhia de Jesus, os jesuítas, que podem ser chamados de intelectuais orgânicos da Igreja e arautos da ideologia escravista colonial, pela atuação que tiveram na época da Colônia.[9] Ao abordarem

---

9   A expressão ideologia escravista colonial será utilizada ao longo desse estudo, com base na obra *Ideologia e escravidão* de Vainfas (1986), para se referir ao ideário legitimador e normatizador da escravidão produzido pelos letrados da Colônia Sobre a atuação dos jesuítas, a mesma obra e a obra escrita por Luís Felipe Baêta Neves, *O combate dos soldados de Cristo na terra dos papagaios*, (Rio de Janeiro, Forense, 1978) são duas das melhores referências.

a escravidão (inicialmente como mera constatação de um fato social e, posteriormente, como problema a ser administrado para diminuir as tensões da sociedade escravista), eles produziram alguns relatos sobre as condições de vida, trabalho e saúde dos escravos. Os seus relatos servirão de guia, junto com os relatos de viajantes, de médicos e de fazendeiros, para compor um fragmentado diário do cativeiro, a partir do qual poderemos sintetizar, como estratégia inicial de análise, a situação que determinava os altos índices de mortalidade da população escrava.

Não resta dúvida de que tais índices foram muito altos durante a maior parte do tempo em que vigorou a escravidão e na maioria dos grandes plantéis de escravos. Diversos historiadores baseados em fontes demográficas já mostraram isso.[10] E as razões dessa trágica realidade se devem ao fato de que a oferta de escravos era grande e feita quase sem crise de abastecimento. Além disso, a maior parte dos senhores (geralmente os proprietários com quantidade expressiva de cativos) os considerava mercadorias baratas.[11] Isso não quer dizer que havia uma total negligência com a saúde dessa população. Mas o custo de sua manutenção e o do seu aumento natural era limitado pelo custo da sua reposição pelo tráfico de africanos. Assim, enquanto os negreiros puderam transportar milhões de negros, os agentes da economia colonial, normalmente, preferiam comprar novos escravos. Afinal, além de não esperarem que os escravos pudessem trabalhar por muitos anos,[12] mesmo recebendo tratamento melhor e mais caro, tinham em mente que a reprodução deles em cativeiro era mais custosa e demorada.

Um dos primeiros testemunhos reveladores das condições de vida dos escravos é fornecido pelo padre Jácome Monteiro, membro do clero baiano, no início do século XVII. Segundo ele, "nas fazendas e engenhos há grande cópia de escravos" que "andam nus [e com] mal cheiro (...). Além disso, logo em amanhecendo, nos dias santos, vão buscar de comer pelos matos, por seus senhores não lho dar." (*Apud*: VAINFAS, 1986, p. 82)

---

10 Karash (2000, p. 157), Costa; Luna *et al* (2009, p. 256), por exemplo, deixam bem claro que os negros submetidos ao trabalho servil morriam muito mais comparativamente aos demais seguimentos sociais.

11 Vários historiadores afirmam isso, por exemplo: Florentino (1997, p. 78), Prado Jr. (1995, p. 159), e Conrad (1985, p. 16).

12 Não se sabe ao certo quanto tempo um senhor esperava que seu escravo pudesse servir para os trabalhos pesados na lavoura e na mineração. Os testemunhos apresentam variações que vão de sete a quinze anos em média. Segundo dados apresentados por Mello, Pedro Carvalho de (1983, p. 155).

Os dias santos eram feriados muito apreciados pelos escravizados. Pois neles, os de propriedade de senhores que respeitavam a santidade da ocasião ficavam de folga. Mas, em muitos casos, a pausa nas tarefas cotidianas impostas pelo cativeiro acabava sendo substituída por outras formas de trabalho. Uma delas era destinada, como o testemunho acima afirma, à complementação da alimentação diária. Ora por meio da caça, ora por meio da pesca, ou coletando frutos silvestres, ou mesmo cultivando terrenos cedidos pelos fazendeiros (a tal polêmica brecha camponesa), eles acabavam muitas vezes dedicando o feriado ao trabalho voltado para subsistência (às vezes a produção nas horas vagas poderia gerar um pequeno excedente e uma pequena renda que era gasta com guloseimas e aguardente de cana, ou mesmo com o pagamento em parcelas do resgate de sua liberdade).

Ao que parece "a negligência de tantos que no Brasil tão pouco caso fazem dos escravos", conforme palavras do eminente jesuíta José de Anchieta (*Ibidem*, p. 83) prócere da catequização dos nativos na antiga capitania de São Vicente, persistiu por longo tempo. Tanto que o padre Antônio Vieira, em um de seus mais famosos sermões, o XIV, pregado na irmandade dos pretos de um engenho em 1633 no dia de São João Evangelista, comparou (com a finalidade de conformar o negro à sua condição de escravo) o sofrimento dos cativos com o calvário de Jesus:

> A paixão de Cristo parte foi de noite sem dormir, parte de dia sem descansar, e tais são as vossas noites e vossos dias. Cristo despido em tudo, e vós despidos; Cristo sem comer, e vós famintos; Cristo em tudo maltratado, e vós maltratados em tudo. Os ferros, as prisões, os açoites, as chagas, os nomes afrontosos, de tudo isto se compõe a vossa imitação, que ser for acompanhada de paciência, também terá merecimento de martírio. (*Ibidem*, p. 101)

Até o episódio de Palmares (o combate ao grande e emblemático quilombo liderado por Ganga Zumba e Zumbi), o padre Antônio Vieira foi o único cuja abordagem da vida no cativeiro foi além da mera constatação que predominava no demais letrados. Foi o primeiro a abordar as asperezas da vida escrava com um propósito ideológico claro: justificar a escravidão, transformá-la em instrumento da própria salvação dos que a ela estavam submetidos e aguçar a sensibilidade cristã dos que deles se serviam para tratá-los de acordo com os preceitos da caridade, mas sem elaborar um tratado sobre a administração ou governo dos escravos.

Após o referido episódio, começaram a aparecer textos de jesuítas focados exclusivamente no problema da relação entre senhores e escravos, apontando meios para que tal relação fosse menos tensa. Dessa forma, inauguraram no Brasil a elaboração de reflexões sobre a governabilidade no cativeiro.[13] Até então, esse objeto não constituía tema dos escritos dos letrados coloniais. Quando a guerra contra aquele quilombo acabou, a escravidão negra já havia completado quase dois séculos de experiência histórica no Brasil. A consciência das tensões que as relações sociais nela estruturada produziam estava plenamente amadurecida, depois do longo silêncio dos intelectuais da época, exceto padre Antônio Vieira, sobre esse assunto.

O silêncio deles foi rompido definitivamente a partir final do século XVII com os sermões do padre Jorge Benci, reunidos pela primeira vez em 1700 numa coletânea manuscrita na Bahia e impressa em Roma com o título *Economia cristã dos senhores no governo dos escravos* em 1705. Suas prédicas foram uma resposta às falhas dos proprietários no tratamento dos seus cativos (excesso de trabalho e de castigo, falta de zelo na educação religiosa, pouco caso com o sustento e desamparo aos doentes). Falhas que motivaram, segundo ele, o aumento das tensões no cativeiro, proporcionando maior instabilidade à sociedade colonial, e que maculavam o ideal patriarcal escravista, fundado na moralidade cristã, projetado pelos intelectuais da Igreja como um dos instrumentos de sustentação da ordem social.

Então, seu objetivo foi o de reformar a maneira como os negros escravizados eram tratados, tentando promover uma nova consciência senhorial, pautada em valores essenciais da doutrina religiosa do catolicismo, como a caridade, a temperança e o amor ao próximo. Respaldada nesses valores, a escravidão poderia ser adequada ao modelo cristão de família patriarcal, na qual os senhores, em troca da submissão dos seus escravos, deveriam como pai colaborar para a sua educação religiosa, sustentá-los corretamente, castigar os seus erros com justiça e moderação, ocupá-los com tarefas compatíveis com suas capacidades físicas e dar-lhes descanso suficiente para revigorarem suas forças, e jamais abandoná-los quando eles não mais pudessem se aproveitados em nenhuma forma de trabalho, principalmente quando estivessem seriamente doentes ou velhos.

A respeito dessa última advertência, era comum que muitos senhores deixassem seus cativos desamparados quando não tivessem mais nenhuma serventia. Os que levavam mais a sério os valores da cultura religiosa na qual estavam imersos (em outros termos, os tementes a Deus e animados pelo espírito da caridade) não

---

13 A esse respeito Marquese (2004) elaborou uma longa pesquisa, comparando os textos dos letrados sobre o governo dos escravos nas maiores regiões escravistas das Américas desde a época colonial até o fim da escravidão.

abandonavam aqueles que lhes serviram compulsoriamente, apesar disso contrariar o custo colonial. Por outro lado, os que colocavam a lógica desse custo acima das virtudes humanas, tão caras ao cristianismo, não hesitavam em expulsar um escravo velho ou doente de sua propriedade. Foi o que vez, por exemplo, o senhor de Jorge, que o botou da porta para fora por não mais poder andar, devido a uma doença (conhecida na época por quigila – uma inflamação nos dedos dos pés que, se não tratada a tempo, os corroía comprometendo sua locomoção), da qual resultou a sua dificuldade de manter-se em pé, tornando-o incapaz para o trabalho.[14]

Contra tal prática, Jorge Benci asseverou seu brado ameaçador contra a consciência senhorial:

> Olhai senhores, para vossa obrigação e vedes o que fazeis, porque faltando com o remédio e a medicina ao vosso servo no tempo da enfermidade, provocais contra vós e contra todos vossos a espada e a vingança eterna. (...) Não obrigueis a Deus com vossas tiranias a desembainhar a espada de sua indignação. Não desamparei aos vossos servos quando enfermos; assisti-lhes com remédio e cura conveniente, pois lhes deveis não menos que o sustento e pão, para que não pereçam. (BENCI, 1977, p. 81)

As propostas de melhoria de tratamento da população escrava, inauguradas pelos jesuítas, principalmente a partir da coletânea dos sermões de Jorge Benci publicada no início do século XVIII, constituem um primeiro esforço para reformar os costumes que orientavam o comportamento senhorial na administração do cativeiro. Por isso, seus escritos podem ser considerados um marco do esforço (seguido por letrados de diversos campos de atuação enquanto durou a escravidão) para melhorar as condições de vida, trabalho e saúde dos negros submetidos ao trabalho servil. Suas pregações serviram de referência, muitas vezes ocultada, para outros tratados que vieram depois, os quais não se cansaram de repetir as mesmas propostas (sobretudo a da redução da carga de trabalho, a do sustento material adequado, a moderação dos castigos e do amparo aos doentes) fundamentadas nas mesmas bases religiosas, sobretudo a da caridade cristã, ou em novos suportes, como os conceitos de humanidade e benevolência utilizados pelos intelectuais da Ilustração.

Um pouco mais tarde, em 1711, André João Antonil em seu clássico livro *Cultura e opulência do Brasil por suas drogas e minas* foi um pouco mais além em

---

14   Essa e outras histórias foram contadas por Miranda (1749, p. 20).

suas propostas. Deslocando-se já para uma visão laica (que somente com o Iluminismo se consolidou) da forma de interpretar as relações entre senhores e escravos, mas sem abandonar totalmente os fundamentos religiosos para expressar seu ponto de vista sobre tal relação, revela-se bem mais pragmático do que seu antecessor Jorge Benci. Para ele, o alarido feito pelos negros durante seus fragmentos de liberdade, muitas vezes animados por batuques, danças e cantorias, que provocou a ira de Nunes Marques Pereira (o peregrino da América), deveria se tolerado em nome na paz nas senzalas. Porque: "Negar-lhes totalmente seus folguedos, que são o único alívio do seu cativeiro, é querê-los desconsolados e melancólicos, de pouca vida e saúde." (ANTONIL, 1976, p. 92). Afinal, eram "as mãos e os pés do senhor de engenho" (*Ibidem*, p. 89), como o foi para o senhor de mina, o do café e outros senhores. E sendo assim, deveriam estar muito bem preparados, de corpo e alma, para manterem de pé seus proprietários, os quais, por essa razão, deveriam cuidar bem deles como se fossem, realmente, extensão do seu próprio corpo.

Assim, os horrores da escravidão que ele descreve metonimicamente, tomando o sofrimento do escravo na produção do açúcar pelo duro processo de transformação da cana nesse produto, deveriam ser superados pelo bem de todos (do senhor, do escravo e da própria economia colonial e da cristandade). Ao descrever tal processo, "as lágrimas da mercadoria" (uma feliz expressão que dá título à análise de Alfredo Bosi sobre esse assunto) (BOSI, 1995, p. 149-175) soam como as próprias lágrimas dos escravos, como percebe-se na enorme passagem do texto dedicado e essa descrição, da qual segue um dos seus mais expressivos trechos: "Oh crueldade nunca ouvida! As mesmas lágrimas do inocente se põe a ferver e a bater de novo nas tachas, as mesmas lágrimas se estilam à força de fogo em lambique; e quando mais chora sua sorte, então tornam a dar-lhe na cara." (ANTONIL, 1976, p. 144)

Essa sua forma de tomar o sujeito do trabalho pelo objeto que ele produz, de narrar sua via sacra no cativeiro usando o martírio da cana ao ser transformada em açúcar, soa como uma crítica ao teatro dos tormentos dos escravos, ao cortejo de horrores que se descortinou diante de seus olhos durante sua longa estada na Bahia de todos os santos. E em face de tanto pesar, de tamanho inferno terrestre, ele ecoou as propostas de Jorge Benci, mostrando aos senhores como poderiam reformular suas práticas condenáveis em relação ao tratamento dos seus escravos, para o bem deles, para o bem da cristandade e seu próprio e para o bem da economia em que eram os principais agentes, pois eram como se fossem suas mãos e seus pés; era como se fossem parte do seu corpo, de cujo vigor dependia o sucesso da complexa agroindústria dos engenhos açucareiros.

Dificilmente se saberá qual foi o alcance desse ideário jesuítico nas consciências senhoriais. Ou melhor, é praticamente impossível saber até que ponto suas propostas foram adotadas pelos grandes proprietários de escravos (alvo principal das prédicas jesuíticas sobre essa matéria), ou, se foram, qual a extensão de seus efeitos. Possivelmente, se a realidade se desse a descortinar, a respostas a tais questões poderia revelar um mosaico de experiências. Ora aqui, ora ali, encontraríamos ora uma situação próxima daquele ideário, ora distante. Mas, a julgar (um tabu entre os historiadores) por indicadores demográficos (censos, mapas populacionais e registros de óbitos comparados com os de nascimentos) e testemunhais (relatos médicos, crônicas de viajantes e novos tratados dedicados ao governo dos escravizados escritos sob os auspícios do Iluminismo), a impressão que se tem é a de que, de um modo geral, não houve muitas mudanças significativas nas condições de vida, trabalho e saúde da população cativa, pelo menos até o fim definitivo do tráfico de africanos. O cortejo de horrores prosseguia seu macabro percurso, ceifando vidas como um sacrifício coletivo para a economia colonial.

Não se sabe ao certo quantos morreram. Mas se sabe que foram muitos. Numa pertinente comparação, David Brion Davis, ao confrontar a quantidade de escravos dos EUA com a do Brasil entre o início do século XIX e a Guerra Civil Americana (1860-65), lembra que ambos começaram o referido século com cerca de um milhão de escravos e quando findou tal guerra, lá havia quatro milhões e cá um milhão e meio, mesmo os brasileiros tendo importado muito mais africanos que os norte-americanos. O que o levou a concluir que a explicação deveria ser encontrada, "sem dúvida, nas diferenças de saneamento e de nutrição". (DAVIS, 2001, p. 266)

Isso quer dizer que as condições de vida dos escravos daqui estavam ainda muito a desejar? Segundo os médicos e viajantes, bem como outros relatos (de poetas, romancistas, fazendeiros, padres, advogados, agrônomos, jornalistas e demais produtores de textos que abordaram o assunto) e as pinturas de artistas plásticos, como Jean Baptiste Debret e John Moritz Rugendas, a resposta é sim, apesar das exceções.

Os cativos continuavam alimentados e vestidos com parcimônia, trabalhando muito, da alvorada ao crepúsculo, em condições bastante adversas para sua saúde, e vivendo em senzalas lúgubres, onde tinham não mais que capim ou esteiras para dormiram. A esse respeito, o médico José Rodrigues de Lima Duarte observou que "são ordinariamente as habitações dos negros mal sãs, pela umidade de que quase sempre são impregnadas as paredes e o próprio chão", pelo tipo de cobertura, "as mais das vezes de sapê", pelo seu "pequeno espaço", onde "se acomodam famílias numerosas", etc. (DUARTE, 1849, p. 19)

Imagem 1: moradia de escravos, John Moritz Rugendas

Essa foi a realidade a que a maioria da população escrava esteve entregue durante tanto tempo, e que despertou, inicialmente, a consciência dos jesuítas para depois despertar a consciência de outros letrados ou intelectuais à medida que a colonização avançava.

Quando Antonil publicou *Cultura e opulência* (1711), uma nova onda colonizadora estava alargando as fronteiras coloniais, rumo ao vasto interior do país, desta vez motivada pela descoberta de jazidas de pedras preciosas que fizeram de Minas Gerais o novo centro econômico da Colônia e o novo palco da tragédia negra. Para lá foram enviados a maior quantidade de africanos, que o tráfico pôde transportar, para saciar as vorazes entranhas das minas, onde o sangue dos negros foi mais uma vez sorvido com a sofreguidão de um sistema cada vez mais ávido por carne humana, alimentando assim mais um século de diáspora africana.

Dessa época, da gloriosa época do Barroco (para quem pôde dela desfrutar), até a Abolição, vamos encontrar vários escritos que lastimavam o estado de saúde de grande parte dos escravos. O perigoso trabalho na mineração, por exemplo, provocava diversos acidentes.

Imagem 2: extração de ouro, John Moritz Rugendas

O frio das montanhas, de onde se extraía ouro ou diamantes, proporcionava os mais diversos tipos de danos aos corpos mal agasalhados e acostumados com clima quente e regular das savanas africanas. O seu andar descalço, uma marca, uma identidade, da própria escravidão, lhe comprometia mais cedo ou mais tarde a locomoção. A incúria no preparo e na qualidade de sua alimentação lhe provocava as mais terríveis complicações no sistema digestivo.

E esses problemas não foram exclusivos da escravaria mineira. Onde ela estava presente, mais ou menos as mesmas enfermidades lhes acompanhavam. Tanto que parece ter havido um padrão nosológico da população escrava, com apenas variações da ordem de importância das doenças que o compunham conforme a constituição climática de cada região, agravada ou amenizada pelo tratamento a que estava submetida.[15]

Um dos primeiros escritos reveladores de uma das faces mais comoventes da escravidão no Brasil, o tratado de medicina prática intitulado *Erário mineral* (1735), foi produzido pelo cirurgião Luís Gomes Ferreira, que atuou em diversas localidades mineiras nas primeiras décadas do século XVIII. A riqueza de sua narrativa, com os seus inesgotáveis exemplos de problemas por ele tratados em tantos escravos, demanda uma análise exclusiva. Por enquanto, pode-se adiantar que de sua obra parece escorrer sangue, devido à dramaticidade dos casos que ele descreve. Ao lê-la, tem-se a impressão de que se vivia no pior dos mundos possíveis. Escravos sem número certo eram soterrados em repetidos desmoronamentos, ou então sofriam algum acidente grave quando as represas dos ribeirões se rompiam enquanto estavam a minerar nos seus leitos desviados. Em diversas ocasiões saía às pressas com seus instrumentos cirúrgicos para atender a chamados dos senhores de mina, que por razões de caridade ou de custeio, ou ambas, tentavam salvar os acidentados que saíam ainda vivo das catástrofes.

O mesmo pode ser dito quando se lê o texto do erudito (formado em direito, filosofia e medicina) Luís Oliveira Mendes, intitulado *Memória a respeito dos escravos e tráfico de escravos entre a Costa da África e o Brasil* (lido em 1793 na Real Academia das Ciências de Lisboa), que pelo mesmo motivo do tratado acima citado merece também uma análise à parte. Ele foi até mais além do que o escrito de Luís Gomes Ferreira. A Ilustração, então já bastante avançada, lhe possibilitou a ousadia de criticar, asperamente, não apenas a maneira como os africanos eram tratados, desde a sua conversão em escravo no vasto interior africano até seu destino final nos cativeiros da América, mas também o próprio tráfico e, talvez a sua força propulsora, a escravidão. Suas páginas impelem o leitor mais sensível à comoção. E era essa mesma a sua principal estratégia para aguçar as consciências não somente dos senhores, mas igualmente dos agentes do comércio negreiro e

---

15 Todas as referências documentais ou bibliográficas apresentam, em ordem variada, as mesmas moléstias que mais atacavam a população escrava: doenças respiratórias, com destaque para pneumonia e bronquite, doenças gastrointestinais, ou seus sintomas, com destaque para verminoses e disenteria, e doenças altamente contagiosas com repulsivos efeitos cutâneos, com destaque para a varíola e as venéreas. Só para citar algumas, tem-se 1) referências documentais: os tratados médicos de Ferreira (2002); de Dazille (1801); e de Imbert (1839, p. XIII), Sigaus (2009). 2) referências bibliográficas: Barbosa (2010), Brizola (2010), Costa; Luna *et al* (2009, p. 239-259), Mariosa (2006), Falci (2003 e 2004), Karash (2000), Kiple (1984), Libby (1979).

até mesmo do Estado português. Nelas ele narra a agonizante saga da diáspora negra, desde o primeiro deslocamento dramaticamente feito a pé, dos presídios e das aldeias do coração da África, até os armazéns litorâneos, onde ficavam à espera dos que os levariam, em longas e amarguradas jornadas, ao seu destino final. E fez isso para tentar despertar o sentimento humanitário daqueles que lidavam com a escravização dos negros. Quase ouvimos o choro e os gritos de desespero de homens e mulheres arrastados para outro mundo, distante, incerto; para o mundo do cativeiro, de tanta eloquência e persuasão de suas palavras. E é por isso que precisamos ficar atentos para não ver a realidade com os seus olhos. Não porque estivesse a dizer algo que não correspondesse aos fatos (sem dúvida, uma das faces mais melancólicas da escravidão está bem retratada em sua narrativa, apesar dos seus exageros), mas porque seu anseio reformista, com dizeres às vezes ácidos, em alguns momentos fazia com que a realidade fosse muito pior do que realmente foi, para comover corações e arrancar lágrimas daqueles em cujas mãos estava a vida da população escrava.

Paremos por um instante. É preciso lembrar de que está sendo retratada uma face do cativeiro; certamente a mais medonha, razão pela qual é a que mais chama a atenção, ao ponto de se correr o risco de tomá-la como única, como ocorre com muitos historiadores e com o imaginário popular que a concebem como a imagem oficial da escravidão. Retornemos ao seu retrato. A aventura do ouro em Minas Gerais arrefece. Enquanto ela durou, milhares de escravos foram consumidos, "enterrando com eles o mesmo ouro que seus braços haviam desenterrado".[16] Os registros de natureza demográfica permitem vislumbrar a dimensão da mortandade, e acabam por dar razão às crítica de Luis de Oliveira Mendes. A maneira como, em sua maioria, viveram e morreram é testemunhada por alguns contemporâneos que escreveram sobre o assunto. Um deles, Antônio José Vieira de Carvalho (um cirurgião que atuou em Vila Rica – atual Ouro Preto – na segunda metade do século XVIII e início do seguinte), ao traduzir a obra *Observações sobre enfermidade dos negros* (1ª ed. Paris, 1776), do médico francês Jean Barthelemy Dazille, em 1801, afirma: "Pude ver com os meus próprios olhos quanto a espécie humana sofre na inumerável multidão dos negros que ali transporta a escravidão e o comércio" (*Ibidem*, prefácio sem paginação). Nesse momento, a civilização ocidental

---

16   Essa frase foi proferida por Antônio José Vieira de Carvalho, cirurgião-mor das tropas que guarneciam a capital mineira, no prefácio (sem paginação) da obra de Dazille (1801), por ele traduzida.

encontrava-se em algumas encruzilhadas. Uma delas diz respeito à escravidão. Essa forma de organização da produção vinha recebendo várias críticas desde *O espírito das leis* (1748) de Montesquieu. As suas fundamentações teológicas estavam próximas do cheque-mate. Uma nova sensibilidade diante dos dramas da existência humana havia sido formada. Estava mais do que claro para grande parte da população ilustrada que o trabalho escravo era antinatural, injusto e contrário aos ideais de uma sociedade civilizada e seus anseios de progresso. Disso resultou uma cruzada moral para combatê-la, começando por pressões contra a sua principal fonte abastecedora, o tráfico de negros africanos. Aos poucos, não tardou a emergência de movimentos abolicionistas, como o inglês, que não sossegaram enquanto essa página da história não foi virada.

Os tempos eram outros. O mundo do cativeiro começa, lentamente, a acabar. No Brasil a lentidão foi maior. Tanto que foi o último a abolir a escravatura. O seu tráfico também foi um dos últimos a ser encerrado de fato (em 1850, depois do fictício decreto abolicionista de 1831). E essa demora foi uma das razões pelas quais novos escritos vieram à tona, orientando os senhores a tratarem melhor seus escravos, repetindo as mesmas prescrições dos jesuítas, mas agora fundamentados predominantemente no ideário ilustrado das Luzes.

Entre os médicos, destaca-se o texto de Jean Baptiste Alban Imbert, *Manual do fazendeiro ou tratado doméstico sobre as enfermidades dos negros* (1ª ed. 1834). Esse médico de origem francesa (exilado no Brasil em fuga dos conflitos oriundos da Restauração em seu país) fez severas críticas ao tráfico de escravos, ao mostrar, seguindo as diretrizes do já citado tratado de Jean Barthelemy Dazille (1776), para os senhores como poderiam prevenir (eis uma novidade nos textos médicos dedicados à saúde de escravos) e até remediar muitas doenças da população cativa. Também não era a favor da escravidão, e profetizava o seu fim gradual, mas concordava com as elites do Império que no Brasil não se poderia acabar com ela imediatamente. Mesmo assim, não deixou de retratar seus horrores. Por exemplo, ao "reafirmar" (plagiar mesmo) uma passagem inteira de Dazille (a página 32), na qual está escrito: "Homens sem vínculo social na terra, mal nutridos, mal vestidos, expostos a todas injúrias do ar, sujeito a um trabalho quase continuo, entregues demasiadamente à inclinação de prazeres grosseiros, e de licores fortes, não podem conservar a sua saúde", ele conclui que, "por isso nota-se que eles não resistem longo tempo" o que resulta "nessa espantosa despovoação, e sobretudo essa desproporção entre moços e velhos", tanta que ele exclamou imaginando "quantas reflexões não inspirarão elas aos Legisladores, Moralistas e Filósofos!". (IMBERT, 1839, p. XXI-XXII)

Doravante, a tendência dos textos médicos foi a de descambar para a radicalização contra o tráfico e, depois da abolição deste, contra a própria escravidão, seguindo a linha de Jean Baptiste Alban Imbert. E para embasar sua contrariedade, alguns de seus autores narravam histórias trágicas do mundo do cativeiro, como a da escrava Júlia, de dezessete anos. Ela havia sido internada na Santa Casa de Misericórdia, depois de apresentar comportamento agressivo motivado por frequentes ataques histéricos. Poucos dias após receber alta, com seu modesto vestido de chita, foi vista na sacada de um sobrado, trajando um deslumbrante vestido de seda, com cabelos empoados e coberto de flores. A razão de tão repentina transformação foi a sua acolhida pela proprietária do imóvel, que a enfeitou para expô-la à prostituição, depois de ser expulsa da casa de seu senhor, que procurava se desfazer dela por causa da sua incurável doença (MACEDO, 1869, p. 12). Com a mesma intenção, também faziam denúncias contra as mais diversas adversidades da vida cotidiana, como a feita por Souza Costa nas páginas da *Gazeta Médica do Rio de Janeiro*:

> A ignorância dos preceitos os mais comezinhos de higiene e o sórdido egoísmo, que só tem em mira o lucro, mesmo obtido a custa das vidas de nossos semelhantes, contribuem poderosamente para a mortandade que em grande escala se dá em nossas fazendas, principalmente entre aqueles que com forças superiores as que podem dispor, são entregues aos rudes trabalhos da lavoura. E, com efeito, parece incrível que homens em tudo semelhante a nós possam resistir a um pesado trabalho de catorze a dezesseis horas por dia, expostos aos cálidos raios do sol dos trópicos e às vicissitudes atmosféricas, alimentando-se exclusivamente de feijão e de farinhas, vestindo-se mal e dormindo ainda pior nestas imundas senzalas, edificadas contra todas as regras da higiene. (*Gazeta Médica do Rio de Janeiro*, 1862, p. 161)

Ou como a elaborada por Tobias Rabelo Leite que, ao criticar o abuso da mercantilização de negras para servir como amas de leite, se indignou contra o desprezo à vida de suas crias:

> Muitos senhores de escravos há (que vergonha! que imoralidade!) que, logo que as escravas parem, mandam lançar os inocentes na Misericórdia para assim poderem livremente especular sobre um dos

> mais sagrados dons, que a natureza concedeu às mães para oferecerem ao precioso fruto de suas entranhas. (LEITE, 1849, p. 34)

Esse costume ao que parece foi muito generalizado; o de alugar escravas para amamentar as crianças de famílias ricas. Muitas vezes, quando seus pequeninos filhos não eram colocados nas portas de instituições de caridade, acabavam morrendo por falta de leite materno. Trágica realidade que ajudou a aumentar os altíssimos índices de mortalidade infantil na população cativa. Outro costume igualmente mórbido para as crianças escravas foi o de manter as grávidas em serviço pesado até o parto. Acontecia muitas vezes de, no meio do trabalho, o seu filho nascer e em condições que dificilmente poderia sobreviver, como testemunhou nos idos de 1859 o médico Antônio Ferreira Pinto (PINTO, 1859, p. 24). Isso quer dizer que a América continuava a devorar os negros. Foi o que concluiu o membro da Sociedade Auxiliadora da Indústria Nacional, Carlos Augusto Taunay, autor do *Manual do agricultor brasileiro* (1839), um dos primeiros e mais importantes textos escritos por proprietários rurais publicados no Brasil sobre administração da população cativa[17] (*Apud*: KARASH, 2000, p. 167). Como a importação de africanos nesse país encontrava-se formalmente extinta desde 1831, e como sua ilegalidade estava sendo cada vez mais denunciada por intelectuais de vários campos de atuação, a saída no longo prazo para a manutenção da escravidão era a reprodução natural dos indivíduos a ela submetidos. Essa talvez seja uma das mais pertinentes e originais propostas desde que os jesuítas começaram a abordar esse assunto (o do governo dos escravos). Quase todos os manuais, que seguiram os textos do médico Imbert e do fazendeiro Taunay, reafirmaram essa necessidade. E, para tanto, era preciso melhorar a condição de vida daqueles indivíduos, como reiterou o fazendeiro Luís Peixoto de Lacerda Verneck pouco depois da extinção definitiva do tráfico de africanos para o Brasil:

> Todos nós sabemos quais são as medidas que o senhor deve tomar para assegurar-se da procriação de seus escravos. Melhor vestuário, melhor habitação, melhor nutrição, cuidados nas enfermidades, e outros alvitres, que são em geral desprezados entre nós, bastarão para salvar muitas vidas, que hoje se sacrificam pelo desleixo e pela incúria. (*Apud*: MARQUESE, 2004, p. 288)

---

17 A referida conclusão encontra-se na página 16.

Até então, ao que parece, a larga oferta de escravos, e a preços baixos para os grandes proprietários, os motivou a optar pela reposição da sua escravaria pela compra de novos negros pela via do tráfico negreiro, pois o custo e o tempo para criar um escravo no cativeiro eram considerados pouco vantajosos pelos os proprietários de um modo geral. Por isso a mortalidade infantil era realmente muito alta entre os cativos. Os que sobreviveram a essa sina foram os mais resistentes, ou os que puderam contar com senhores cujas atitudes, em relação ao governo da população escravizada, eram mais determinadas pelos preceitos morais de caridade pregados pelos jesuítas, ou pelos apelos da sensibilidade humanitária bradados pelos filósofos da Luzes, e não tanto pelo custo colonial. Todavia, era esse último que ainda parecia predominar nas motivações das ações de um modo geral dos escravagistas no trato de sua escravaria até as vésperas da extinção do tráfico transatlântico de negros para o Brasil em 1850, sobretudo dos que precisavam extrair o máximo de trabalho dela, no menor tempo possível, para atender à crescente demanda de alimentos e matéria prima da Europa e dos EUA.

Uma das testemunhas dessa triste realidade foi o médico francês Joseph Francois Xavier Sigaud, que atuou no Brasil na década de 1830. Depois de reiterar as conclusões de outros observadores,[18] de que as condições de vida, saúde e trabalho no cativeiro eram na maioria dos casos deficientes, devido principalmente "aos descuidos das regras de higiene" e "ao excesso de trabalho" (SIGAUD, 2009, p. 119), enumera um conjunto de enfermidades decorrentes disso. No seu texto *Dos climas e das doenças no Brasil ou estatística médica deste Império* (1844) dedicou um capítulo (Das doenças dos negros _ capítulo III) para descrevê-las. Entre elas destaca 1) "a tísica pulmonar e a pleurisia crônica" que, segundo ele "podem, em pleno direito, ser colocadas em primeiro lugar", sobretudo "essa última que causa a morte de muitos negros"; 2) "a anemia", provocada principalmente pela ancilostomíase (provocada pelo verme ancilóstomo duodenal, que suga grande parte dos nutrientes do seu hospedeiro), "doença que ceifa grande número destes pobres escravos" e que poderia agravar a carência de ferro e das vitaminas do complexo B no organismo, e assim provocando outra enfermidade conhecida como caquexia africana, caracterizada pela "ingestão viciosa de terra que os negros comem com [tão] incrível avidez," que somente "a máscara de ferro colocada no rosto destes infelizes é a única salvação"; 3) "as doenças do aparelho visual" (oftalmia, catarata,

---

18   Entre os autores por ele citados cujas conclusões ele reitera estão em Dazille (1801) e Mendes (1991).

conjuntivite) que "são muito comuns entre os negros", sendo seu caráter sempre grave e seu prognóstico sombrio" ao ponto de "o número de negros cegos" ser "tão considerável nas cidades e nos campos"; 4) "As doenças da pele", especialmente as "a sarna, a lepra e o piã" (uma espécie de doença venérea que provoca pústulas na pele) que "lhes são muito familiares" (SIGAUD, 2009, p. 120-124). O resultado disso não poderia ser outro senão o avultado contingente de escravos mortos, como o próprio autor afirma ter testemunhado:

> Aqueles que, como eu, viram o amontoado de cadáveres nos últimos anos do tráfico em 1830 e 1832, provenientes do depósito de negros do bairro do Valongo, compreenderão facilmente (...) o quadro das sepulturas do hospital da Misericórdia que se encontra no curso desta obra, [do qual] pode-se calcular, sobre o número de 63081 indivíduos enterrados no cemitério do dito hospital, de 1825 até 1842, um terço de negros. (*Ibidem*, p. 124-125)

Enquanto médicos, fazendeiros ilustrados, e outros escritores de demais campos de conhecimento faziam o que podiam, por meio de seus textos, para intervir em uma realidade tão aterradora como essa testemunhada por Sigaud, viajantes estrangeiros que vinham percorrendo o vasto território brasileiro, na sua maioria em viagens supostamente de exploração científica, ou diplomática, fizeram observações nas suas narrativas que podem contribuir para o conhecimento da situação em que se encontrava a população escrava. Eschwege, que por aqui ficou entre 1811 e 1821, ao observar o processo de exploração aurífera em Minas Gerais, e considerá-lo "dos mais fatigantes e penosos, além de muito prejudicial à saúde dos escravos, pois enquanto os membros superiores ficam expostos longas horas aos raios do sol, a parte inferior tem de suportar a sensível frialdade das águas," concluiu: "Poucos negros, por essa razão, prestam-se para o trabalho, que só os mais robustos podem suportar." (ESCHWEGE, 1941, p. 170). E como se isso não bastasse, ainda corriam "frequentemente o risco de serem esmagados pelas pedras que se destacam das jazidas ou soterrados pelos desmoronamentos", conforme adverte Saint Hilaire que visitou a região mineradora aproximadamente na mesma época. (HILAIRE, 1974, p. 26)

A esse mesmo respeito (o trabalho), Richard Burton, um diplomata inglês, em viagem do Rio de Janeiro a Morro Velho (nome do conjunto de minas da transnacional britânica Saint John del Rey Mining Companhy situado em Congonhas do Sabará, atual Nova Lima, região metropolitana de Belo Horizonte), pelos idos de 1868, ao descer pelas galerias subterrâneas de até então, uma das maiores e mais profundas mineração do mundo, ficou extremamente impressionado com o lugar, que chamou de "Palácio das trevas", onde milhares de escravos passavam horas em busca dos veios de ouro que a terra caprichosamente esconde em suas entranhas:

> As paredes eram, ou negras como um túmulo, ou refletiam pálidos raios de luz que vinham da lisa superfície da água, ou quebravam em monstruosas projeções, revelando em parte e escondendo em parte os sombrios recessos da caverna. Apesar das lâmpadas, a noite nos envolvia e nos apertava, como se pesasse, as únicas medidas das distâncias eram uma fagulha aqui e ali, cintilando como uma estrela solitária. Perfeitamente dantesca era a depressão entre as enormes paredes da montanha, que davam a impressão constante de que iriam desabar a qualquer momento. Tudo, mesmo o som de uma voz familiar, parecia mudado; os ouvidos eram feridos pela aguda crepitação e pelas pancadas metálicas dos malhos sobre as brocas e pelo barulho destas furando pedra. Outros sons persistentes, curiosamente complicados pelo eco, eram o cair da água no caminho subterrâneo, o matraquear das pedras de ouro lançadas na caçamba e o ruído das correntes e da própria caçamba. Através desse inferno (...) corpos negros, brilhando com gotas de suor, pendurados em correntes, em posições que pareciam amedrontadoras; ali pulavam como leopardos, de lugar em lugar; mais adiante apinhavam-se junto a cordas soltas como trogloditas; além moviam-se em plataformas, que só de olhar, poriam tonta uma pessoa nervosa". [Enfim], "era um lugar onde muito se pensa e pouco se fala. (BURTON, 2001, p. 307)

Consequentemente, a saúde de quem trabalhou em tão assustador lugar não deveria ser muito boa. E foi o próprio Burton que testemunhou isso:

> Ocorre uma mortalidade anormal, decorrente do clima e da situação do lugar, das condições sociais e peculiares da constituição dos negros. As moléstias do cérebro e dos intestinos são muito graves; a disenteria e a pleurisia fazem muitas vítimas, enquanto a pneumonia é, às vezes, epidêmica e muitas vezes latente, e sujeita a se alastrar com rapidez. Dos noventa homens e mulheres hospitalizados, vários sofriam de úlceras malignas nas extremidades, agravadas, talvez, pela água contaminada que, segundo se diz, provoca gangrena nas feridas. A repugnante bouba desconhecida no norte da Europa, a não ser em hospitais navais, é

> aqui tão comum como na Costa da Guiné. O povo tem horror a essa moléstia e afirma que não se pode dizer 'tive boba.' O que Caldcleugh chama de ligações à toa entre os escravos, é coisa energicamente reprimida pelo superintende e os funcionários dão exemplo de conduta escrupulosamente correta; contudo, em Serra Leoa como aqui, a maioria é de moléstias venéreas e mesmo as crianças já nascem com a *corona veneris*. Tal é o negro, porém, em toda a parte, fora de seu próprio país e também onde os europeus estabeleceram colônias. Que cena prodigiosa verá então o futuro: as cadeias, semi-humanas, riscando mar e praia. Parecendo humanas aos poucos filantropos, um grupo monstruoso, horrendo, disforme e fétido; machos todos bestiais e fêmeas, todas pérfidas. (*Ibidem*, p. 295-6)

Além de bastante trabalho, e em condições precárias e, ou, perigosas, ainda havia castigo muitas vezes aplicado sem moderação, conforme observou John Moritz Rugendas nos anos iniciais da década de 1820:

> Quando um escravo comete crime, as autoridades se encarregam de puni-lo (...); mas quando ele se limita a descontentar o senhor pela sua embriaguez, preguiça, imprudência ou pequeninos roubos, este pode punir como bem entende. Em verdade, existem leis que impõem limites ao arbítrio e à cólera dos senhores, como por exemplo, a que fixa o número de chicotadas que é permitido infligir, de uma só vez, ao escravo, sem intervenção da autoridade. Entretanto, como já dissemos, essas leis não têm força e talvez mesmo sejam desconhecidas da maioria dos escravos e senhores. Por outro lado, as autoridades se encontram tão afastadas que, na realidade, o castigo do escravo por uma falta verdadeira ou imaginária, ou os maus tratos resultantes do capricho e da crueldade do senhor, só encontram limites de perder o escravo pela morte ou pela fuga. (RUGENDAS, 1954, p. 145)

Imagem 3: açoite no pelourinho, Jean Baptiste Debret.

Quando os escravos se viam diante de tantas adversidades, não lhes restava mesmo outra opção senão a fuga. E isso parece ter ocorrido com muita frequência, como sugere a enorme quantidade de bandos de repressão a quilombos conservados nos mais diversos arquivos públicos do país e como testemunhou outro viajante, Charles James Fox Bunbury, pelos anos 1834 e 1835, para quem "o número elevado de fugas" é "uma circunstância que parece indicar que a condição dos escravos se torna muitas vezes insuportável". (*Apud*: LEITE, 1996, p. 212)

O que a situação da saúde da população escrava diz a esse respeito? Ela ainda era tão ruim no tempo em que tal viajante a imaginou além do limite do suportável? E ao longo dos anos posteriores à sua visita ao Brasil, principalmente após o fim definitivo da importação de negros africanos, sua suspeita ainda teria sentido? Vejamos o que a documentação histórica revela na sequência deste livro.

Imagem 4: escravos no libambo, Jean Baptiste Debret.

Imagem 5: moenda de cana, Jean Baptiste Debret.

Imagem 6: negros calceteiros, Jean Baptiste Debret.

CAPÍTULO 3
Os relatos de Luís Gomes Ferreira na obra *Erário mineral* (1735)

Só Deus é testemunha do meu zelo para com o próximo.
Luís Gomes Ferreira (1735)[1]

Corria o ano de 1707 quando Luís Gomes Ferreira, um cirurgião português recém-formado em cirurgia no Hospital Real de Todos os Santos, chegou pela primeira vez ao Brasil. Desembarcou em Salvador, onde ficou por quase um ano, e voltou à Metrópole para, novamente, retornar à Bahia ainda em 1708. Até então, servia como oficial da arte cirúrgica e medicina prática nos navios lusitanos, que singravam os oceanos entre os diversos pontos do Império português. A presença desses agentes da cura nas embarcações era fundamental para se evitar a propagação de doenças na tripulação, já que os tripulantes entravam em contato com populações muito variadas, expondo-se por essa razão com muita frequência ao contágio de enfermidades que, na maioria das vezes, não se sabia como prevenir. Naquele mesmo ano, tal cirurgião voltou à capital da Colônia, onde residiu por três anos, quando, atraído pelas descobertas de metais preciosos no interior do país, visitou Minas

---

1   Ferreira, Luís Gomes. *Erário mineral.* 2 ed. Belo Horizonte, Fundação João Pinheiro e Rio de Janeiro, Fundação Oswaldo Cruz, 2002.

Gerais algumas vezes, até estabelecer-se em Sabará e, posteriormente, aventurar-se por diversos cantos daquele tão sonhado eldorado. Entre idas e vindas no território mineiro, atuou também em Vila do Carmo e Vila Rica. Ao todo permaneceu nessa região aproximadamente 22 anos, pois em 1733 cruzou o Atlântico de volta ao Reino, onde publicou dois anos depois *Erário mineral*; uma coletânea de doze tratados de cirurgia e medicina prática, destinada a divulgar receitas para enfrentar inúmeras doenças comuns em Minas Gerais, que ele afirma ter publicado para remediar a falta de médicos na Colônia, uma vez que ela poderia servir de guia para os habitantes carentes de assistência médica. (EM, 2002, p. 184)[2]

Realmente, os colonos, sobretudo os que viviam no vasto interior das Américas, não podiam contar muito com profissionais de saúde (isto é, indivíduos portadores de diploma em medicina ou cirurgia) para sanarem os malefícios dos seus corpos. Eram poucos os médicos e mesmo cirurgiões que se interessavam em trabalhar nas fímbrias do Império, devido aos riscos, inclusive de vida, que a aventura de cruzar o oceano e imensos territórios implicava, bem como o problema do desenraizamento e das incertezas que a vida colonial ensejava.

Como quase todo português, Luís Gomes Ferreira também tentou fazer fortuna com a mineração, mas, sem abandonar o seu ofício que, ao que parece, fez sua riqueza. Foram milhares de pacientes por ele atendidos. Gente de todas as cores, condição social e qualidade, a qual atendeu com base no seu aprendizado em Lisboa, nos navios, no além-mar, nos contatos com sertanistas, com profissionais da saúde, nos autores das obras médicas e cirúrgicas mais em voga e, finalmente, no seu estudo empírico das propriedades terapêuticas, principalmente de plantas, animais e minerais. Os seus doze tratados são uma síntese disso. Eles expressam o saber médico predominante na época, ainda orquestrado pela batuta de Hipócrates e Galeno, considerados a base da medicina ocidental. A esses dois médicos da Antiguidade é atribuído o primeiro esforço de sistematização da medicina. O primeiro elaborou uma organização metódica desse campo de conhecimento que, após a sua releitura pelo segundo, foi disseminada pela Europa e, posteriormente, para suas colônias, onde predominou até pelos menos o final do século XIX. De maneira simples, a medicina hipocrática-galeneana pode ser resumida no seguinte: o corpo humano é uma versão microscópica do universo e a ele integrado. Composto por quatro elementos fundamentais (terra, fogo, ar e água) que

---

2   EM é a breviatura de *Erário Mineral*, título do tratado de Luís Gomes Ferreira, que será citado doravante dessa maneira sempre no corpo do texto.

produzem quatro qualidades essenciais (quente, frio, seco e úmido). Estes por sua vez refletem-se em quatro humores do organismo humano (fleuma, sangue, bílis negra e bílis amarela ou vermelha). As doenças originam-se do desequilíbrio (excesso e carência) de um desses humores, que pode ser provocado por fatores morais e, sobretudo, naturais. Entre estes últimos destacam-se a higiene, o clima e a alimentação como os maiores agentes desequilibrantes dos humores.[3]

Eles expressam também a capacidade de seu autor combinar essa tradição médica ocidental com saberes populares relativos à cura (como os dos sertanistas, que muito aprenderam com índios e com os africanos), que circulavam nos sertões e nas vilas onde atuou, em tratados de outros autores (como os de João Curvo Semedo) e com suas descobertas de virtudes terapêuticas em elementos naturais oferecidos por um meio ambiente então recém-incorporado às fronteiras coloniais. Enfim, expressam uma medicina marcada pela fusão (não obstante as tensões da convivência de diversas tradições de cura) de culturas terapêuticas originadas de povos e comunidades diferentes, conforme definiu Ribeiro: Uma medicina "dos tempos coloniais, que nada mais é que o conjunto de conhecimentos, hábitos e práticas nascido a partir do convívio assíduo das três culturas" formadoras do Brasil.[4] (RIBEIRO, 1997, p. 23). Dessa maneira, o seu conteúdo é uma síntese de conhecimentos empíricos, reunidos para servir como guia às práticas de cura, principalmente em lugares onde havia enorme carência de médicos e cirurgiões, como no vasto território mineiro. (WISSENBACH, 2002, p. 112)

Por tudo isso *Erário mineral* é um "caleidoscópio de imagens",[5] pois ele nos oferece várias janelas para observar a influência da religiosidade no exercício das artes de curar, o sofrimento causado por tantas doenças e por acidentes, as esperanças dos doentes, as alegrias dos curados, bem como os ritmos da vida cotidiana que pulsam freneticamente em suas páginas, revelando tragédias do dia a dia e as solidariedades de uma configuração social que ainda se organizava; a sociedade colonial da primeira metade do século XVIII, particularmente a mineira, e a cultura barroca na qual ela se forjou. De uma delas, a seguir, será observado o cortejo

---

3 Sobre a história antiga da medicina, em particular a que se refere a Hipócrates e Galeno, ver, entre outros Porter (2004) e Lindeman (1999). Sobre a teoria dos humores ver Nutonn (1997, p. 281-291).

4 Sobre as características, concepções e práticas médicas, institucionalizadas e populares, do período colonial brasileiro ver, além de Ribeiro (1997), Wissenbach (2002), Marques (1999), Holanda (1994) e Filho (1991), entre outros.

5 A caracterização do citado texto como "caleidoscópio de imagem" foi feita por Furtado (2002, p. 3).

de horrores das condições de saúde da população escrava, sobretudo a empregada nas árduas tarefas do extrativismo mineral.

Em Minas Gerais o escravo foi utilizado em inúmeras frentes de trabalho, devido às características da sua economia, que, no tempo de Luís Gomes Ferreira, estava carrilhada na mineração. Pode-se dizer, tal como observou Antonil em seu tricentenário livro (1711-2011) *Cultura e opulência no Brasil por suas drogas e minas*, que aqui os escravos eram mais que nunca "as mãos e pés do senhor, porque" completa o autor "sem eles no Brasil não é possível fazer, conservar e aumentar fazenda, nem ter engenho corrente" (ANTONIL, 1982, p. 89), e muito menos explorar as jazidas de ouro, diamantes e outras pedras preciosas que brotavam das entranhas da nova fronteira colonial então em expansão, onde a dependência da escravidão revelou-se crônica desde cedo. Tanto que entre o início da década de 1720 e meados da década de 1730 foram arrastados para o interior do país mais de 50 mil africanos, segundo Hebert Klein (KLEIN, 2004, p. 34), de forma que somente em Vila Rica, por exemplo, o contingente de cativos saltou de 6721 em 1716 para 20863 em 1735, conforme levantamento de Francisco Vidal Luna e Iraci del Nero da Costa (LUNA e COSTA, 1982, p. 22), ou seja, aproximadamente 20% da escravaria da Capitania de um total de 100141 indivíduos.[6]

Esses indicadores demográficos revelam uma economia em entrópica ebulição, impulsionada principalmente pelo extrativismo aurífero. E isso num espaço há pouco tempo situado à margem da sociedade colonial. Para se ter uma ideia do rápido crescimento econômico mineiro, quando Luís Gomes Ferreira se estabeleceu aqui, em 1711, a Coroa tinha arrecadado em impostos diretos cobrados em ouro (20% do total da extração alcançada pelo fisco) 48,9 kg e em 1733, e quando ele retornou a Portugal, a arrecadação já havia subido para 1766,1 kg, de acordo com a tabela divulgada por Laura de Mello e Souza. (SOUZA, 1982, p. 43-44)

Essa expansão vertiginosa da produção aurífera fez convergir para as povoações, de cujo solo tanta fortuna se partejava, milhares de pessoas em busca de uma fatia da opulência, que inebriava as almas e condicionava as mentes para se entregarem à aventura de cortar os sertões, enfrentando mil privações, como a fome, a mais drástica delas, assaz frequente nos primeiros anos da colonização mineira, como mostrou Mafalda Zemella (ZEMELLA, 1990, p. 198-207), a violência de um espaço social ainda embrutecido, as incertezas da vida, a espreita da morte e, o principal arauto dessa, as enfermidades.

---

6   Esse último dado foi extraído de Zemella (1990, p. 108).

Foi nesse novo mundo, repleto de desafios, de tensões e de expectativas, que Luís Gomes Ferreira exerceu a sua arte, trazendo esperança para um povo que se viu ameaçado por tantos problemas de saúde à sua volta e proporcionando alegria para os que conseguiram encontrar alívio para as dores do corpo nas suas receitas e tratamentos e, assim, continuar a luta cotidiana contra as misérias da existência, tão desesperadora para uma população, cuja maior parte mal tinha como viver. Do universo dos seus desvalidos destaca-se o escravo. Gente em geral desafortunada, devido à sua condição na sociedade colonial, que lhe impunha os fardos da produção de forma predatória, pois sua jornada de trabalho era longa, árdua e muitas vezes perigosa, a sua moradia era precária, desconfortável e insalubre e sua vestimenta insuficiente, inadequada e imunda.[7] Por essa razão, a sua vida era geralmente breve, como relatou o delegado da Coroa, Martinho Mendonça, em balanço feito da situação de Minas em 1734: "Os senhores não esperavam conseguir em média mais que doze anos de trabalho dos escravos comprados ainda jovem". (*Apud*: LUNA e COSTA, 1982, p. 23)

Isso não quer dizer que os escravos foram vítimas indefesas e que suportavam passivamente as adversidades da escravidão, pois, de acordo com João José Reis e Eduardo Silva, embora as relações entre senhores e escravos fossem muito assimétricas, era possível haver negociação, como mostram utilizando alguns exemplos, em especial um "tratado proposto a Manuel da Silva Ferreira pelos seus escravos", descoberto originalmente por Schwartz (1977, p. 80-81). Então era possível os escravizados imporem alguns limites para sua exploração em determinadas circunstâncias e, consequentemente, obter algumas conquistas, como a possibilidade de negociarem, quando conseguissem, excedentes de produtos por eles cultivados em horas de folga do cativeiro, como aqueles autores mostrarem e de participarem de irmandades religiosas, ou até mesmo organizá-las, como foi muito comum, entre outros lugares, em Minas (EUGÊNIO, 2010). Afinal, quando os limites da exploração do seu trabalho eram ultrapassados, havia chances consideráveis deles reagirem das mais variadas formas, como os mesmos autores reiteram, inclusive com a formação de quilombos, como ocorreu abundantemente no território mineiro. (REIS E SILVA, 1989, p. 13-21, 30 e 62-79 e GUIMARÃES, 1988)

---

7   A forma predatória da exploração do trabalho escravo e suas condições miseráveis de existência foram descritas pelos médicos e cirurgiões nos seus manuais de medicina prática, como no de Dazille (1801).

Assim, dificilmente a população desses indivíduos poderia crescer naturalmente, pois os índices de mortalidade deles eram muito altos, configurando uma tragédia demográfica que somente o tráfico transatlântico de africanos podia remediar. Para se ter uma ideia dessa catástrofe populacional, Francisco Vidal Luna e Iraci del Nero da Costa estimam em cinquenta a 66 mortes de cativos por mil habitantes em Vila Rica nos fins do século XVIII, ou seja, mais que o dobro da taxa de mortalidade de toda a Capitania, cuja cifra monta a 20% (COSTA; LUNA et al, 2009, p. 243); dados que se aproximam dos encontrados por Pedro Carvalho de Mello para a década de 1810. (MELLO, 1983, p. 153.)

Uma das razões disso é que era mais barato repor os escravos pelo comércio negreiro, porque seu abastecimento se dava quase ininterruptamente e com preços consideravelmente acessíveis,[8] o que motivava os senhores a extrair o máximo de produção dos negros com o menor custo possível (quer dizer, com redução ao mínimo necessário do gasto com a sua manutenção), degradando dessa maneira as suas condições de saúde.

Era essa lógica que fundamentava predominantemente a administração do trabalho escravo, lógica essa que atenuava o custo colonial (quer dizer, o conjunto dos gastos de capital diretos e indiretos com as atividades econômicas das colônias), a qual foi admitida por um proprietário rural fluminense, às vésperas do fim de fato da importação de africanos, que, ao ser entrevistado por um médico, após ser indagado "por qual motivo a estatística mortuária abundava entre seus escravos," respondeu o seguinte:

> Pelo contrário, não lhe vinha prejuízo algum, pois quando comprava um escravo, era só com o intuito de desfrutá-lo durante um ano, tempo além do qual poucos poderiam sobreviver; mas que não obstante, fazia--os trabalhar por tal modo, que chegava não só a recuperar o capital neles empregado, porém ainda a tirar lucro considerável. (JARDIM, 1847, p. 12)

Essa realidade, que ainda marcava a cultura do trato senhorial com a mão de obra cativa na última década da importação de negros, imperava no auge do extrativismo mineral em Minas Gerais na época da Colônia, uma vez que a "exumação" cada vez maior de metais preciosos das suas entranhas determinava

---

8   A constatação de que os africanos até 1850 eram mercadorias relativamente baratas foi feita por Prado Jr. (1995, p. 159) e confirmada por Florentino (1997, p. 76) e Conrad (1985, p. 15-16).

a voracidade com a qual trabalho escravo era explorado, fazendo com que, conforme observou um cirurgião já nos tempos da redução dessa atividade econômica, a vida deles fosse muito pesada, adiantando-lhes a morte e levando assim "à sepultura o melhor dos cabedais daquela e de outras Colônias da América Portuguesa," ao enterrarem "com eles o mesmo ouro que os seus braços haviam desenterrado, e secando assim na sua origem um dos primeiros mananciais da Coroa e do Estado.[9]

Exemplo disso é o fato de que os cuidados necessários aos escravos doentes demandavam despesas extras, que muitas vezes os seus proprietários não estavam dispostos a fazer, sobretudo porque em vários casos somente se convenciam da enfermidade do negro quando ela era inegavelmente evidente ou ele já estava à beira da morte. A esse respeito, Luís Gomes Ferreira apresenta um testemunho bastante esclarecedor, quando diz "que se o doente for preto, se lhe dê boa cobertura, casa bem recolhida e o comer de boa sustância, que nisso pecam muito os senhores de escravos que hão de dar conta a Deus".[10] (EM, p. 258)

Esse testemunho, no qual o autor sugere que a negligência dos senhores em relação à saúde dos cativos tratava-se de um pecado, fornece uma chave de acesso ao imaginário do autor em relação a uma das faces da sua compreensão da dominação senhorial exercida sobre os escravos, ao valer-se da sensibilidade religiosa, tão cara a uma sociedade eminentemente barroca na sua forma de expressar a religião, para chamar a atenção dos proprietários que desamparavam seus negros quando estes estavam gravemente afetados por moléstias. Ao confrontar tal atitude senhorial com o julgamento de Deus, o autor está fundamentado no projeto cristão de exploração do trabalho cativo organizado por alguns jesuítas décadas antes dele ter publicado seu manual médico. Tais letrados, em textos como *Economia cristã dos senhores no governo dos escravos*, escrito por Jorge Benci, obra publicada em 1705, justificavam, por um lado, a escravidão, por outro, defendiam uma forma de administração do trabalho escravo em que as tensões inerentes às relações sociais de produção escravistas pudessem ser atenuadas. Para tanto, os senhores tinham a obrigação social e o compromisso moral, religioso, como um pai aos moldes da cultura patriar-

---

9   Palavras de Antônio José Vieira de Carvalho, cirurgião-mor das tropas de que guarneciam a capital da Capitania de Minas Gerais, no prefácio da obra por ele traduzida de Dazille (1801, prefácio sem paginação).

10 Doravante, todas as passagens retiradas do *Erário mineral* serão identificadas ao final delas com a sigla EM acrescida da página da qual foi retirada.

cal, de cuidar dos seus negros, em troca da sua obediência e escravidão. Dessa maneira, resultaria, em tese, menor impacto nas contradições sociais, o que era essencial, segundo os "soldados de cristo", articuladores desse argumento, para o projeto missionário da Cia de Jesus, uma vez que, sendo bem tratados, os escravos poderiam se acomodar mais facilmente ao cativeiro do corpo e, com efeito, libertarem sua alma.[11]

Quando Luís Gomes Ferreira reclama, na passagem acima citada, cuidados necessários para os cativos doentes, lembrando os seus proprietários que um dia teriam que prestar contas a Deus de suas atitudes, ele reafirma, em outros termos, a ideologia jesuítica da escravidão, que em síntese está assentada no assistencialismo caritativo senhorial em relação aos escravos, como base para ação evangelizadora que deu sentido religioso à colonização do Novo Mundo e como forma preventiva de amortecimento da potencial rebeldia negra contra a sua condição na sociedade colonial. Vejamos mais uma passagem do seu manual de medicina prática em que tal reafirmação está expressa:

> Outrossim, advirto que os senhores vão ver os seus escravos quando estiverem doentes e lhes façam boa assistência, porque nisto lhe darão muita confiança e consolação, metendo-lhes ânimo e esforço para resistirem melhor à doença; e se assim o não fizerem, como há muitos que tal não fazem, enchem-se os tais de confusão, vendo que não têm outro pai, e se deixam ir passando sem comer, ainda que lho mandem, até que ultimamente morrem, o que digo pelo ter visto assim suceder; e assim, por conveniência, como por obrigação, devem tratá-los bem em saúde e melhor nas doenças, não lhes faltando com o necessário, que desta sorte farão o que devem, serão bem servidos, terão menos doenças, mais conveniência, experimentarão menos perdas e terão menos contas que dar no dia delas. (EM, p. 258)

Diante dessas palavras, pode-se dizer que o autor do manual de medicina prática em foco tenta mostrar para os senhores que, além de um serviço a Deus, de cuidar do seu semelhante, baseado no princípio da caridade, o que poderia lhes ajudar a abreviar a sua passagem pelo purgatório, uma assistência melhor aos escravos aumentaria a possibilidade destes se empenharem com maior destreza e boa vontade em suas tarefas cotidianas, e até mesmo

---

11 A ideologia escravista dos letrados coloniais foi estudada por Vainfas (1986) e a administração do trabalho escravo sustentada nessa ideologia foi estudada por Marquese (2004).

se conformarem com a escravidão. Em outros termos, a sua advertência aos senhores para ampararem os seus escravos (em primeiro lugar na saúde, pois evitariam enfermidades e, com efeito, mortes precoces, revelando-se cioso da necessidade de práticas preventivas, e em segundo lugar na doença) norteia uma face importante da sua percepção patriarcal da relação entre senhor e escravo assentada no discurso ideológico jesuíta da dominação senhorial. Com base nessa hipótese, a seguir serão interpretados os relatos do *Erário mineral* sobre os problemas de saúde da população escrava mineira nas primeiras décadas do século XVIII.

Conforme o autor desse tratado médico argumenta, "as enfermidades que mais comumente sucedem nestas minas, principalmente aos pretos, são pontadas, enchimento do estômago, lombrigas e obstruções" (EM, p. 239). Após essa identificação, segue explicando cada uma dessas moléstias em um longo trecho que vale a pena citar integralmente por ser bastante esclarecedor da concepção predominante da causalidade das doenças na época e, sobretudo, por revelar aspectos que ajudam a compreender alguns traços da vida cotidiana dos escravos:

> As pontadas lhes procedem, umas vezes, por causa de grande enchimento de humores frios em todo o corpo, que é o mais comum; outras vezes, por causa de resfriamentos e constipação dos poros fechados; outras, por causa da circulação do sangue e mais líquidos se retardarem e andar mais vagarosa do que convém, ou estar quase parada; outras vezes, por causa de alguma obstrução, ou também por causa de grandes frios que hajam neste tempo; e muito poucas vezes sucederá haver pontada por causa de abundância de sangue. Os enchimentos lhes procedem por causa de comerem tarde, fora de horas, que comumente é depois de meia-noite e depois de dormirem, malcozido e de diversas qualidades, e também por ser em muita quantidade, que tudo isso conduz a haver muitos enchimentos no estômago e no corpo. As obstruções também lhes procedem das mesmas causas, porque, aonde há maus cozimentos no dito estômago, há muitas cruezas nele, e dele passam a fazer as obstruções e enchimento de humores no corpo e outras muitas doenças, e também por causa de serem muitos dos seus mantimentos frios, flatulentos, malcozidos, por cuja razão indigestos. As lombrigas se produzem dos humores corruptos que procedem dos maus cozimentos, e deles, corruptos, se gera grande cópia delas. (EM, p. 239-240).

Esses quatro malefícios podem ser classificados da seguinte maneira: pulmonares (pontadas pleurísticas),[12] gástricas (enchimentos), parasitoses (lombrigas) e hepáticas (obstruções). Além dessas, devem ser acrescentadas mais três dos diversos tipos de enfermidades abordados no *Erário mineral*, a saber: fraturas e feridas, doenças sexualmente transmissíveis e o alcoolismo.

Tratam-se dos problemas de saúde mais citados em relação aos escravos nesse tratado médico; problemas esses que permitem compreender uma das realidades mais dantescas da escravidão, qual seja, os altos índices de mortalidade da população cativa, precipitados em grande medida pela oferta elástica, quase ininterrupta e a preços razoáveis do comércio de africanos, bem como pela mentalidade senhorial determinada por essa comodidade (que no fundo quer dizer o seguinte: enquanto vigorou o tráfico, era mais barato importar novos negros, nas regiões fartamente abastecidas por ele, do que criá-los em cativeiro).

Dos referidos problemas, comecemos pelas pontadas pleurísticas.

> Esta enfermidade é o flagelo que mais tem destroçado os mineiros destas Minas e é a que mais cuidado tem dado aos professores da Medicina e Cirurgia, enganando-se e tropeçando a cada passo, por dever ser o seu modo curativo, neste clima, alheio totalmente do que os autores apontam, por cuja razão morrem escravos sem número. (EM, p. 229).

Para fins de comparação, diversos "viajantes" que visitaram Minas Gerais no século XIX também apontaram as doenças pulmonares como uma das mais mortíferas nessa região, particularmente entre os negros (LEITE, 1996, p. 168-70). A razão disso, explica aquele autor:

> Não só o clima é diferente, mas a causa das enfermidades e os humores que as produzem, por razão dos mantimentos e habitação em que assistem e se exercitam, assim os pretos como os brancos: os pretos, porque uns habitam dentro da água, como são os mineiros que mineram nas partes baixas da terra e veios dela, outros feitos toupeiras, minerando por baixo da terra, uns em altura, de fundo, cinqüenta, oitenta e mais de cem palmos, outros pelo comprimento em estradas subterrâneas muitos mais, que muitas vezes chegam a seiscentos e a setecentos; lá trabalham, lá comem e lá dormem muitas vezes, e como

---

12 O autor se refere a vários tipos de pontadas, das quais privilegiarei as ocorridas no pulmão; órgão dos mais afetados nos escravos mineiros por razões climáticas, deficiência de agasalho e carência de vitaminas preventivas de doenças pulmonares.

> estes, quando trabalham, andam banhados em suor, com os pés sempre em terra fria, pedras e água, e, quando descansam ou comem, se lhes constipam os poros e se resfriam de tal modo que daí se lhes originam várias enfermidades perigosas, como são pleurises apertadíssimos, estupores, paralisias, convulsões, peripneumonias e outras muitas doenças. (EM, p, 229-230).

Pelo exposto percebe-se que não é somente o clima o vetor principal dessas complicações pulmonares. Ele apenas agrava uma situação relacionada com às atividades econômicas concentradoras de grande parte dos cativos mineiros no auge da mineração (atividades que os obrigavam a terem contato com poeira, nas galerias das minas, e com água fria, nos rios) e às condições de vida impostas a eles, tornando-os mais predispostos às pontadas pleurísticas.

Por isso, "vendo que esta doença era muito comum e que morriam tantos escravos e se perdia tanto ouro em poucos dias", Luís Gomes Ferreira empenhou-se em descobrir remédio para saná-la (EM, p. 241). Seu empenho culminou na invenção de algumas receitas. Uma delas é um emplasto feito com erva de santa Maria (tabaco), mentrastos (espécie de hortelã silvestre), ambos mucilados, metidos em saquinhos de panos de linho e, enquanto cozidos em fogo brando, borrifados com aguardente, para ser aplicado no peito (EM, p. 242-243).

Certa vez, em 1714, na Vila Real de Sabará, ele relata a utilização dessa receita. Sobre a ocasião conta que o ouvidor-geral local, Luis Botelho de Queirós, o chamou pare ver um escravo seu, ao qual o examinou e viu que tinha "uma pontada da parte esquerda, tão apertada que lhe fazia impedimento na respiração, com febre, mas não grande, porque tinha os pulsos muito delgados e submersos". Vendo-o com esses sintomas, mandou o seu paciente tomar banho, descansar e aplicar o "emplasto de erva de santa Maria". Mas, o efeito desse remédio não salvou o doente, pois no dia seguinte amanheceu morto, uma vez que a causa de sua pontada revelou, após exame anatômico, ser de outra natureza (EM, p. 267-268).

Apesar de todos os seus esforços, muitas vezes os escravos enfermos acabavam morrendo, ou porque os seus senhores demoravam para chamar um oficial da cura, ou porque o diagnóstico estava errado, ou até mesmo porque o organismo deles poderia não responder satisfatoriamente ao tratamento. Por isso, era premente a necessidade de ter outras opções de remédio para as mesmas moléstias. Assim, no caso das pulmonares, no *Erário mineral* há outras receitas usadas com sucesso, como a abaixo descrita:

> No ano de 1724, indo eu ouvir missa à capela do dito João Fernandes de Oliveira que tinha na sua fazenda, em Itacolomi, chamada a Vargem, me mostrou um seu escravo e me disse que, havia perto de um ano, padecia uma tosse tão grande que o fazia rebentar, principalmente de noite, porque nem dormia, nem deixava dormir a pessoa alguma, que se tinha curado na Vila do Carmo de uma pontada e bem assistido e que lhe tinha ficado aquela tosse; depois de bastante tempo de cura sem proveito, o mandara para a Vila de Ouro Preto e que nela se estivera curando com um médico e um cirurgião, e que, ao depois de largo tempo e larga despesa, enfadados com a tosse, o deixaram e lhe disseram o mandasse para a dita fazenda, que, talvez, com outros ares por ficar distante e outras águas, se achasse melhor. Depois de me propor as referidas razões, me pediu que visse se saberia algum remédio para aquela tosse, porque era bom escravo e desejava curá-lo, ainda que a despesa que tinha feito lhe importaria pouco menos do seu valor. Apalpei-o em jejum para ver se tinha alguma obstrução (...). Vendo, pois, o enfermo, lhe não achei obstrução alguma, pelo que me persuadi a que os humores que causavam tal tosse estavam embebidos no bofe e eram mais de natureza frios do que quentes, pelo enfermo ter mais queixas à noite que de dia, e fundado nessa conjectura e ter experiência do remédio seguinte, lho receitei nessa forma: açafrão duas oitavas, sal de tártaro um escrópulo, água essencial de raiz de bardana uma libra; extraiam a tintura e, na coadura, se dissolva espermacete três oitavas, xarope de mucilagens de sementes de linho três onças, e misture-se [e divida em três partes]. O dito enfermo tomou esse remédio uma só vez por dia em jejum e logo com o primeiro começou a ter melhora, e as dias porções tomou nos dias seguintes, com que ficou muito aliviado. (EM, p, 275-276).

No rol das enfermidades dessa ordem, destacam-se em tal manual de medicina prática que o seu autor chama de pleurises e peripneumonias, pois, são de "grande perigo" e, no caso de Minas, de grande incidência devido ao seu clima e às ocupações nas atividades produtivas predominantes em suas vilas mineradoras. Elas atacavam principalmente os "pretos, com muito maior razão, porque habitam sempre, ou quase sempre, dentro da água e depois que entram a trabalhar, andam expostos ao rigor da chuva, do frio e do sol" e, como se isso já não fosse o bastante, têm "ruins coberturas, ruins camas e ruins tratamentos, como todos sabem" (EM, p. 278-279). Para esses malefícios Luís Gomes Ferreira prescreve o seguinte remédio: cevada cozida, em cuja água resultante do cozimento se acrescenta cascas de raiz de bardana piladas e um punhado de flores de papoulas, tudo novamente fervido em um quarto de hora e depois adicionado de esterco fresco de cavalo. Duas horas após essa adição, a solução devia ser coada e misturada com pó de coral.

Pode-se perceber que dos doze tratados inseridos no *Erário mineral*, o primeiro deles, dedicado às pontadas, é um dos maiores, e que das pontadas mais graves, a pleurística ocupou lugar destacado porque, além de ser uma das mais mortíferas, também não se tinha remédio eficaz conhecido para combatê-la. Por esse motivo, o seu autor compôs várias fórmulas para tentar livrar dela os mineiros, particularmente os escravos, pois, como reitera, além do seu gênero de trabalho lhes obrigar a estar em contato com água fria e poeira, ainda viviam "mal comidos, mal enroupados, molhados, suados, etc". (EM, p. 290)

Conforme a ordem que ele apresenta das doenças mais comuns da população cativa mineira, segue o enchimento do estômago, "complicação que mais ordinariamente e mais vezes é causa de pontadas, principalmente nos pretos". Sendo assim, explica como reconheceu os sinais desse incômodo: "Haverá amargores na boca, fastio ou pouca vontade de comer, e o comer mal saboroso, ou não doce, como dizem os pretos, vontade de vomitar, ou vômitos, e o estômago duro, ou cheio" (EM, p. 234)

Tais sintomas revelam que os enchimentos estomacais são mais que causa das pontadas. Constituem um problema de saúde à parte proveniente do tipo de alimentação e da forma como ela é preparada. De acordo com o ensaio de Eduardo Frieiro *Angu, feijão e couve*, o comer na Colônia era marcado pela frugalidade e rotina para a maior parte dos seus habitantes (FRIEIRO, 1982, p. 57), uma vez que a pobreza imperava naqueles tempos, mesmo em Minas, onde a riqueza era ilusória como ele mesmo afirmou em outro ensaio (*Idem*, 1981, p. 123-126 e p. 153-156). Em relação aos escravos dessa capitania, sua dieta era basicamente composta de angu, feijão e toucinho (*Ibidem*, 1982, p. 57 e 120). Esse último ingrediente era usado para se extrair a gordura necessária para o preparo das refeições, o que se obtinha após derretê-lo em um tacho com um pouco de água levado ao fogo. Isso deixava a comida mais pesada, de difícil digestão, provocando muitas vezes anomalias gástricas, como as gastrites e refluxos.

Possivelmente, foi esse tipo de alimentação, preparada com gordura de porco extraída do toucinho, junto da falta de assepsia no manejo dos alimentos, o maior responsável pelas anomalias estomacais dos mineiros, particularmente dos negros submetidos ao cativeiro. Um deles, de propriedade de Luís Gomes Ferreira, certa vez queixou-se de incômodos no ventre que o impedia de trabalhar. Seu proprietário então o examinou, "carregando-lhe brandamente com os dedos na boca do estômago e seus arredores", e percebeu que isso lhe doía muito. Diante desse dado perguntou-lhe se tinha amargores na boca, obtendo a afirmação do paciente, que também informou estar com pouca vontade de comer. "Nesses termos", declara: "Como já pelas experiências de os apalpar (...), entendi que a causa de todas as queixas não era outra senão o dito enchimento, como outras muitas vezes tenho observado", o que se resolve tomando purgativos e vomitórios (EM, p. 272).

As parasitoses foram outra enfermidade abordada no *Erário mineral* como uma das quatro mais comuns em Minas, sobretudo na população cativa. De todas elas a que nele é menciona diversas vezes é a ascaridíase, a qual em suas páginas é identificada pelo termo lombrigas. Estas, segundo o saber médico predominante na época, se produziam "dos humores corruptos que procedem dos maus cozimentos, e deles, corruptos, se gera grande cópia deles" (EM, p. 240).

A medicina moderna mostrou ser a causa diferente. A infestação desse e da maioria dos vermes está ligada a problemas sanitários e assépticos. Os escravos de um modo geral, bem como a parte mais pobre da sociedade colonial, viviam em condições precárias. As casas não possuíam banheiro, nem água potável e, naquele tempo, ainda não existia sistema de esgotos eficaz na maior parte do mundo. Junte-se a isso o fato de que o hábito de lavar as mãos antes de tocar nos alimentos, quando praticado, era por motivos antes de tudo religiosos (purificação) e não por motivos de higiene. Afinal, os patógenos ainda não eram conhecidos, o que somente aconteceu na geração de Luís Pauster.

Luís Gomes Ferreira informa que "nestas Minas há tanta abundância de lombrigas, assim em pretos como em brancos, de que muitos morrem sem ninguém saber do que". Em outras palavras, tal verminose fazia muitos estragos em populações cujos costumes e limitações estruturais da vida material favoreciam a reprodução de parasitoses, que se alojam inicialmente nos intestinos, até proliferarem de maneira a entupir o seu hospedeiro, lançando-se não raramente por sua boca, matando-o por asfixia.

Diante desse quadro ele inventou diversos remédios, compostos por variadas ervas feitas em chá, ao qual se adiciona vinagre e fel de boi, para se tomar de jejum em repetidos dias até os sinais deixados pelos vermes no corpo desaparecerem. A esse respeito, ensina como identificar a manifestação deles, para combatê-los o quanto antes, evitando a sua proliferação no corpo e, consequentemente, os efeitos que isso provoca, tais como dores na região do umbigo, comichões, língua languicenta e pulsos delgados. Essas informações eram importantes para se intervir o mais rápido, antes que o hospedeiro fosse consumido pela parasitose. No caso dos senhores, eles poderiam conter a perda de muitos escravos se ficassem atentos a esses sinais e aplicassem corretamente uma das receitas publicadas no *Erário mineral* (EM, p. 235-236).

Em várias observações descritas nesse manual médico, o seu autor se espantava com a quantidade de vermes que seus pacientes expeliam após se submeterem aos seus tratamentos. Em uma delas, ele relata o seguinte: "No ano de 1724, morando no Arraial do Padre Faria, distrito de Vila Rica do Ouro Preto, me chamou o alferes Francisco Gomes da Silva e seu irmão, o sargento-mor Antônio Gomes da Silva, para ver um escravo", que desejavam cuidar "por ser ladino e dos melhores" do seu plantel. Vendo que ele estava com a respiração prejudicada, com pulsos delgados, pouca febre, entre outros sinais, pareceu-lhe que o negro estava com lombrigas. Então, receitou um de seus compostos para o doente, o qual, ao tomá-lo, "começou a lançar por baixo e pela boca algumas lombrigas" e, à medida que ia tomando ao longo dos dias, ia lançando mais, "até que no fim de três dias lançou tantas", que ficou livre delas, com grande alívio para o paciente e seus senhores (EM, p. 268-270).

É de se notar um dado relevante nessa e em outras observações de Luís Gomes Ferreira a respeito dos negros, cujos tratamentos ele relata. Em muitos casos, eles eram bem acolhidos nas graças de seus senhores. Ou porque eram ladinos, como o acima referido, ou porque serviam bem, como o escravo de João Gonçalves da Costa, que solicitou a presença de tal oficial da cura para lhe curar de uma pontada procedida de lombriga, pois "era bom e seu senhor fazia estimação dele" (EM, p. 220). Ao que parece, nos casos de enfermidades mais graves, geralmente os cativos de mais préstimo e os mais afetuosos eram os que seus proprietários tentavam salvar. Pois, se o tratamento poderia sair caro e sem garantia de sucesso, a solução de deixá-los entregues à sua própria sorte, para encontrarem respostas às suas doenças em suas próprias terapias (sempre que possível recriadas no cativeiro a partir de suas heranças africanas) acabava sendo a saída para grande parte de seus senhores, sobretudo quando se tratava de um cativo cuja idade média de trabalho já havia satisfeito às suas expectativas, ou quando se tratava de doença incurável, repugnante e debilitante para o trabalho.

O último dos quatro flagelos mais comuns dos mineiros abordados no *Erário mineral*, mormente dos que haviam sido arrastados para Colônia pelos grilhões da escravidão e os seus descendentes, é o que seu autor chama de obstruções. Trata-se de uma moléstia definida, de acordo com o saber médico predominante na época, como impedimentos da livre circulação nos vasos sanguíneos localizados no fígado, baço e mesentério, provocados por humores corrompidos principalmente por bebidas alcoólicas. Luís Gomes Ferreira explica que ela "se conhecerá estando o doente em jejum, e, deitado de costas com os pés encolhidos, lhe carregará brandamente com os dedos de ambas as mãos na parte direita, naquela região que medeia as costelas e o estômago", de maneira que "achando-se naquela parte dureza e dor, não teremos dúvida de que o fígado está obstruído" (EM, p. 291-292).

Tendo ensinado como reconhecer esses sinais, adverte: "É muito frequente essa enfermidade nessas Minas", pois "a maior parte dela procede de os habitantes daquela Capitania beberem aguardente de cana continuadamente e com excesso, os quais "poderão ter remédio, acudindo-lhes a tempo, antes que a obstrução do fígado o faça grande e passe à hidropsia, porque, ao depois, o seu remédio será a sepultura" (EM, p. 297).

Bebia-se muito desse destilado na Colônia, pois era, como ainda é, uma bebida barata e abundantemente ofertada. As agruras da vida (que em grande parte dos casos só encontravam alívio nos efeitos derivados da ingestão de tal bebida), os imperativos da cultura (era usada, por exemplo, como remédio contra vários achaques), e o clima frio das montanhas mineiras (razão pela qual era tomada como forma de esquentar o corpo) funcionavam como fatores de motivação para seu consumo desenfreado. Isso ajuda a explicar a quantidade expressiva de indivíduos afetados por males provenientes dos seus efeitos. Assim,

> os escravos não podem ter número, porque como todos são os que a bebem, são infinitos os que morrem sem que seus senhores saibam a causa, sendo que não morrem por outra. Falo como testemunha de vista, e como tal advirto aos senhores deles que, quando algum lhe adoecer, examinem bem se será procedido de tal bebida, para que se lhe não faça a cura errada e morra sem sacramentos, que será o pior, sobretudo. (EM, p, 298)

Mas não era para ser diferente. A vida que os negros submetidos à escravidão levavam os estimulava, de um modo geral, a beber cachaça sempre que lhe sobrasse algum tempo. Na maior parte das vezes, era quase o único alívio para o seu cativeiro, para as dores da alma e até para as do corpo. Os que trabalhavam nos rios a minerar o dia inteiro, dificilmente suportavam a água fria, sobretudo no tempo do inverno, sem beber um pouco dela. Por esse motivo, o vício ia começando nas próprias tarefas a que eram obrigados a executar e, mesmo se o seu consumo fosse controlado nas horas de trabalho, a sociabilidade ensejada pelos centros urbanos, nos momentos de folga, facilitava o seu acesso a ela.

Por isso, era muito comum, sob os efeitos inebriantes do álcool, os escravos meterem-se em confusões, como testemunhado no *Erário mineral*: "Uns bebem tanto que, perdendo o juízo, se matam em pendências", que não raramente se resolviam quando estavam embriagados, pois estimulados pela bebida sentiam-se encorajados a empreitadas de acerto de contas que podia terminar de forma trágica. Por tudo isso, o seu autor afirma: "Segundo as minhas observações, e a experiência me têm mostrado em todo o tempo que tenho assistido nestas Minas, não há coisa alguma nelas que seja mais prejudicial à saúde, assim de pretos, como de brancos, como é a dita aguardente" (EM, p. 661).

A obstrução hepática causada pelo consumo excessivo de bebida alcoólica podia ser curada com vários remédios. Purgativos, vomitórios e o uso oral de um composto de folhas de carrapicho, cebolas, banha de porco, óleo de lírio, levado ao fogo brando e depois coado (EM, p. 286). No caso de ser o mesentério o local obstruído, a solução é feita com mistura de urina fresca de menino e mel de pau (EM, p. 307), conforme relatado no seguinte caso:

> Na Vila Real do Sabará curei um molecão de Manuel da Silva Gramacho, no ano de 1712, de uma obstrução no mesentério, não muito grande, mas fazia-o cansar constantemente, porque todo o corpo, ou seus canais, tinha bem obstrutos, o que se manifestava pelos olhos e língua, porque tudo tinha bastantemente branco, por cuja causa não servia bem a seu senhor, sendo que era bom escravo; e, pedindo-me o dito seu senhor que lhe aplicasse algum remédio de pobre, porque lhe era muito necessário para vender sua hortaliça, de que vivia, e que havia de andar na rua, lhe ordenei bebesse todos os dias da sua própria urina, por não haver outro na casa mais sadio, misturada com mel de pau, duas vezes cada dia, sempre morna, e bebesse água cozida com raiz de capeba e tomasse algumas ajudas purgativas; assim o executou, fazendo exercício, comento carne assada e farinha seca, com os quais remédios, pelo decurso de dois meses, pouco mais ou menos, veio sarar sem purga, nem mais coisa alguma, de que o dito seu senhor, por muitas vezes, me deu agradecimento de cura tão barata. (EM, p, 312).

Além desses problemas de saúde, tido por Luís Gomes Ferreira como os mais graves e recorrentes da população mineira, particularmente a dos escravos, há outros que a afetavam, tornando sua existência mais miserável do que sua condição de vida agrilhoada pelo cativeiro permitia suportar já tão desesperadamente. De todos eles, um dos mais citados no seu manual médico são as fraturas provocadas principalmente no dia a dia do trabalho. A mineração, tal como praticada no século XVIII, era uma atividade muito perigosa. Para se retirar ouro dos depósitos aluvionais do fundo dos rios, estes precisavam ser represados e desviados, como ele testemunha.

> No ano de 1724, trazendo os meus escravos cortando a ponta de um morro, ou espigão de terra, para meter por aquela brecha um rio caudaloso e dele extrair ouro em uma volta que havia de ficar em seco, andando quatro em uma cortadura da dita ponta, mui apertada e funda, que fazia para meter um golpe do dito rio e ajudar ao tal serviço, sucedeu correr a terra de uma banda com muitas pedras que os imprimiu na outra parede que estava cortado a prumo e os sepultou, ficando tão cobertos de terra e pedras que tinham em cima de si mais altura de uma pessoa, a que logo acudiram os mais cavando a terra e os tiraram, parecendo impossível o saírem vivos. (EM, p. 603)

Para a exploração aurífera de meia encosta construíam-se galerias ou túneis nos morros onde os negros passavam horas a dar golpes de picareta nas suas paredes. Durante essas atividades, as minas podiam desmoronar, como ocorreu em diversas ocasiões. Uma delas foi relatada de forma comovente no *Erário mineral*, devido ao enorme sofrimento provocado pelo desastre.

> No ano de 1711, fui chamado para curar a treze escravos do capitão-mor Custódio da Silva Serra, morador na Vila Real do Sabará, que em cima de todos correu um morro de terra e pedras, andando os ditos escravos tirando ouro em uma lavra que tinha a parede sessenta palmos de alto ao pé do dito morro; e como mineravam com água que corria por cima da tal parede, se lhe sumiu atrás, e, vendo-se todos sem água na lavra, subiram alguns a ver para onde tinha desencaminhado, e todos os que subiram ficaram livres e os que ficaram na lavra, que foram treze, ficaram debaixo das ruínas, donde se tiraram quatro mortos, e os mais, uns com braços quebrados, outros com as pernas, outros com as costelas metidas com as pontas para dentro, outros os ossos da fúrcula do pescoço feitos em miúdos pedaços; um com as vértebras do

espinhaço deslocadas em duas partes, outro lançando sangue pela boca, narizes, ouvidos e algumas pingas por um olho, e ambos tão vermelhos como o mesmo sangue. Confesso que, quando cheguei ao terreiro da casa, fiquei impossibilitado de ânimo para fazer as tais curas, vendo os mortos e os vivos, todos estendidos no dito terreiro, da cor da mesma terra, uns com gemidos tão sentidos que moveriam à compaixão o mais duro coração que houvesse, outros sem dizer nada por estarem na outra vida; e se a vizinhança não acudisse com seus escravos a cavar a terra para tirar os miseráveis, poucos se tirariam vivos; ensinando e mostrando os que ficaram livres das ruínas aonde tinham ficado ou tinham aparecido os desgraçados, quando a terra, pedras e árvores iam correndo por um despenhadeiro abaixo para um rio, aonde se foi achar um morto, que admirou pela distância não ser pouca; isto diziam os que ficaram livres por estarem em uma parte mais alta; e, acudindo muita gente, vendo o triste espetáculo, ficaram atônitos e admirados por não se não ter visto caso tão lastimoso entre tantos que têm sucedido nestas Minas. (EM, 479-480)

Afora esses acidentes que envolviam várias vítimas, inúmeros casos com apenas um indivíduo lesionado são descritos naquele manual de medicina prática, como o de

> um preto de Manuel Álvares, morador no arraial do Padre Faria, junto à Vila Rica de Ouro Preto, o qual, andando em uma mina ou estrada subterrânea junto com outros tirando ouro, lhe caiu em cima um grande pedaço do teto da mesma mina, que a terra e pedras o cobriram quase de todo, e, acudindo-lhe logo os companheiros, o livraram da morte e o trouxeram em uma rede para casa de seu senhor. E sendo eu chamado para o ver, a parte mais ofendida que lhe achei foi uma grande contusão no ombro esquerdo e na espádua do mesmo ombro, com tão acérrimas dores e inchação tão grande que o não deixavam sossegar. (EM, p. 461)

Este, como outros casos, Luís Gomes Ferreira curou com emplastos feitos com farinha de trigo e aguardente posta ainda quente na contusão, que se revelou posteriormente ser um deslocamento do braço. Mais grave ocorreu com "o escravo de Manuel Gonçalves Soares, tesoureiro dos defuntos e ausentes, morador da Vila Real de Sabará, o qual tinha uma fratura no osso fêmur", que precisou ser atado, além de receber a aplicação do referido emplasto (EM, p. 468). Muitas vezes, a fratura era daquelas em que o osso ficava exposto, exigindo maior destreza dos cirurgiões. Quando isso ocorria, além dos procedimentos costumeiros de todas essas contusões, devia-se lavar bem a ferida com aguardente aquecida, depois costurar e aplicar espírito de vitriolo (uma espécie de sal mineral) sobre o ferimento para, finalmente, atar e aplicar o dito emplasto, como ele fez com o "escravo do Capitão Simão Álvares Mozinho, o qual quebrou uma perna por junto do tornozelo e lançou uma ponta do osso para fora, rompendo a carne e a pele, ficando-lhe o pé totalmente torto (EM, p. 478). Às vezes, ele chegava a fazer milagre, ao curar fraturas gravíssimas. Certa vez, relata que no ano de 1710 foi chamado por Dom Francisco Rondon, habitante nas minas de Paraopeba, onde minerava em um ribeirão com seus escravos, quando em um deles caiu na cabeça um galho, deixando o coitado no chão, desacordado. Neste caso, foi preciso uma pequena cirurgia no crânio, o qual foi aberto para retirar pequenos pedaços de ossos que lhe afetavam o cérebro. Assim que ele se restabeleceu, foi assistido durante o tempo necessário para ficar de todo recuperado (EM, p. 564-566).

Além dos incontáveis acidentes, os exercícios bruscos e o carregamento de pedras e mais coisas pesadas exigidas nas lavras acarretavam anomalias na coluna e outras partes sensíveis do corpo, como sucedeu a "um bom escravo de Antônio Martins, mamposteiro de bulas, morador da Vila Real de Sabará, junto à igreja velha", o qual sofria de "uma grande dor em um quadril" (EM, p. 456).

Como se já não bastassem esses infortúnios, a mineração ainda proporcionava outra enfermidade, conhecida popularmente na época como camba, ou cangalha. Trata-se de uma distrofia óssea que dificulta os movimentos harmoniosos dos pés, pernas, braços e mãos. A seu respeito, há uma passagem bastante esclarecedora no *Erário Mineral*, inclusive contendo o depoimento de seu autor sobre o comportamento senhorial quando ela se manifestava de forma irremediável.

> Esta doença é uma das mais trabalhosas e dificultosas de curar e que dá grandíssima moléstia aos pobres dos pretos, porque lhes faz encolher os dedos das mãos e fechá-los, de tal sorte que ninguém, por mais força que tenha, lhos abre; a outros se lhes retesam os braços, de tal modo que ninguém lhos pode dobrar; a outros se lhes retesa todo o corpo, de tal modo que, pegando uma pessoa pelos pés, outra pela cabeça, quase vai o corpo direito, querendo-o levar para alguma parte, sem fazer senão muito pouco arco no meio; outros, finalmente, se lhes arregalam os olhos, de tal modo que metem medo e até os beiços se retraem; a uns dá com mais força e a outros com menos; a uns passa e ficam bons em pouco tempo, a outros lhes dura mais e alguns lhes dá a miúdo; a

> outros mais interpoladamente, metendo-se alguns dias de permeio e, aqueles a quem esta doença dá a miúdo e com grande força, pela maior parte morrem dela, principalmente não se lhes fazendo algum remédio, porque basta o experimentarem a doença e verem que seus senhores os não curam, para irem esmorecendo e perdendo as esperanças da vida, até que a perdem. Esta doença é muito comum nestas Minas, e é só nos pretos de toda a Costa da Mina, excetuados todos os de angola somente, e pela maior parte é só nos que são mineiros que andam metidos dentro da água ou com os pés nela, que, os que se ocupam em roças, nunca neles vi tal doença; algumas pessoas chamam a esta doença camba e, vulgarmente, cangalha, mas, como é doença que convele e puxa os nervos, sem ocupar outras partes, eu lhe não dou outro nome, senão convulsão por causa fria. (EM, p. 578-579)

Outro problema muito ordinário de saúde, de uma sociedade cuja maioria dos seus indivíduos vivia e trabalhava em atividades muito rústicas, eram as feridas provocadas por instrumentos de trabalho, quedas, colisões e outros imprevistos. Diz Luís Gomes Ferreira que "as chagas nas pernas dos pretos, que nestas Minas costumam pela maior parte andarem com elas escaneladas ou escalavradas pelos serviços em que atualmente andam", são em si mesmas coisas simples de se curar (EM, p. 616). Porém, muitos deles, se não forem tratados (geralmente com panos molhados em aguardente do Reino e pós de cascas de ovos), podem gerar inflamações e até mesmo gangrenas. Quando não são higienizadas, atraem moscas que "aonde entram é pela maior parte nas chagas ou feridas que andam expostas ao ar, sem andarem cobertas, e o mais comum é nos pretos" (EM, p. 604).

Ferimentos mais graves do que esses ocorriam muito frequentemente em outras frentes de serviços diferentes da mineração, mas propensos a riscos não menos graves, capazes de, em diversos casos, matarem ou aleijarem as vítimas, como acontecia inúmeras vezes. Um exemplo disso é relatado pelo autor da seguinte maneira:

> No ano de 1724, andando um escravo meu derrubando mato para fazer uma roça, lhe caiu um pau em cima das costas e o pisou, de tal modo que mais se não buliu daquele lugar sem que fosse carregado em uma rede para casa, aonde chegou mais morto que vivo, lançando pela boca algum sangue, tão desmaiado e tão frio que não falava, nem bulia com membro algum, que justamente me pareceu não escapava da morte. (EM, p. 604).

Na lista dos tormentos da trágica condição de saúde da população escrava, soma-se mais outro extremamente corriqueiro: as doenças sexualmente transmissíveis (DST), identificadas na boca do povo daqueles tempos como mulas, boubas, gonorreias ou males gálicos. Nos centros mineradores, no auge da exploração mineral pelo menos, a disparidade de proporção entre homens e mulheres, tanto entre os livres quanto entre os cativos, era enorme. Dada a maior possibilidade de sociabilidade proporcionada pela dinâmica da vida urbana, a prostituição acabou revelando-se como uma atividade bastante acessível. Atentos a essa realidade, muitos senhores e senhoras empurraram suas escravas para essa forma de prestação de serviço. Sem contar as numerosas negras de ganho que, para cumprir suas jornadas de trabalho, optavam por oferecer seus corpos aos amantes de ocasião.

No caso das vilas mineiras, por mais que e Igreja tentasse vigiar e punir a prostituição, esta proliferou-se em tão larga escala que é um dos crimes contra a moral e os bons costumes mais recorrentes nos Autos de Devassa. Mais do que isso, de acordo com Luciano Figueiredo, autor de um livro no qual dedicou um capítulo inteiro sobre esse assunto, a proliferação do meretrício acabou constituindo-se "na expressão feminina da pobreza e miséria social dos tempos coloniais" (FIGUEIREDO, 1993, p. 75). Mas não se pode dizer que esse ramo de negócio foi o único responsável pela infestação de DST na população mineira, sobretudo nos escravos, pois a homossexualidade masculina, de acordo Luís Mott, praticada consideravelmente também entre os escravos, deve ser considerada igualmente como um fator desse gênero de enfermidade. (MOTT, 1988, p. 19-47)

Segundo Luís Gomes Ferreira, "os humores gálicos"[13] são abundantes na população escrava (EM, p. 598). Dentre esses humores destacam-se as boubas, uma das mais graves e asquerosas doenças venéreas conforme descrição de seus sintomas no seu manual de medicina prática.

> É bem notório como se conhecem as boubas, mas porque haverá algumas pessoas que as não tenham visto, apontarei os sinais para serem conhecidas. Costumam nascer pela maior parte na cara e junto ao nariz, atrás das orelhas, nos sovacos dos braços e nas virilhas, e algumas vezes nas partes vergonhosas, e também algumas por outras partes do corpo, suposto menos; são como pústulas ou bostelas, com sua casca por cima, e são a modo de atoucinhadas ou cor de toucinho, quando se lhe tira

---

13 Humor é "toda substância fluida que gira e circula nos vazos sangüíneos" (EM, p. 788) e gálico refere-se às DST de um modo geral.

> a casca de cima; e aplicando-se-lhe algum remédio para limpar aquela chaga, nunca fica vermelha, mais sim da cor de toucinho; e só obedecem e se curam com os remédios contra gálico, como fica dito. É muito para notar e advertir que no vulgo está introduzido um tão ruim abuso, em que as boubas se não devem curar logo, senão passados muitos meses, como seis e um ano, sendo isto tanto contra os pobres enfermos que muitos ficam tolhidos para toda a sua vida, outros ficam aleijados, outros com os pés comidos, outros com fealdades no rosto, sendo atormentado de tão terrível enfermidade, e tão asquerosa que ninguém pode chegar a eles com tão abominável cheiro; e o que mais faz fugir a todos é o temor de se pegarem, como costumam." (EM, p. 540-541)

Contra essa enfermidade, o autor prescreve antes de mais nada pílulas de mercúrio sublimado e aplicações de espírito de vitríolo nas partes afetadas. Como complementação, sugere o uso de "aguardente" ou urina ou água quente nas chagas, advertindo que se comece o tratamento imediatamente após os sinais das boubas aparecerem, pois assim os boubentos ficarão logo curados, o que não acontece se houver demora, "ficando por esta causa muitos escravos perdidos", pois "alguns têm perdido a vida e seus senhores o seu valor". E, segue advertindo, "ainda que alguns fiquem bons", apesar do atraso dos procedimentos terapêuticos, "sempre seus senhores ficam prejudicados no tempo que andam com elas, por não fazerem nada, e, ainda que alguns senhores os façam trabalhar com excesso para com o trabalho lhas curar (como alguns dizem), sempre é tirania", e, mesmo que não fosse, essa atitude "lhes vem, pela maior parte, a custar caro". Afinal, "é certo que doentes não trabalham como sãos" e, além disso, "vendo que seus senhores os não curam, se desgostam e amofinam de tal sorte que ficam incapazes e tortos das pernas" (EM, p. 542).

Dessa moléstia, ele curou várias pessoas. Uma delas, "a crioula ainda rapariga" do seu irmão Alexandre Gomes de Sousa, "que ficou bem cheia delas, assim pelas partes baixas, como pela cara e debaixo dos braços", a qual, com imediato tratamento, depois de certo tempo "ficou sem sinal de boubas e nem lhes tornaram a arrebentar, como quase sempre costumam" (EM, p. 537-538).

Outra DST muito frequente na população cativa mineira era a gonorreia. Luís Gomes Ferreira relata, por exemplo, que quando morava no Arraial do Padre Faria, distrito de Vila Rica do Ouro Preto, foi chamado por Antônio Ferreira Chaves para ver um escravo seu, o qual fazia oito meses não trabalhava, pois não mais conseguia andar. Ao fazer os exames nesse indivíduo, descobriu que a causa de seu inchaço e dores nas juntas era a dita doença, a qual curou com os mesmos procedimentos acima referidos acrescidos da ingestão por vinte dias de água com salsa cozida (EM, p. 537).

Não menos comuns eram as mulas, um tumor maligno localizado nas virilhas procedente de causa venérea, as quais o autor teve inúmeras ocasiões de tratar. Essa DST, mais resistente aos procedimentos terapêuticos da época, demorava a ser tratada, mesmo quando descoberta precocemente, deixando o cativo tempo demasiado longo afastado das suas tarefas obrigatórias do cotidiano. Como exemplo, ele conta que, certa vez, um escravo seu apareceu afetado com esse mal, cuja rebeldia aos tratamentos foi tanta que somente após três meses foi extirpado (EM, p. 539).

Seguindo as trilhas abertas pelos prolixos e reveladores testemunhos encontrados no seu manual de medicina prática, observa-se que as dermatoses também eram assaz incidentes nos indivíduos submetidos à escravidão. As suas condições de higiene, as poucas roupas a eles disponíveis, insuficiência nutricional e o contato intenso de uns com os outros tornavam seus corpos mais propícios a tantas doenças de pele. Uma delas, conhecida como formigueiros, foi um dos maiores tormentos dos mineiros, particularmente nos escravos. Para reconhecê-los, pois havia mais de um tipo, no *Erário mineral* há a seguinte explicação:

> Destes, há uns que nascem nas solas dos pés dos pretos mineiros que facilmente se conhecem, porque lhes fazem buracos ao mesmo modo que as formigas os fazem na terra quando fazem as suas casas, solapando as solas dos pés e fazendo nelas buracos redondos e fundos, com comichão e dores grandes que os não deixam andar sem grande moléstia; outros há que nascem nos braços, mãos e pernas, assim dos pretos como dos brancos, mas mais ordinário é nos braços, e, pela maior parte, principiam pelos dedos e costas das mãos com uns tumores pequenos e vermelhidão em roda; e depois vão crescendo pelo braço adiante os mesmos tumores pequenos e rebentando como os outros, uns principiando mais pequenos, outros maiores e outros com matéria, sem quererem obedecer a remédio algum. Os das pernas se formam do mesmo modo e, algumas vezes, uns e outros se originam de arranhaduras que, fazendo chaguinhas e sendo desprezadas, acudindo-lhe algum humor colérico, se vão transformando em formigueiros e multiplicando-se inchaços e chagas por várias partes das pernas e braços, e algumas vezes, à vista dos olhos, parecem-se com herpes, por nascerem os tumores mais juntos. (EM, p. 567).

Quando essa moléstia afetava braços e pernas, usava-se ovo batido com azeite e, nos casos em que ela evoluísse até a eclosão de tumores, a solução era a cauterização com brasa, como prescrito ao "escravo de Manuel Gonçalves Moinhos, meirinho-geral da Ouvidoria. Quando ele incidia nas solas dos pés, e assim provocando efeitos muito mais graves, o remédio se fazia do modo seguinte:

> Faça-se um buraco na terra junto ao fogão, que seja redondo, fundo e estreito, e nele se lancem brasas de fogo e, em cima delas, bosta de boi seca, e os pés que tiverem formigueiros se porão com os buracos em cima do tal buraco, tomando aqueles defumadouros, que será por um quarto de hora, acendendo as brasas e botando bosta para fazer boa fumaça, estando o pé coberto e em roda com alguma roupa; e enquanto está tomando estes defumadouros, estará fervendo no fogo outra bosta com urina ou com água ardente, para fazer umas papas, que se porão em pano e na parte bem quentes. (EM, p. 577)

O tipo de formigueiro que demandava a terapia acima indicada provocava enorme sofrimento nos escravos. Como andavam descalços, era grande a sua manifestação neles. Por causa disso tinham muita dificuldade de locomoção e, às vezes, mal conseguiam parar em pé, quando seu estágio estava bem evoluído. Com tamanho desconforto, ampliado mais ainda pelas dores torturantes, não fosse o bastante, Luís Gomes Ferreira presta um depoimento que permite imaginar o quão angustiante e desesperador era a situação de um negro quando, além de tudo isso, não podia contar com a misericórdia do seu senhor:

> Sobre quantas doenças perseguem os pobres pretos nestas Minas, esta moléstia não é de menos e difícil de curar, porque, pela maior parte, os senhores os não aliviam do trabalho por causa dela e andam com muito grande moléstia, sem se poderem ter em pé, com quem os tem visto e os tem possuído com esta enfermidade, a qual é terrível, porque lhes faz nas solas dos pés grandes buracos e broqueamentos profundos, corroendo para o interno e para uma e outra banda, que, andando eles sempre a cortar naquelas solas grossas, sempre crescem, e os buracos sempre fundos, de modo que não podem pisar no chão, e por esta causa andam pela maior parte nas pontas dos pés. (EM, p. 577)

Afora esses tumores nos pés, havia outro não menos doloroso que impedia os seus portadores de trabalhar, como o das mãos "que nestas Minas há abundantes, assim em pretos como em brancos", conforme o autor testemunha (EM, p. 590).

Para combatê-los, ele inventou um emplasto, composto de mel fervido com sal até este derreter, aplicado ainda quente na área afetada, com uma renovação diária enquanto a cura não se estabelecer completamente, com o qual afirma ter devolvido bastante negros à jornada do cativeiro: "Tenho curado a muitos escravos que já não trabalhavam por causa das grandes dores que lhes faziam os tais tumores, e livrado a seus senhores, a uns de os perderem, a outros de lhes ficarem para sempre incapazes de todo gênero de serviços." (EM, p. 590).

Um deles foi o escravo do Coronel Guilherme Mainarde da Silva "o qual tinha um tumor nas costas de uma mão, perto da junta do pulso, quase do tamanho de um ovo" (EM, p. 591). Menos sorte teve o escravo, com o mesmo tumor, de Januário Cardoso, morador de uma fazenda às margens do rio São Francisco, o qual acabou tendo uma complicação, derivada de um tratamento mal sucedido conduzido por outro cirurgião, que lhe abriu uma chaga muito grande, "com nervos podres", deixando-o "em puros gritos", ao ponto de Luís Gomes Ferreira confessar não ter conseguido "ver sem grande compaixão um bom preto perdido, ou em termos de ficar aleijado daquela mão", como realmente acabou ficando (EM, p. 591-592).

No conjunto do inferno nosológico da população escrava, o autor apresenta mais uma doença denominada gota serena, que afeta os olhos: "Esta enfermidade é uma falta de vista, maior ou menor, e é muito comum nos pretos destas Minas" (EM, p. 606). Trata-se de uma forma de catarata, que ocorria em muitos escravos jovens, apesar de sua incidência ser verificada normalmente nos idosos, provocada no caso dos primeiros por alimentação carente de vitamina A. Uma das principais formas de obtenção dessa vitamina é um nutriente que quase não se dava aos cativos, ao menos nos tempos anteriores à era das grandes fazendas mineiras, qual seja, os derivados do leite, carne e tubérculos pouco comuns na sua dieta, como cenouras. Um dos grandes problemas com relação aos efeitos dessa doença é que seus sintomas são pouco perceptíveis aos leigos, e por esse motivo os senhores somente se convencem da sua manifestação nos seus negros já quando estes estão quase cegos, momento em que a cura torna-se mais difícil em face dos padrões de intervenção médica da época. No entanto, ele ainda conseguia, "pela mercê de Deus", curar "muitos doentes dele com facilidade", prescrevendo um chá composto de diversas ervas para ser tomado duas vezes ao dia, e aplicação de saquinhos feitos de tafetá ou linho metidos dentro alecrim mucilados e cozidos com um pouco de aguardente (EM, p. 607). Quando isso não resolvesse, alecrim deixado ao sereno de duas ou três noites conservado em um vidro destampado, onde se formará um licor, o qual se aplicado direto nos olhos produz bons efeitos (EM, p. 608).

"Doença também muito comum nestas Minas, assim em pretos como em brancos, da qual tem morrido brancos e pretos em grande número (…) porque só lhes acode tarde" é um tipo de infecção provocada pela penetração de ovos de moscas varejeiras nos narizes, onde encontra-se sujeira ou ferida que as possam atrair (EM, p. 609). A falta de assepsia, tanto no espaço público, quanto nos corpos de seus habitantes, é o principal fator de proliferação destes insetos. Quando um indivíduo cai em sono profundo, nas senzalas normalmente insalubres, escuras e úmidas, após uma laboriosa jornada, que lhe consumiu as forças ao ponto dele não ter reação contra uma mosca, torna-se presa fácil para ela se sua região nasal lhe for convidativa. Conta Luís Gomes Ferreira que essa infelicidade atingiu um escravo seu nos idos de 1730, o qual queixava de fortes dores na cabeça. Ao examiná-lo, descobriu sair do nariz dele "uma aguadilha vermelha", e daí observando mais atentamente concluiu se tratar de "bicho de mosca", que não obedecia a nenhum remédio, pois as suas queixas de dores de cabeça aumentavam e seu rosto já se apresentava "com a cara e os olhos muito inchados e os pulsos com intercandências". Algum tempo depois ele começou a se queixar também da boca e, ao mandar abri-la, viu "no céu dela um buraco com um fervedouro de bichos, tantos e tão juntos que, ao romper uma película que os protegia, lhe causou "admiração", pois dela saíram "tanta babugem, fiapos ou teagens e com tão mau cheiro que, a todos que viram, causou horror" (EM, p. 614). Apesar disso, "este preto não sentiu os bichos na boca, por ser preto robusto que coisas poucas lhe não davam abalo, e também porque esta casta de gente sempre é agreste", e mesmo que "sejam bem ladinos e práticos sempre em algumas coisas têm parte de brutos", como nesse caso em particular (EM, p. 615).

Outro problema de saúde descrito no *Erário mineral* como "muito ordinário nestas Minas (…) aos pretos e também aos brancos" é o que o seu autor denomina de cursos (liberação de fezes em demasia e com pouca ou nenhuma consistência). De acordo com a concepção médica predominante na época, sobre as causas das doenças infecciosas e os modos de as curar, a evacuação de matéria fecal promovida por purgante era um sinal de que o corpo estava eliminando os humores provocadores da doença. Entretanto, ele adverte que se "os cursos vão aumentando e que o doente se vai pondo em muita fraqueza", com dores na barriga, nos intestinos e no canal retal, isso pode ser sintoma de infecção, que se cura com caldo de galinha, sumo de tanchagem (ambos com efeitos antibióticos), gemas de ovo e açúcar. E, "caso o curso for tão rebelde" que não obedeça a essa medicação, então "se dará ao doente aquele grande arcanum já descoberto, que se cria nesta América em tanta abundância, chamado de poalha ou, na língua dos índios, pacacoalha, que são umas raízes", as quais devem ser desfeitas em pó lançado em água quente ou no caldo de galinha para ser tomado em jejum (EM, p. 628-629).

Os cursos muitas vezes poderiam ser sintoma de diarreia, geralmente provocada pelo consumo de alimentos ou água com algum tipo de corrupção provocada possivelmente por bactérias. Convém lembrar que essa informação não estava disponível na época, pois somente a partir de fins do século XIX os patógenos foram sendo aceitos aos poucos pela comunidade médica. Assim, enquanto a medicina ainda engatinhava como ciência, a qualidade da água somente poderia ser julgada pelo cheiro, cor e sabor. Por essa razão, ela provocava muitos estragos na saúde quando ingerida sem a pureza necessária. No século XVIII, mesmo nos países mais avançados, a maior parte da população não tinha acesso à água tratada. Aliás, somente com o avanço da química o tratamento de água foi viabilizado, de forma que as fontes de água dos centros urbanos, para quem podia pagar, vinham de bicas afastadas nos recônditos das matas. Para os demais, o jeito era se abastecer nos chafarizes, os quais, quando não funcionavam com água vinda direto da terra, posicionados abaixo de uma elevação de onde ela jorrava, eram servidos de água que escoavam por pequenos canais pelos morros, de onde poderia vir corrompida.

Seja como for, muitos escravos eram afetados por aquele mal. Um deles foi o escravo do ouvidor-geral da Vila Rica que, "estando doente e feito um esqueleto, sarou" com o uso de poalha "por meio de milagre, pois que este doente tinha os tais cursos havia dois meses" e, por isso, "estava tão desfeito e falto de carnes que não tinha mais que pele em cima dos ossos". Depois de ter tomado o caldo de galinha com pó de poalha, após vinte dias, estava de pé e com aparência saudável de "tão bem nutrido" (EM, p. 631-632).

Por fim, o último dos grandes males dos escravos mineiros descrito no *Erário mineral* é o que o seu autor denomina de corrupção de bicho, posteriormente popularizado pelos médicos do século XIX como maculo. Trata-se de uma afecção localizada entre o reto e o tubo gastrointestinal, ocasionando abertura exagerada do orifício retal, onde se forma uma inflamação muito incômoda que pode gangrenar e matar dolorosamente seu portador. Acreditavam os médicos da época que esse tipo assustador de enfermidade é originado de ingestão de alimentos ou água contaminada por bactérias e se faz acompanhar de diarreia. A população escrava era a que mais sofria dela, dada as suas condições de vida, geralmente muito precárias, complicadas mais ainda pela falta de higiene não só corporal, mas na conservação e preparo da comida a eles servida. Para remediá-la, Luís Gomes Ferreira prescrevia banhos na região retal, com água quente adicionada de sal e sumo de uma planta conhecida como erva de bicho (uma poligonácea de reputada propriedade medicinal), "que nasce e dá-se bem em terras úmidas e por perto da água". Segundo ele,

> nestas Minas há grande abundância dela, e, pela específica virtude que tem para doença chamada corrupção-de-bicho, todos a estimam muito, e porque ninguém pode estar sem ela, quem se muda para algum sítio novo a primeira coisa que leva para ele é alguns pés dela para plantar, porque a cada passo é necessária, principalmente para escravos. (EM, p. 638).

Essas são, portanto, as enfermidades mais incidentes na população escrava abordadas no *Erário Mineral*. Os tormentos por elas causados tornavam a vida no cativeiro bem mais sofrida. Muitas vezes a morte era o seu golpe final, ou por negligência, seja do senhor em atender aos escravos, ou até mesmo destes que podiam aproveitar delas para se livrar das pesadas tarefas cotidianas, ou, apesar dos esforços para curá-las, da ineficácia ou do atraso no início do tratamento. Seja como for, elas provocaram tamanho impacto na demografia da escravidão, na economia colonial e na riqueza pessoal dos colonos que cada vez ficava mais clara a necessidade de intervenção médica para lhes obstar sua marcha aterrorizante. A publicação de manuais de medicina prática, em língua acessível a quem podia ler, contendo informações úteis sobre como identificá-las e curá-las, que pudessem circular entre as bocas e os ouvidos de uma sociedade tão carente de oficiais de cura, revelou-se uma saída viável em um tempo e um lugar em que, além da falta de médicos, a prevenção contra as doenças e o combate contra elas eram uma questão de ordem privada, embora os problemas de ordem social e econômica delas derivados fossem de ordem pública.

Dessa maneira, manuais médicos como o analisado neste ensaio podem ser considerados uma forma de seus autores intervirem no espaço social, para tentar contribuir para enfrentar suas anomalias patológicas, mesmo que elas lhes parecessem maiores que a sua inteligência e força, como muitas enfermidades cujas causas não eram conhecidas, ou eram precariamente, provocando inúmeras vítimas.

Não se quer com essa conclusão afirmar que essa foi a intenção principal de Luís Gomes Ferreira ao organizar os doze tratados reunidos no seu *Erário mineral*, embora ele afirme, logo no prólogo dessa obra: "Tudo que escrevo é pela glória de Deus e para o proveito do próximo" (EM, p. 182). É claro que há outras intenções no seu esforço de divulgar um texto de grande proveito, mas o que fica dito permite compreender a relevância de tais empreendimentos intelectuais (em configurações sociais afetadas com tantas doenças e carente de profissionais da saúde), entre os quais o seu é um dos melhores exemplos.

Em meio ao seu empenho para ensinar como reconhecer e tratar as moléstias dos escravos, ele critica a atitude senhorial de muitas vezes limitar os custos com a saúde deles se não fossem ladinos ou estimados por seus proprietários quando suas moléstias demandavam gastos adicionais muito altos, o que, na sua ótica, feria os princípios da moralidade cristã muito caros a uma sociedade organizada a partir de fundamentos essenciais da religião católica, como a caridade. Crítica essa sustentada no ideário escravista cristão formulado principalmente pelos jesuítas, que defendiam uma administração do trabalho cativo aos moldes da cultura patriarcal, como meio estratégico de se evitar perigosas tensões sociais, como ele mais uma vez permite interpretar já quase no final de seu manual:

> Nos pretos quando se açoitam as nádegas ficando as carnes escarnadas e se desprezam não olhando mais para as tais feridas, antes alguns senhores os metem em ferros e os fazem trabalhar, não podendo dar um passo, que destes se têm perdido muitos, uns por causa dos bichos lhe comerem a carne e corromperem-se os ossos de que dão acidentes mortais, outros por causa de se gangrenarem, apodrecerem e perderem aquelas partes, como de ambos os modos tenho visto muitos, uns que remediei, outros que não pude remediar, porque lhes dão herpes e morrem miseravelmente, que é lástima grande e pouco temor de Deus deixar morrer ao desamparo os pais, que devem ter estes em lugar de filhos. (EM, p. 610)

Diante dessas palavras, pode-se dizer que mesmo Luís Gomes Ferreira tendo assimilado e se valido da escravidão, ele a encarava com um olhar crítico orientado pela cultura assistencialista sustentada na ética da caridade, que prescreve a obrigação dos cristãos de amparar o seu semelhante, principalmente se este for seu dependente direto como foi o caso da maioria dos escravos. Enfim, a primeira obra médica no Brasil a retratar abundantemente as condições de saúde dos escravos foi *Erário Mineral*. Mais do que isso, esse texto foi um dos primeiros do campo de conhecimento médico elaborados no espaço imperial português a esboçar uma reprovação, à maneira como os senhores tratavam os indivíduos submetidos à escravidão, fundamentada na moral religiosa católica e no ideário jesuítico elaborado a partir da época da queda do quilombo de Palmares.

CAPÍTULO 4
Os relatos médicos da época da Ilustração

> *Se a importação de africanos for proibida, (...) os fazendeiros e os escravos serão beneficiados.*
>
> Thomas Clarkson (1788)[1]

Durante a colonização do Novo Mundo, os europeus arrastaram milhões de africanos pelo o Atlântico, para viabilização da economia mercantil, por meio de uma complexa e lucrativa atividade empresarial, conhecida como tráfico negreiro.[2]

Enquanto os seus empresários asseguraram uma oferta abundante de mercadoria humana e com preços relativamente baixos, os grandes proprietários rurais preferiam, geralmente, explorar os seus escravos ao máximo com o menor custo possível, isto é, gastando o mínimo de recursos (alimentação, vestuário e moradia) para sustentá-los.[3] Com efeito, as suas condições de vida eram muito precárias,

---

1 CLARKSON, Thomas. *An essay on the impolicy of the slave-trade.* London, 1788. Fac-símile editado por Bewell (1999) p. 142.

2 Segundo Florentino entre os séculos XVI e XIX foram trazidos para a América em torno de 10 milhões de negros (1997, p. 23).

3 Vários historiadores comprovaram que os escravos foram mercadorias relativamente baratas até 1850, quando o tráfico foi definitivamente extinto, entre eles: Florentino e Manolo (1997,

razão pela qual morriam, na maioria das vezes, precocemente vitimados por doenças provocadas pelos mais diversos fatores, o que, pelo menos desde o final do século XVII, chamou a atenção de médicos que atuavam nas colônias.

Entre eles, o primeiro a retratar os problemas de saúde dos escravos no Novo Mundo foi Thomas Traphan em uma obra intitulada *A discourse of the state of health in the Island of Jamaica*, publicada no ano de 1679 em Londres. Nela descreveu as moléstias mais comuns no Caribe e expôs os recursos terapêuticos para remediá-las, sem, no entanto, questionar os altos índices de mortalidade dos seus habitantes, muito menos os dos que estavam submetidos ao cativeiro. (TRAPHAN, 1679)

Na América portuguesa, o mesmo foi feito pelo cirurgião Luís Gomes Ferreira, na obra *Erário mineral*, escrita com base na sua atuação em Minas Gerais entre o início da década de 1710 e o início da década de 1730 aproximadamente e publicada no ano 1735 em Lisboa. No decorrer dela, quando muito, em raras passagens, evocou o sentimento religioso da sociedade colonial para lamentar "o pouco temor de Deus" daqueles que deixavam "morrer ao desamparo" tanto escravo, referindo-se à negligência de muitos senhores com a saúde dos seus negros. (FERREIRA, 2002, p. 610)

Mesmo assim, esse texto e o de Traphan, embora não tivessem sido voltados exclusivamente às doenças dos escravos e limitarem-se a descrevê-las expondo apenas meios para saná-las, apresentaram uma preocupação inaugural com as condições de saúde desses indivíduos. Preocupação que, no decorrer da segunda metade do século XVIII, aos poucos foi sendo associada pelos médicos, entre outros letrados, à crítica ao modo predatório de se explorar a sua mão-de-obra (excesso de trabalho combinado com alimentação inadequada, vestimenta insuficiente e moradia insalubre), com o objetivo de reduzir os seus altos índices de óbitos.

Daí em diante, as publicações na área de medicina dedicadas aos problemas de saúde da população escrava começaram a apresentar pelo menos duas novidades em relação às anteriores: a exposição de meios para o combate preventivo contra as enfermidades de tal população e a problematização da sua alta mortalidade. O surgimento dessas novidades está relacionado com os seguintes fatores:

---

p. 78, Prado Jr. (1995, p. 159) e Conrad (1985, p. 16). Um dos melhores testemunhos dessa lógica de exploração do trabalho escravo encontra-se na tese de Jardim (1847, p. 12). Uma síntese da referida lógica foi elaborada por Somarriba (1984, p. 7-8 e 11).

o aumento da demanda por escravos, o encarecimento dos seus preços na Guerra dos Sete Anos (1756-1763), a formação do movimento antiescravista na Inglaterra e o amadurecimento da concepção pragmática sobre a função social da ciência promovido durante a Ilustração.[4]

Esse último foi decisivo para impulsionar o interesse médico pelas condições de saúde da população em geral e em particular a dos escravos, ao destacar a possibilidade de o homem resolver grande parte dos seus problemas por meio do progresso do seu conhecimento, que cada vez mais estava sendo considerado nos círculos intelectuais um importante instrumento e um pré-requisito para melhorar a vida humana e aprimorar a sociedade. Tal possibilidade, que já havia sido enunciada desde o final do Renascimento e reforçada com o avanço científico do século XVII, estimulou a formação de uma nova sensibilidade marcada pelo sentimento de compaixão em relação às vítimas dos males da humanidade e pela exigência de um conjunto de ações destinadas a mitigar os seus sofrimentos.[5]

Imbuídos dessa compaixão, que a partir da segunda metade do século XVIII veio a ser um elemento fundamental de compreensão dos problemas da vida social, muitos dos escritores da época, sob o impulso do pensamento ilustrado, desenvolveram o argumento de que as sociedades deveriam mobilizar as suas forças para a construção de um mundo melhor por meio da ciência, da justiça e da solidariedade, combatendo os infortúnios da condição humana. Com isso, começou a formar-se o que pode ser chamado de solidariedade laica, expressa pela noção de benevolência, a partir da qual a compaixão pelos outros deixou de ser apenas um elemento da piedade religiosa para ser um fundamento da forma de se encarar as adversidades sociais.[6]

Assim, no artigo sobre o conceito de humanidade, "um sentimento de benevolência por todos os homens", inserido na *Enciclopédia* organizada por Denis Diderot e Jean d'Alembert, as pessoas de "alma grande e sensível" são chamadas a "percorrer o universo para abolir a escravidão, a superstição, o vício e a desgraça" (LUCQUES, 1766, p. 285). Dessa maneira, os que se identificaram com esses ideais humanitários lentamente passaram a conceber a escravidão como uma for-

---

4   Esses fatores foram analisados por Marquese (2004, p. 87-128).

5   A publicação do texto de Francis Bacon intitulado *O progresso do conhecimento* em 1605 é um indicador da nascente convicção de que a ciência poderia exercer um papel primordial para a melhoria da vida humana.

6   Conforme mostrou Armesto, ao longo do seu estudo dedicado à historicidade do conceito de humanidade (2004).

ma injusta de organização do trabalho, rompendo com a sua legitimidade, até então assegurada por "uma rede de idéias tecida desde a Antiguidade", que a havia transformado em um elemento natural da vida social.[7]

A partir desse período surgem textos colocando em questão na agenda do Iluminismo os seus fundamentos, como a clássica obra de Montesquieu, *Do espírito das leis*, publicada em 1748, para cujo autor "a escravidão não é boa por sua natureza", por ser "tão contrária ao direito civil quanto ao direito natural", uma vez que "todos os homens nascem iguais" (MONTESQUIEU, 2007, respectivamente p. 249, p. 251 e p. 254). Aos poucos, com as repercussões dessa obra, aparecem outros textos igualmente detratores desse costume tão antigo quanto a guerra, conforme lembrou Voltaire, no artigo sobre os escravos inserido no seu *Dicionário filosófico* (1763), ao criticar a naturalidade com que a qual continuava sendo praticada na cultura ocidental. Artigos escritos por Jaucourt sobre escravidão (1755) e tráfico de escravos (1765) publicados na *Enciclopédia* dirigida por Denis Diderot e Jean d'Alembert, a *História filosófica e política dos estabelecimentos e do comércio dos europeus nas duas Índias* de Raynal, *Reflexões sobre escravidão dos negros* de Condorcet, ambas editadas em 1781, e *Um ensaio sobre a imprudência do tráfico de escravos* de Thomas Clarksom lançado em 1788, são alguns dos mais expressivos.

Com a crítica filosófica desses autores, iniciou-se um processo (que durou até o final do século XIX desmantelando as sociedades escravistas no Ocidente) de desmontagem dos pilares sobre os quais a organização da produção do trabalho escravo estava fundamentada. Nesse mesmo processo, marcado pela recriação da escravidão em um contexto de aumento da demanda de mão-de-obra nas áreas exportadoras de alimentos e insumos em grande escala para a Europa, como no Brasil, foram publicados vários textos de medicina cujos autores, ao transformarem as doenças da população escrava em objeto permanente de estudo, enquanto durou a escravidão, se dedicaram a divulgar conhecimentos que poderiam reduzir a incidência delas e, com efeito, diminuir os altos índices de óbitos no cativeiro.

Entre eles destacam-se alguns editados sob a forma de manuais didáticos destinados aos senhores que tinham acesso à leitura. A partir deles, estes poderiam aprender a curar as enfermidades mais comuns dos seus escravos e, principalmente, como preveni-las, o que demandaria uma reforma do costume predominante no modo de exploração da mão de obra desses indivíduos. Isso porque, sem questionar a escravidão, os autores dos manuais escritos com a finalidade

---

7   Cf. Rocha (2000, p. 45).

acima mencionada apontaram a lógica de se explorar a mão de obra cativa ao máximo com o menor custo possível como a principal responsável pelas causas de grande parte do obituário dos negros, argumentando que a vida útil deles poderia aumentar por meio de uma forma menos desumana de administrá-los e da utilização eficiente do saber médico.

Para isso, apresentaram um conjunto de propostas para tornar a administração do trabalho escravo compatível com o conceito de humanidade do pensamento ilustrado e com a noção de interesse, relacionada cada vez mais com as aspirações econômicas, em voga no século XVIII,[8] as quais podem ser resumidas no seguinte: alimentá-los, vesti-los e alojá-los adequadamente, ampará-los quando estivessem enfermos, exigir deles tarefas proporcionais as suas forças, conceder a eles descanso necessário para se revigorarem e restringir o seu consumo de cachaça.

Com essas propostas, os médicos que escreveram sobre esse assunto, defendendo a humanização da exploração da mão de obra cativa, contribuíram para inaugurar uma inédita preocupação com os corpos dos escravos que repercutiu na mentalidade senhorial à medida que os ataques à escravidão foram se acumulando e, sobretudo, quando o tráfico que a abastecia foi abolido. Um dos primeiros entre eles que se empenharam em divulgar ideias destinadas a reformar os costumes praticados na administração da população escrava foi James Grainger. Autor de um ensaio sobre as doenças mais comuns das Índias Ocidentais, em particular as dos negros, publicado em Londres no ano de 1764, justificou a sua publicação com essas palavras:

> Tem sido muitas vezes questão de espanto para mim, que entre os muitos valiosos tratados médicos, que nos últimos anos têm sido oferecidos ao público, nenhum foi propositadamente escrito sobre o método de tratamento dos negros recém-desembarcados, e o tratamento de negros quando doentes, e ainda a importância, se não a dignidade de uma obra, que deve parecer óbvio até para os que estão menos familiarizados com as Índias Ocidentais. Pois é uma verdade melancólica, que centenas dessas pessoas úteis são sacrificadas anualmente ao erro nestes dois pontos capitais. Para suprir essa deficiência e permitir que aqueles que estão incumbidos da gestão de negros, para tratá-los de uma forma

---

8   De acordo com Marquese (2004, p. 90-92), o binômio humanidade e interesse serviu como base para os letrados elaborarem textos em várias partes da América, desde a Ilustração, propondo uma reforma da administração do trabalho escravo.

mais científica do que até agora tem sido geralmente praticada, é o projeto principal do presente ensaio.[9]

Partindo dessa justificativa, ele dedicou-se a convencer os fazendeiros de que, diante dos ataques à escravidão e dos seus possíveis efeitos sobre a legitimidade da importação de africanos, era mais prudente reformar os padrões de administração do trabalho escravo e recorrer à assistência médica para "dessa forma salvar várias vidas valiosas", o que seria muito "agradável para a humanidade" e mais vantajoso para a prosperidade das suas fazendas, porque "o preço dos escravos estava cada vez mais exorbitante"[10] (*Idem*). Com esse objetivo, propôs aos senhores que "tratassem os seus escravos como seres humanos", para evitarem a sua morte precoce, lembrando-os de que se o seu "próprio interesse" e o sentimento humanitário não fossem suficientes para agirem assim, "a legislação poderia obrigá-los" como ocorria nas colônias francesas.[11] (*Ibidem*, p. 290)

Tendo feito essa advertência, James Grainger recomendou que as condições de vida da população cativa fossem melhoradas, por meio de alimentação nutritiva, vestimenta adequada, alojamento salubre, descanso suficiente e moderações nos castigos, para ela ficar menos vulnerável às doenças. Essas recomendações foram reafirmadas, mostrando como a medicina poderia exercer um papel relevante na economia escravista, em textos médicos até o crepúsculo da escravidão no Ocidente, como forma de combate à exploração predatória da mão de obra escrava, da qual derivavam, segundo os seus autores, as causas de várias enfermidades que tantos estragos provocavam no cativeiro.

No espaço colonial português, um dos primeiros textos que esboçaram alguma preocupação com os altos índices de mortalidade da população escrava, embora apenas em raras passagens, foi escrito por José Antônio Mendes com base nas suas atividades como cirurgião em Minas Gerais, onde atuou durante 35 anos no Hospital do Contrato Diamantino e no dos Dragões da Guarnição do Serro

---

9   GRAINGER. *An enssay on the more common West Indian diseases, and the remedies wich that country itself produces. To which are added some hints on the management of negroes*. London, 1764. Fac-símile editado por BEWELL (1999, p. 279).

10 Esse aumento de preços estava sendo estimulado pela dificuldade e os ricos do transporte de africanos no Atlântico norte devido às guerras que envolveram a Inglaterra e a França desde a Guerra dos Sete Anos (1756-1763) até a Independência dos Estados Unidos.

11 Ao reportar-se ao espaço colonial francês, ele refere-se ao Code Noir (1685); uma legislação específica que impôs obrigações aos senhores no trato com os seus escravos, como o sustento material e espiritual adequado.

Frio. Trata-se de um manual médico publicado em Lisboa no ano de 1770 para circular na América portuguesa, como forma de atenuar a escassez de agentes devidamente habilitados nas artes de curar no seu vasto interior, como o seu próprio título revela: *Governo de mineiros muito necessário para os que vivem distantes de professores seis, oito, dez, e mais léguas, padecendo por esta causa os seus domésticos e escravos queixas, que pela dilação dos remédios se fazem incuráveis e as mais das vezes mortais*. (MENDES, 1770)

Os problemas que, entre outros fatores, motivaram o seu autor a elaborá-lo, bem como suas expectativas de colaborar para a diminuição dos sofrimentos provocados por tantas moléstias que grassavam na Colônia, foram expressos pelo capitão-mor José Xavier de Valladares e Souza em um soneto laudatório, de acordo com o padrão de apresentação de textos ainda vigente na época: (SCOTTI. In: FURTADO, 2002, p. 31-32)

> Nessas vastas regiões, que indica a fama
> No lenho, a que deu nome a brasa viva,
> Reina absoluta a parca executiva,
> Com a mirrada mão mortes derrama.
> O Etíope boçal enfermo clama,
> O Índio bruto geme em febre ativa,
> E aflita com o mal, que a inércia aviva,
> Em vão pela Arte a Natureza chama.
> Mas já provém remédio a tanto dano
> Este livro, que expõe, sábio, e profundo,
> Auxílio pronto ao débio corpo humano:
> Em que com fácil método jucundo
> A rebater da parca o golpe infano
> Ensina novo Apolo a novo Mundo.
> (MENDES, 1770, p. VII)

No proêmio da sua obra, José Antônio Mendes explicita as razões pelas quais a elaborou: "A torpeza é, dizia o famoso Sêneca, não deixarem os homens no mundo mais testemunhos de que sua vida", motivo pelo qual precisam se esforçar para "não viverem somente para si, mas também para os demais", divulgando informações "que podem ser úteis para muitos". Eis por que "a utilidade deve ser o escopo dos escritos". (*Ibidem*, p. VIII)

Com esse argumento, ele se justifica afirmando que não escreveu o *Governo de mineiros* "por vaidade", ou por uma possível "glória da posteridade". Ao contrário, o fez para mostrar como deviam ser preparados e usados os remédios contra as "enfermidades com o método racional", e assim colaborar para evitar os erros que levavam muitos à sepultura quando precisavam se tratar, ou a seus domésticos e escravos, na ausência de médicos. (*Ibidem*, p. XIII-XIV)

Visando a essa meta, arrolou algumas das principais doenças da população em geral e, em particular, as dos negros, ao longo de quinze capítulos que explicam o que fazer para remediá-las. Em um deles, no sexto, dedicado às "feridas em geral", os senhores são orientados a adquirirem agulhas e tesouras de cirurgia para fecharem alguns ferimentos dos seus escravos, pois, conforme explicou: "O custo é tão pouco que não podeis dar desculpa para não teres em vossa lavra ou roça" (*Ibidem*, p. 29)

Ao fazer essa orientação, sem criticar à negligência senhorial com os cuidados necessários para a conservação da saúde da escravaria, o autor da obra em tela sutilmente procurou explicar que determinados gastos eram compensados pelos benefícios com eles obtidos. Dessa forma, criticou a pouca preocupação que havia com a alimentação dos escravos, bem como com o seu consumo de "uma tão depravada bebida a que chamam cachaça", ambas responsáveis por tantas enfermidades que os debilitavam ou os levavam à morte precocemente. (*Ibidem*, p. 69)

Uma delas, o escorbuto, era tão comum que o levou a fazer o seguinte comentário: "Ela nessas Minas mata muita gente", especialmente os submetidos aos rigores da vida no cativeiro, devido aos "alimentos grosseiros, crassos e corruptos de que se usa na maior parte dessa América dar-se aos negros", os quais já desembarcam frequentemente afetados por esse mal, por serem sustentados no mar de mantimentos não só grosseiros, mas muitas vezes meio podre" (*Ibidem*, p. 85). Em sua opinião, isso explica a debilitação de boa parcela de escravos miseravelmente empregados "nos serviços de minerar" do "contrato dos diamantes", os quais, entre os demais, eram os que mais precisavam de resistência física em função das características dessa árdua atividade. (*Ibidem*, p. 86)

No espaço colonial francês, um dos primeiros textos médicos cujo autor empenhou-se para divulgar conhecimentos que poderiam contribuir com a diminuição dos altos índices de mortalidade dos escravos foi *Observações sobre doenças de negros*, escrito por Jean Barthelemy Dazille com base na sua experiência profissional em São Domingos, publicado no ano 1776 em Paris (DAZILLE, 1801).[12] Essa obra representa os primeiros esforços feitos nas colônias francesas do Novo Mundo pelos médicos e pelo Estado para a redução da incidência de tantas doenças nos escravos provenientes da forma predatória como o seu trabalho era até então explorado e, com efeito, para melhorar a situação econômica da região após a sua desestabilização provocada pela Guerra dos Sete Anos (1756-63).

Tal esforço foi devidamente justificado na sua introdução em uma longa passagem com o argumento de que a saúde da população é um fator primordial para o progresso econômico:

> A população das Colônias determina-lhes o grau de prosperidade. Se ela é numerosa produz força e riqueza; se fraca ou medíocre, ela indica igualmente pobreza e frouxidão. Todas as Colônias geralmente existem, ou devem existir, debaixo destas proporções: força e riqueza. Estes são os dois grandes objetos do seu destino. A riqueza reflui no Reino e concorre poderosamente para sua prosperidade geral; a força segura estas vantagens contra os inimigos de fora, independentemente dos socorros da capital, sempre incertos e tardos. Não é especialmente senão em uma população abundante de Negros que as Colônias acham a origem primitiva da sua opulência, por que sem Negros nada de cultura, nada de produtos, nada de riquezas. Uma Colônia unicamente povoada por Europeus pode bem fazer-se, depois de uma longa série de anos, Colônia de força, mas não passará disso; a riqueza não será jamais da sua repartição: tal tem sido o Canadá. Depois disto se vê que a introdução dos negros em uma Colônia é o maior meio e fundamental da sua prosperidade; o que a conservação destes entes desgraçados é o que faz este meio eficaz. Procurar as causas das enfermidades que os afetam, seguir estas enfermidades no seu princípio, progresso e terminação indicando os meios de as remediar, formar um resultado que tenda a impedir a despovoação espantosa da espécie, é ocupar-se do que utiliza aos colonos em particular, ao Comércio da Nação em geral e à prosperidade do Estado. (*Ibidem*, p. 15-16)

Com essas palavras, Dazille tentava fazer os colonos reconhecerem que a diminuição dos altos índices de mortalidade dos seus negros dependeria da sua compreensão da necessidade da humanização dos seus métodos de exploração do trabalho escravo. Assim, esperava que eles adotassem algumas medidas destina-

---

12   É a partir dessa tradução de 1801 que sua análise será feita nessa pesquisa.

das ao melhoramento das condições de vida da sua escravaria, o que seria "útil para os seus interesses" e, ao mesmo tempo, como "um motivo mais nobre e satisfatório para os seus corações", também seria um "ato de humanidade e de beneficência". (*Ibidem*, p. 16)

Para isso, tentou convencê-los de que os seus escravos morriam precocemente, devido principalmente à nefasta combinação entre "um insuficiente alimento, falta de vestidos e um trabalho superior às suas forças", que, junto com as suas deploráveis habitações, em geral desprovidas das mínimas regras de higiene, provocavam febres, disenteria, verminoses, distúrbios gástricos e pulmonares, entre outras enfermidades (*Ibidem*, p. 27). Sendo assim, ele explicou o seguinte: "A primeira causa dessas diferentes moléstias provém do seu alimento, que consiste em raiz de mandioca grosseiramente pisada, feita em bolo muitas vezes mal cozido". Esse bolo, em certas colônias, é acrescido de substâncias animais e de outros vegetais fornecidos por alguns fazendeiros, como em Minas Gerais, onde, segundo o tradutor da sua obra,

> usam os negros de diferente alimento, porque em lugar da mandioca eles têm o milho, que depois de moído em moinhos e peneirado o cozem simplesmente com água, mexendo-o até o ponto de se formar uma massa em boa consistência, a que chamam angu, que é o pão ordinário às suas comidas: estas são geral e cotidianamente o feijão negro cozido e temperado com gordura de porco; algumas vezes também é da sua repartição a carne; outras vezes da própria indústria eles fazem uma mistura de carne com plantas emolientes, de que o País abunda, como são: o caruru, o giquiri, o oropronobis, lobolobo, o quiabo, etc., a qual mistura é carregada de pimenta do mesmo País, que chamam jembe. (*Ibidem*, nota n. 2, p. 29)

Mas, conforme observou: "A miséria ou outras circunstâncias obrigam" a maioria deles a fornecer aos seus cativos apenas aquele bolo, que, por ser "insípido, uniforme, mal preparado e não fermentado, produz nos humores a putrefação [causadora] das moléstias acima indicadas". (*Ibidem*, p. 29-30)

Em relação ao vestuário dos negros, o descaso dos seus senhores com esse item era tão evidente que foi usado por Voltaire na composição de uma imagem perversa da escravidão para, junto com outras calamidades da época, ilustrar a miséria humana e questionar a hipótese dos filósofos otimistas de que se vivia no melhor dos mundos possíveis. Isso foi feito em um romance publicado em 1759, no qual o seu protagonista, Cândido, durante sua passagem pelo Suriname, ao se espantar com o estado horrível de um escravo, a quem faltava uma mão e uma perna e quase toda roupa, e perguntá-lo a razão disso, este lhe respondeu que era costume dar-lhes por única vestimenta ceroulas de algodão duas vezes por ano, cortar-lhes a mão cujo dedo fosse triturado pela mó do engenho e decepar uma das suas pernas se tentassem fugir. (VOLTAIRE, 1988, p. 69-70)

Com efeito, em uma região onde ocorriam bruscas variações climáticas, "tão freqüentes e rápidas", como observou Dazille, "os negros quase sempre mal vestidos" ficavam mais vulneráveis às doenças respiratórias que desgraçadamente engrossavam as suas taxas de óbitos.

Quanto ao problema do excesso de exploração da sua mão de obra, esse autor explica que "a pouca liberdade" a eles concedida "para seus deleites" determinava o principal fator do "rigor da sua escravidão". Pois o trabalho a que estavam sujeitos era "quase contínuo, e muitas vezes penoso, e superior à suas forças", conforme os seus senhores exigiam deles, "atendendo bem pouco aos seus interesses". (DAZILLE, 1801, p. 31)

Como se tudo isso não bastasse para reduzir a sua vida útil, eles eram muitos afeitos, segundo Dazille, à "libertinagem", pois, para satisfazê-la, iam "procurar longe, durante a noite, o objeto dos seus desejos, roubando desse tempo o único descanso que poderiam tomar". Era nessa oportunidade que consumiam grande quantidade de "licores fortes", como uma água ardente de cana de açúcar", igualmente "bem conhecida no Brasil, especialmente em Minas", onde também era bastante apreciada, o que concorria para debilitá-los ainda mais. (*Ibidem*, p. 31-32)

Enfim, advertiu o autor: "Homens mal vestidos, mal nutridos, expostos a todas as injúrias do ar, sujeitos a um trabalho quase contínuo e entregues quase sem medida às inclinações dos deleites sensuais e dos licores fortes, não podem conservar a sua saúde". Por esse motivo, "eles não resistem muito tempo", resultando na sua "despovoação espantosa, tão tocante a todo observador, que tanto importa impedir", em favor da humanidade, dos interesses materiais dos seus proprietários, da prosperidade econômica colonial e da metrópole. (*Ibidem*, p. 32)[13]

Por tudo isso, após expor os meios de curar as doenças mais comuns da população escrava, com quais remédios e de que forma deveriam ser preparados, bem como o que precisava ser feito para melhorar as suas condições de vida e

---

13 Essa evocação do sentimento humanitário combinada com interesse econômico é realizada no seu texto principalmente na p. 16.

de trabalho, na conclusão do seu livro exortou os "habitantes das Colônias" para "aliviar a desgraçada humanidade", ao "adoçar o rigor da sorte dos seus escravos", inspirados pelo sentimento de benevolência e pelos seus próprios interesses materiais. Pois, assim, "terão a vantagem de conservá-los mais tempo" e "mais úteis" pela maior inclinação que terão à "fidelidade". (*Ibidem*, p. 175)

Em outras palavras, melhorando as condições de vida da população cativa, os seus proprietários adequariam a exploração da sua força de trabalho aos anseios humanitários de uma época cujos escritores identificados com o pensamento ilustrado passaram a exigir mais compaixão para com o próximo. Além disso, tal melhoria poderia tornar os negros menos resistentes ao cativeiro, diminuindo as tensões entre senhores e escravos inerentes às sociedades escravistas.

Esse argumento, em que o sentimento filantrópico articulado à noção de interesse econômico é reclamado para humanizar a exploração da mão de obra dos negros e melhor atender às vantagens materiais dos colonos e às do Estado, pode ser compreendido como um exemplo do que David Brion Davis chamou de "ambivalência do racionalismo". Com essa expressão ele explica que "muitas idéias básicas do Iluminismo" foram usadas pelos defensores do trabalho escravo contra os apelos abolicionistas então em processo de amadurecimento no Ocidente. (DAVIS, 2001, p. 435)

Isso porque Dazille, como a maioria dos médicos que escreveram sobre esse assunto, era uma espécie de "*savant du ancien régime*". Isto é, "um intelectual que, organicamente inserido nos aparelhos de Estado, aceitava a lógica e os valores de uma sociedade hierarquizada, estabelecida e organizada por ordens, classes e corpos diferenciados pelas dignidades, honras e onipresenças do privilégio". Afinal, esse autor atuou durante anos como cirurgião-mor das tropas de Caiena, dos hospitais da Ilha de Bourbon e da guarnição naval de São Domingos. (In: VOVELLE (1997, p. 159)[14]

Assim, inserido em uma sociedade com tais características, procurou se mostrar digno das mercês do rei, produzindo um manual médico, que, com o objetivo de divulgar meios que pudessem colaborar para reduzir a mortalidade dos escravos, poderia "ser de muito proveito". Foi o que concluiu A. Petit, regente da Faculdade de Medicina da Universidade de Paris, em resposta ao ministro da marinha que o incumbiu de avaliá-lo, motivo pelo qual julgou que o seu autor merecia a "proteção" da Coroa. (DAZILLE 1801, abertura)

---

14 Definição elaborada por Vicenzo Ferrone em "O homem de ciência".

O mesmo pode ser dito sobre o tradutor do texto de Dazille, Antônio José Vieira de Carvalho, que, ocupando o posto de cirurgião-mor do Real Hospital Militar de Vila Rica desde 1781, tentava obter a patente de capitão com o respaldo do governador Bernardo José de Lorena que a seu respeito disse ao rei:

> Como em todo o meu governo tem desempenhado excelentemente as suas obrigações, tratando dos doentes com amor, tanto no Hospital Militar, quanto no da Misericórdia, e sendo muito instruído em todos os conhecimentos necessários da sua arte, na língua francesa, e mostrando por documento ter introduzido nos mesmos hospitais o uso de vários gêneros do País com bom sucesso, evitando assim alguma despesa da Real Fazenda; a sua honrada e distinta conduta lhe tem merecido a estimação geral, e os tão justos títulos me parecem de qualquer honra e mercê própria da justiça e grandeza de sua majestade. (Arquivo Público Mineiro, seção colonial, códice 295, 19 de junho de 1799, p. 8)

O conteúdo desse documento remete ao sistema régio de mercês. Uma de suas marcas principais era uma espécie de ciclo de retribuições mútuas, a partir do qual a Coroa concedia alguns privilégios a quem defendesse os interesses do Estado. Isso permite vislumbrar alguns aspectos do esforço do mencionado cirurgião-mor para verter para a língua portuguesa a obra *Observations sur les maladies des nègres*, que, segundo ele, poderia ser muito útil aos colonos que tivessem acesso à leitura.[15] Pois, por meio de tal sistema, no mesmo ano da publicação desse texto em Lisboa, o mencionado tradutor foi nomeado lente em um curso médico destinado a preparar pessoas interessadas em exercer a arte de curar e partejar em Vila Rica, como retribuição da sua ideia e do seu trabalho de traduzi-lo. Afinal, no prefácio da tradução, ele a apresentou ao soberano como "um serviço grato a Vossa Alteza Real", justificando-se que com ela buscava contribuir para diminuir a mortalidade da parte "mais útil e mais desvalida da população dos seus senhorios da América", na esperança de, com "este cordial tributo" do seu "fiel e humilde obséquio", ter "acertado em agradar o melhor dos príncipes". (DAZILLE, 1801)

Com isso percebe-se que, por um lado, a iniciativa de Antônio José Vieira de Carvalho para traduzir o manual de Dazille sobre enfermidades dos negros explica-se pelas suas ambições pessoais. Mas, por outro, ela é exemplo do empenho intelectual em curso em Portugal nas décadas finais do século XVIII destinado a

---

15   Esse conceito de sistema régio de mercês foi elaborado com base em Fragoso (2001, p. 48).

promover reformas para incrementar a sua economia, o qual a seguir será esboçado com o objetivo de situar tal iniciativa no contexto que a motivou.

Um dos marcos mais significativos desse empenho é a criação da Academia Real das Ciências de Lisboa em 1779. Em seu abrigo foram redigidas as *Memórias econômicas*, as quais, de acordo com José Luís Cardoso, responsável pela sua reedição mais atual, tinham como objetivo a "realização de um inventário dos recursos e capacidades produtivas" no Reino e seus domínios de além-mar. Inventário de que se esperava poder revelar a essência dos problemas "que impediam o pleno exercício das funções econômicas essenciais" desses territórios, como a redução da extração de ouro em Minas Gerais, e apresentar soluções para superá-los (*Memórias econômicas inéditas*. Publicações do II Centenário da Academia de Ciências de Lisboa, 1977, p. 18). Entre esses domínios, destaca-se a Capitania de Minas Gerais, em particular as suas preciosas áreas de mineração, por causa da sua importância essencial para a economia portuguesa, onde, em uma delas, Vila Rica, atuava o responsável pela tradução do manual médico em tela.

Nas referidas áreas, a extração de ouro entrou em franca decadência na segunda metade do século XVIII, devido ao inevitável esgotamento das tão cobiçadas jazidas que estavam ao alcance dos recursos técnicos disponíveis na época para esse tipo de atividade que, no seu apogeu, havia atraído milhares de pessoas.

Por esse motivo, muitos colonos estavam migrando para outras regiões mais vantajosas economicamente, deslocando consigo fatores de produção até então concentrados na exploração dos veios auríferos, entre os quais os seus negros. Isso, na visão do governador Luís da Cunha Meneses, era um dos fatores da diminuição da mineração, conforme argumentou ao tomar decisões para conter o problema, como a que está expressava em um edital lançado em 1786:

> Faço saber aos que este meu edital virem, ou dele notícia tiverem, que sendo-me constante o grande número de Escravos aplicados em minerais que desta capitania tem saído, por cujo motivo irá experimentar esta mesma capitania uma grande decadência no seu Real Quinto, ordeno que toda pessoa de qualquer qualidade ou graduação for, que depois da publicação deste meu edital comprar os ditos escravos para o sobredito fim, será preso à minha ordem na cadeia desta capital. (Arquivo Público Mineiro, seção colonial, códice 214, 01 de dezembro de 1786, p. 14, verso)

Um dos resultados disso foi a elevação do preço dos cativos nos núcleos urbanos estruturados em função de tal atividade econômica, como advertiu um observador da época em uma *Memória sobre a utilidade pública em se tirar o ouro das minas, e os motivos dos poucos interesses dos particulares, que o mineram atualmente no Brasil*, na qual aponta outro fator que explica tal elevação: os excessos tributários que incidiam no valor final dos africanos, alvos da "capitação desde a costa da África", cujos braços vinham "captados em somas que eles não pagariam por muito tempo que durassem". (LEME, p. 326-328, 1987)[16]

Aos contextos específicos da história econômica de Portugal e de Minas Gerais no final do século XVIII, soma-se o acúmulo das objeções à escravidão e ao tráfico de africanos, desde a publicação da obra *Do espírito das leis* (1748) de Montesquieu. Entre elas, um dos melhores exemplos são as críticas de Jaucourt, como a condenação a esse tipo de comércio como "um caso claro de desumanidade", no artigo *Traite des nègres* inserido no volume lançado em 1765 da *Enciclopédia* dirigida por Denis Diderot e Jean d'Alembert.

Em meio a esse acúmulo, começaram a surgir panfletos com mais intensidade nos Estados Unidos cobrando de seus cidadãos a mesma liberdade que os havia impelido à guerra contra a Inglaterra para os seus escravos, engrossando um movimento que, no outro lado do Atlântico norte, estimulou as primeiras sociedades abolicionistas.[17]

As repercussões desse movimento, em meio aos efeitos da deflagração da Revolução de São Domingos em 1791, liderada e vencida pelos negros, colaboraram para despertar também em Portugal preocupação com as condições de vida da população cativa, pelo menos no plano do discurso, da qual resultou elaboração de uma *Memória a respeito dos escravos e tráfico da escravatura entre a costa da África e o Brasil*, lida em 1793 por Luís Antônio de Oliveira Mendes na Academia Real das Ciências de Lisboa. Com o objetivo de inventariar as doenças que mais frequentemente acometiam "os pretos recém-tirados da África, examinando as causas da sua mortalidade depois da sua chegada ao Brasil", para diminuir "tanto estrago e, finalmente, indicar os métodos mais apropriados para evitá-lo, prevenindo-o e curando-o", ele justificou o seu texto da seguinte maneira:

> Entre os projetos, em que se tem desde a sua origem, e estabelecimento empregado esta Real Academia, nenhum é mais digno de louvor do

---

16 O aumento dos preços dos escravos de fato havia ocorrido nas áreas mineradoras, como mostrou Begard em seu estudo sobre Mariana (1994, p. 513-520).

17 Cf. Davis (1975) e Bailyn (2003).

> que o presente que foi dado para discorrer-se: porque ao tempo, em que ela compadecida se manifesta numa perfeita, e verdadeira amiga desta porção mais desgraçada da espécie humana, consultando em geral os interesses dos pretos recém-tirados dos reinos africanos para o Brasil, na preservação das suas vidas; consulta também em particular o dos seus senhores, que, por efeito da compra, de contínuo arriscam o seu valor, e importância, que com aqueles se sepulta: e em comum os do Estado, que sabe, e pesa que eles são tanto mais preciosos, quanto necessários para a estabilidade e promoção da agricultura, e das diferentes manufaturas nos domínios Ultramar. (Tomo IV das *Memórias econômicas da Academia Real das Ciências de Lisboa* [1789-1815], p. 7 da reedição)

Nessa justificativa, percebe-se a mesma articulação entre riqueza nacional e o crescimento da população como fundamento da necessidade de se melhorar a vida dos escravos presente nos textos coetâneos dedicados a esse assunto, de forma que a sua *Memória* pode ser um exemplo do que Fernando Novais chamou de mercantilismo ilustrado (Novais, 1995, p. 230). Desse modo, sem questionar a escravidão, aquele autor procurou mostrar ao governo, aos traficantes e aos colonos o que poderiam fazer para evitar tantas mortes de escravos nos navios negreiros e nos estabelecimentos coloniais, uma vez que "a causa de toda sua grande mortandade e estrago, além das outras causas que menos concorre, é o modo por que são tratados" (*Memórias econômicas* inéditas, 1991, p. 8). Ao primeiro sugeriu fiscalização dos embarques de negros na costa africana, cobrando taxas por cada cabeça embarcada, de forma a impedir que as embarcações ficassem lotadas, porque isso aumentava as mortes em alto-mar. Aos segundos propôs mais cuidado com a qualidade e quantidade dos mantimentos e da água durante a travessia, pois assim evitariam muitas perdas, o que seria "mais concordante com os seus próprios interesses". E aos últimos recomendou melhor tratamento dos seus escravos, fornecendo-lhes alimentação, vestuário, moradia e descanso adequados, pois se essas sugestões fossem acolhidas, "pouca ou nenhuma escravaria viria a falecer das suas ordinárias doenças". (*Ibidem*, p. 39-43)

Todas essas propostas deveriam ser colocadas em prática, porque, como explicou o seu autor a respeito da sua importância: "Que havendo uma rigorosa necessidade da mesma escravatura para promoção das nossas fábricas e estabelecimento no Brasil, de onde nos vêm copiosos e abundantíssimos gêneros, e nos quais a real coroa percebe seus justos e devidos direitos," logo "a humanidade e os interesses da mesma real coroa exigem que se resista a esses absurdos" cometidos contra os escravos. (*Ibidem*, p. 50)

É nesse quadro da situação econômica de Portugal, em particular da crise da exploração aurífera em Minas Gerais, e do esforço intelectual para melhorá-la, acrescido das pressões dos autores ilustrados contra a escravidão, do aumento dos preços dos escravos e das constatações da *Memória* anteriormente apresentada, que se insere a tradução do cirurgião-mor Antônio José Vieira de Carvalho do manual médico de Dazille sobre enfermidades dos negros e a sua publicação sob o patrocínio régio. Em outras palavras, essa convergência de fatores em um mesmo contexto histórico, marcado por profundas transformações, explica o interesse médico e o governamental em divulgar na Colônia um livro contendo informações para a redução dos altos índices de óbitos da população escrava.

Assim, o texto, no qual tal cirurgião expõe os motivos que o levaram a se empenhar para traduzir uma obra francesa sobre as doenças mais comuns dos negros, pode ser interpretado como ressonância intelectual das preocupações de uma época caracterizada pela reflexão crítica dos seus problemas e pela crença na capacidade de superá-los por meio da razão. Eis o seu conteúdo que, pela relevância de suas afirmações para a compreensão do papel que o saber médico poderia exercer na duração da vida útil do escravo e, com efeito, na prosperidade econômica colonial e metropolitana, segue exposto inteiramente:

> Felizmente o meu destino me havia levado a ocupar nas Minas Gerais o emprego de Cirurgião-mor do Regimento da Cavalaria que guarnece a capital desta capitania, onde exercendo, a par de minha profissão, a Medicina prática, pude ver com meus mesmos olhos quanto a espécie humana sofre na inumerável multidão dos negros, que ali transporta a escravidão e o comércio. A mudança do clima, a diferença de tratamento, um trabalho contínuo e desmedido, e até a fome raríssimas vezes interrompida, juntos à triste consideração de seu penoso estado, são outras tantas causas das singulares e gravíssimas enfermidades, a que é sujeita entre nós esta raça desventurada de homens; que fazendo-lhes a vida pesada e adiantando-lhes a morte, levam à sepultura o melhor dos cabedais daquela e de outras Colônias da América Portuguesa, enterrando com eles o mesmo ouro que os seus braços haviam desenterrado, e secando assim na sua origem um dos primeiros mananciais da Coroa e do Estado. Estimulado, pois desta fatal experiência e do sincero e ardentíssimo desejo de me dar todo ao serviço de Vossa Alteza Real, me subministrou o meu zelo a lembrança de traduzir para Língua

> Portuguesa o Tratado que sobre as moléstias dos Negros ordenara e escrevera na Ilha de São Domingos Mr. Dazille; obra que tendo merecido a aprovação e os louvores de uma Nação tão ilustre, como iluminada enquanto não desvairou da Razão, e de sua nativa lealdade, me serviu de guia na minha prática, e a qual, divulgada por meio deste tratado, pode vir a ser de muito uso em todo o Estado do Brasil, onde, pela analogia de muitas circunstâncias físicas e morais são aplicáveis às observações e às doutrinas de seu Autor; e onde a dificuldade de recursos, pelas imensas distâncias que separam os seus habitantes, e pela raridade de médicos, fazem que pela maior parte o seja cada um em sua casa. (DAZILLE, 1801, abertura da obra sem paginação)

Mas, como aceitando a escravidão, quando ela estava sendo questionada, esse texto ressoa o pensamento crítico e racional das Luzes? Em primeiro lugar, conforme mostrou David Brion Davis, o racionalismo foi ambivalente, pois as mesmas ideias que serviram de base para proposição da abolição do trabalho escravo também foram mobilizadas para defendê-lo. Em segundo lugar, conforme mostrou Maxwell, o Iluminismo em Portugal apresentou características paradoxais, porque serviu antes para o fortalecimento do poder do Estado e do sistema colonial e não para extensão das liberdades individuais. (Davis, 2001, p. 435 e MAXWELL, 1997, p. 170)[18]

Dessa forma, os seus argumentos, em sintonia com as referidas contradições, sintetizam o ideário, formado pela relação entre sentimento humanitário e interesse econômico, que norteou as elites médicas da segunda metade do século XVIII à construção de textos apresentando uma preocupação inédita com as enfermidades dos escravos. Preocupação essa que estava relacionada essencialmente com a saúde do próprio sistema colonial, devido à sua alta dependência do tráfico de africanos em uma época em que essa atividade comercial estava sendo cada vez mais contestada.

Enfim, a Ilustração e as críticas dos seus escritores à escravidão e ao tráfico de africanos exerceram, junto com os desarranjos econômicos provocados durante a crise do Antigo Regime, decisiva influência na elaboração de textos médicos sobre as causas e as formas de tratamento das doenças da população escrava. Influência essa que continuou sendo exercida nos médicos que escreveram sobre as condições de

---

18   Conforme revelou Marquese (2004, p. 93), a ambivalência do racionalismo marcou vários escritos em todas as partes da América onde a reforma da administração do trabalho escravo estava em debate.

vida dos escravos no século XIX, principalmente nos que atuavam nas sociedades cuja economia permaneceu dependente do tráfico transatlântico de africanos para reposição da sua mão de obra, como no Brasil, onde, em decorrência da morosidade para se extinguir de fato tal tipo de comércio, bem como da ampla oferta de indivíduos que por meio dele foram arrastados como mercadorias humanas e com preços baixos, os índices de óbitos da população cativa permaneceram altos.

CAPÍTULO 5
Os relatos de Luís Antônio de Oliveira Mendes em sua *Memória...*(1793)

> *O amor da pátria me transportou e o desejo de ser útil, do modo que me faz possível, à porção mais infeliz da humanidade.*
>
> Luís Antônio de Oliveira Mendes (1793)[1]

O texto que será investigado apresenta a mais dura e bem fundamentada crítica à maneira como os escravos eram tratados, desde o tráfico até o cativeiro, elaborada no império português. Por essa razão merece uma análise exclusiva para que se conheça com maior profundidade seus argumentos. Segundo seu autor, um tropel de desgraças abateu-se sobre milhões de africanos, arrastados pelo tráfico de escravos para a América, desde a sua captura em solo materno, até seus últimos dias no cativeiro. Como consequência disso, para ele tamanho foi o infortúnio dos indivíduos submetidos a esse trágico processo de deslocamento humano, que os sobreviventes dele "se podiam chamar homens de ferro ou de pedra". (MENDES,1991, p. 41-42)

Com essas considerações, Luís Antônio de Oliveira Mendes expressa o pas-

---

1 MENDES, Luís Antônio de Oliveira. "Memória a respeito dos escravos e do tráfico de escravatura entre a Costa da África e o Brasil". In: *Memórias Econômicas da Academia Real de Ciência de Lisboa*. Tomo IV. Direção José Luis Cardoso. Lisboa, 1991, 50.

mo de uma geração de letrados, sintonizados com o ideário crítico do Iluminismo, diante das calamidades geradas pela escravidão. Quando ele as elaborou, essa forma de organização da produção e a sua fonte abastecedora de mão de obra, o tráfico transatlântico, estavam sendo questionados pelo menos desde a publicação da clássica obra do Barão de Montesquieu: *Do espírito das leis* (1749). Estava-se no auge da Era das Luzes. O movimento ilustrado que o gerou desenvolveu uma nova sensibilidade, diante dos dramas da existência humana, sustentado no conceito de humanidade e no sentimento de compaixão embutidos no adjetivo humanitário dela derivado. Não se quer afirmar que as motivações desse ilustrado luso-brasileiro, natural da Bahia (1748-1817), que estudou direito, filosofia e medicina na Universidade de Coimbra entre as décadas de 1770 e 1780, tenham sido exclusivamente de caráter humanitário. Mas seu texto expressa bem uma forma padrão de narrativa (narrativa humanitária, conforme a definiu Thomas Laqueur: abordagem extraordinariamente minuciosa dos sofrimentos e da morte de pessoas comuns) surgida na esteira da Ilustração, cujos temas estão relacionados com os infortúnios da vida cotidiana. (LAQUEUR, 1992, p. 240)

Havia decorrido quase três séculos de migração forçada de parte considerável da população negra africana para o Novo Mundo, quando ele elaborou na sua *Memória* uma das narrativas humanitárias mais comoventes sobre as etapas de conversão do negro à escravidão. No entanto, seu texto não é um testemunho fiel da realidade,[2] embora seus argumentos estejam fundados nela, pois seu objetivo expresso era o de contribuir para transformá-la. Assim, pode ser interpretado como um longo panfleto, um libelo, contra os males do cativeiro. Por isso, há quem defenda que seu autor foi antiescravista, ao desejar a extinção "para sempre da escravidão dos pretos a todos odiosa", em uma das passagens polêmicas da versão original de sua *Memória*, suprimidas ou alteradas na versão publicada.[3]

Seja como for, aqui seu escrito será interpretado como um recurso literário, destinado a sensibilizar os negociantes do tráfico, os senhores dos escravos e o Estado para melhorar a triste condição de vida do que ele considerou "a porção mais desgraçada da espécie humana" (MENDES, 1991, p. 1). Para isso, elaborou uma narrativa marcada por frases de efeito, por abundância de adjetivos macabros e por histórias trágicas. Assim, construiu uma imagem perversa da escravidão e

---

[2] Segundo Alberto de Costa e Silva, o autor talvez nem tenha pisado em solo africano."A memória histórica sobre os costumes particulares dos povos africanos." In: *Afro-Ásia*, v. 28, 2002, p. 255.

[3] Quem o considera assim é Oda (2007, p. 359).

dos seus agentes, como forma de cobrar destes uma nova postura em relação ao tratamento dos cativos, condizente com os ideais humanitários e com os ditames de eficiência econômica do século XVIII.[4]

Ao todo seu texto tem seis capítulos. O primeiro dedicado à geografia do tráfico e aos costumes da África negra. O segundo tem como foco as modalidades legais e ilegais da conversão de africanos à escravidão. O terceiro descreve o processo de condução deles desde o coração da África até as entranhas da América. O quarto e o quinto, respectivamente, abordam as suas doenças agudas e as suas doenças crônicas, e o último apresenta meios preventivos e curativos para evitar os altos índices de mortalidade que elas provocavam.

A impressão que Luís Antônio de Oliveira Mendes passa aos leitores sobre as regiões de onde se arrastavam a maioria dos africanos para os portos americanos (Costa da Mina, Angola, Cabinda, Cabo Verde, Moçambique, entre outras) é de uma África selvagem, de clima ardente e doentio, recortada por diversos rios (Niger, Manjuba, Angoi, Ambrio, Bingo, Libongo, Danda, Zange, além de tantos), por sertões secos e mesmo assim habitados pelas mais variadas comunidades que viviam arduamente em suas aldeias, sustentadas pela caça, pela pecuária e agricultura de subsistência, por um artesanato de consumo local e, dependendo do lugar, de um comércio mais intenso com regiões vizinhas, ou às vezes até com regiões distantes, e mineração. Essa mesma África, descrita etnocentricamente com o olhar de um ilustrado educado na Europa que, se muito, conheceu o seu litoral, era habitada, segundo ele, por povos na maioria das vezes bárbaros, de costumes gentílicos, como o da poligamia, que andavam quase nus, viviam em palhoças precárias, muito mal mobiliadas, em cujo centro havia uma fogueira destinada ao preparo das refeições compostas principalmente de feijão, legumes e carne, acrescida de algumas frutas e farinha. Esses povos (nagôs, geges, cabindas, congos, angolas, miricongos, dandulas, benguelas, minas e muitos outros), mesmo vivendo em um clima tão adverso e de forma precária, são considerados na *Memória* robustos, saudáveis e felizes. Afinal, viviam livres, ocupados com suas tarefas do cotidiano, e quando não estavam a elas entregues, tomavam suas bebidas, como a aluá (um fermentado alcoólico de cereal), com suas danças, seus instrumentos musicais, suas cantigas e religiões. (MENDES, 1991, 9-17)

Assim pulsava a vida no imenso e complexo mosaico social africano, conforme a narrativa de Luís Antônio de Oliveira Mendes, quando os portugueses,

---

4   Sobre a questão da eficiência econômica no século XVIII ver: MARQUESE (2004, p. 91-92).

e posteriormente outras nações europeias, romperam a faixa mediterrânea do Sahael, contornando a costa oeste do continente, desde o cabo Bojador (alcançado em 1434) até o cabo da Boa Esperança (contornado em 1497). Depois disso, o dia a dia de grande parte das populações da África negra mudaria sensivelmente. A chegada dos europeus (motivada inicialmente pelos últimos impulsos das Cruzadas e pela busca de rota alternativa para manter o comércio com o Oriente, após o bloqueio turco da passagem terrestre completado em 1453) interferiu em diversos campos das relações humanas. Uma delas é a escravidão.

Essa forma de organização das relações sociais de produção já existia em numerosas sociedades africanas desde a Antiguidade. Mas, salvo exceções, ela não existiu como fator estrutural da economia local. Em outras palavras, seu funcionamento era complementar ao trabalho predominantemente de natureza geralmente familiar na maior parte das aldeias. Os escravos pertenciam a famílias e não a indivíduos. Tinham personalidade étnica normalmente conservada e não legava sua condição jurídica servil para os seus descendentes.[5] (MENDES, 1991, p. 9-17)

Segundo descrição do autor da *Memória sobre o escravo e tráfico de escravatura entre a Costa da África e o Brasil*, a escravidão era admitida como punição a crimes, como forma de saldar dívidas e como destino dos derrotados em guerra. Nessas duas primeiras modalidades, havia um juiz, Soba, responsável pelo julgamento dos réus, e somente após sua sentença (podia ser a morte, no caso dos assassinos) se submetiam ao cativeiro. Na última modalidade, a sorte dos conflitos entre os povos é que decidia quem iria perder, se não a vida, a liberdade.[6] (MENDES, 1991, p. 18-19). Nesse caso podiam mesmo ser entregues aos mercadores de escravos que, desde pelo menos os tempos de Roma, comboiavam cativos pelo Mediterrâneo e pelo Índico.

Na Idade Moderna, a colonização mercantil da América acabou gerando grande demanda de mão de obra que, em algumas partes, após esgotadas as possibilidades de aproveitar os nativos para o trabalho em grande escala, foi satisfeita com escravos africanos até aproximadamente meados do século XIX. Os portugueses foram os primeiros a se servirem deles, levando-os para o seu reino

---

5   Informações retiradas de Mattoso (1990, p. 25-28). Sobre a escravidão nas sociedades africanas há diversos estudos, entre eles: Lovejoy (1983).

6   As modalidades de punição sob forma de escravidão nas sociedades africanas na época do descobrimento foram abordadas por: Klein (2004, p. 30), entre outros.

como serviçais. Posteriormente os usaram nas suas primeiras experiências com a fabricação de açúcar em ilhas conquistadas próximas ao litoral africano ainda no século XV. Por fim, quando introduziram a cultura do mesmo produto no Brasil e, principalmente, quando descobriram ouro, diamantes e outras pedras preciosas no seu interior, os levaram em grande massa para o outro lado do Atlântico. Nesse último momento, o deslocamento humano forçado alcançou tamanha proporção que sua viabilidade e eficiência somente poderiam ser garantidas com a montagem de um empreendimento empresarial intercontinental enorme e complexo conhecido como tráfico negreiro. O sucesso desse empreendimento dependeu de uma rede de agentes de uma ponta a outra do oceano. Dos comboieiros, que conduziam negros do mais remoto interior da África, aos leiloeiros, que vendiam os lotes de africanos nos mercados dos portos americanos, havia uma longa jornada a ser seguida pelos que tiveram a infelicidade de ser arrancados da liberdade. Luis Antônio de Oliveira Mendes a descreve com traços agudos de dramaticidade, para formar a opinião de que os negros eram cruelmente tratados, desde o início de seu deslocamento, no coração da África, até o seu destino final nos cativeiros da América, e a de que tal tratamento aumentava demasiadamente o número de mortos durante esse longo percurso, provocando prejuízos tanto econômicos quanto morais para todos que estavam envolvidos com a escravidão.

O tráfico para as colônias do Novo Mundo começou a ser organizado no século XVI. Até meados do século XIX, quando foi extinto, ele conduziu mais de dez milhões de almas para diversos pontos do novo continente. Somente para o Brasil foram aproximadamente quatro milhões.[7] Toda essa gente não foi produto apenas de justiça dos sobas, nem do equilíbrio instável da geopolítica interna da África, que como nos demais continentes muitas vezes terminava em guerras, e muito menos das calamidades climáticas responsáveis, em alguns lugares, por prolongadas secas que impunham desastrosas epidemias de fome, ao ponto de famílias inteiras se entregarem aos comerciantes de escravos. Ela foi, na maior parte, vítima de raptos organizados por grupos de indivíduos bem armados e apoiados por autoridades locais, sobretudo dos reinos, impérios e confederações tribais, que tiveram no comércio negreiro grande fonte de riqueza, o que cada vez mais incentivou comunidades a entrarem em guerra umas com as outras, não mais pelas suas divergências, mas para simples captura de vidas destinadas a alimentar a escravi-

---

7   Há divergências sobre o n° de africanos transportados para o Brasil, conforme pondera Klein (2004, p.155).

dão na América.[8] Periodicamente, à medida que levas de indivíduos iam sendo acumuladas nos centros de confinamento espalhados por várias regiões africanas, uma caravana liderada por um comboieiro passava para recolhê-los, sob a forma de escambo, e levá-los ao centro de distribuição, como Luanda, capital da Angola; geralmente grandes armazéns no litoral, onde eram revendidos para os agentes incumbidos de atravessá-los pelo oceano. Essa primeira etapa do tráfico negreiro durava meses, pois levava-se muito tempo para os comboios serem formados na quantidade mais lucrativa possível. Nesse momento, os escravos eram presos pelo pescoço em uma grande e grossa corrente, chamada libambo. Acorrentados brutalmente nela, marchavam horas a fio, carregando os suprimentos para sua manutenção e artigos negociáveis pelo caminho. Durante a caminhada, comia-se pouco e dormia-se ao relento (por questão de redução de custo). Dessa forma, muitos não resistiam e acabavam adoecendo e até morrendo nessa primeira fase do gigantesco trajeto em direção à América. A esse respeito, a *Memória* relata o seguinte:

> Ainda que na jornada diga o escravo, que está doente, que não pode prosseguir nela, ele é tido por mentiroso; em vez de se tratar do curativo da doença, que ele tenha, é espancado, para o fazerem marchar: de sorte, que metidos os escravos em o libambo, ou eles devem prosseguir na jornada, e destino, quer possam, quer não possam; ou devem perecer no libambo, como várias vezes sucede. (MENDES, 1991, p. 22)

Os que sobreviviam a essa primeira parte (impossível precisar por falta de registro, mas certamente foram muitos) eram negociados no litoral, onde ficavam armazenados por até três meses à espera dos negociantes de além-mar. Ali o tratamento por eles recebido continuava muito a desejar, pois a comida permanecia escassa e pouco nutritiva e as roupas (se é que se poderia chamar assim os farrapos com os quais chegavam da longa e penosa caminhada) não eram renovadas. Os efeitos trágicos dessa etapa, somadas aos da primeira, eram as inúmeras mortes até o embarque. Hebert Klein estima que até 30% da mortalidade dos escravos ocorria antes mesmo deles serem embarcados (KLEIN, 2004, p. 157). O autor da *Memória* fornece sobre isso um relato com dados assustadores. Segundo ele, era tão grande a quantidade de mortes na escravaria durante a espera dos compradores encarregados de conduzi-la ao seu destino, que saindo de Luanda em

---

[8] O aumento das tensões entre as sociedades africanas que resultavam em guerras de aprisionamentos de escravos para satisfação da demanda americana foi abordado por: Klein (2004, p. 58), Florentino (1997, p. 98-99), Conrad (1985, p. 50), Mattoso (1990, p. 27-28).

cada ano de dez a doze mil escravos, muitas vezes sucederia a situação de somente transportarem "de seis a sete mil para o Brasil" (MENDES, 1991, p. 23). O próximo passo dessa grande e sofrível diáspora era o confinamento dos africanos nos navios negreiros. Milhares deles cruzavam o oceano durante aproximadamente três séculos com os seus porões abarrotados de carne humana, que a América aguardava sedenta para devorar.

Imagem 7: porão de um navio negreiro, John Moritz Rugendas.

Eram conduzidos por uma tripulação chefiada por um capitão responsável pelo escambo com os agentes do tráfico posicionados na costa africana. Em troca dos negros, entregavam, dependendo da origem de cada embarcação, armas, pólvora, tecidos e artefatos diversos, ou com junco, aguardente, açúcar e farinha de mandioca.

Feita a transação (que muitas vezes levava meses porque nem sempre o mesmo centro de distribuição podia abastecer a demanda de tantos navios, obrigando-os a percorrer grande parte da enorme costa africana até completar a sua capacidade máxima) era hora de partir. A viagem demorava de quarenta dias a três meses. Dependia da origem da partida e do ponto do desembarque final, da tonelagem da embarcação, da sua tecnologia de navegação e da sua necessidade de escalas para abastecimento. Enquanto ela durava, as mercadorias vivas ficavam amontoadas nos porões, onde a ventilação era mínima, tornando o ar insalubre, com quase nenhum espaço para mobilidade, com água e comida insuficientes e, às vezes, de má qualidade, e com os mesmos farrapos com os quais estavam "embrulhadas" quando foram entregues às caravanas dos comboieiros na primeira parte do tráfico. Luís Antônio de Oliveira Mendes relata que "essa porção da humanidade desgraçada", após tantas privações da jornada inicial, do armazenamento anterior à travessia oceânica, "que se vai apurando de mão em mão, com resistência a tantos contratempos, de que vai escapando pela força da robustez", depois de ser "entregue aos capitães dos navios (...), é metida e fechada debaixo da escotilha" (*Ibidem*, p. 23). Nesse local ficava até o fim do percurso, sendo escoltada de vez em quando para a superfície a fim de tomar um pouco de sol e ar fresco (uma forma de prevenção contra o avanço de doenças).

Como todo negociante, os atravessadores de escravos também procuraram reduzir os custos da sua mercadoria. Com esse objetivo, seguiam três regras básicas: "1ª) o de permutar, e de fazer a sua escravaria pelo mais barato que possa ser; 2ª) o de meter e o de transportar em um navio quanto lhes seja possível a maior porção dela; 3ª) que com ela se dispenda o menos que possa ser no seu transporte". (*Ibidem*, p. 24)

O resultado disso não poderia ser lisonjeiro. A mortalidade havia de ser muito alta, principalmente nas primeiras décadas de vigência do tráfico, quando a taxa de óbitos girava em torno de 20% em média por navio. Posteriormente, esse percentual foi sendo reduzido até atingir aproximadamente 6%, a partir das décadas iniciais do séc. XIX. Essa redução, embora expressiva, ainda não foi suficiente para que o índice de mortalidade ficasse dentro do padrão aceitável na época; algo em torno de 2%. No entanto, contribuiu para que mais negros chegassem vivos à América.

Para isso, leis foram criadas, desde as primeiras leis portuguesas (como a de 1664) até as leis inglesas do final do século XVIII, arbitrando a quantidade de indivíduos relativa ao peso e tamanho das embarcações.[9] (KLEIN, 2004). Os mortos durante a travessia tinham o mar como sepultura. Nele se atiravam os corpos sem cerimônia ou ritual de deferência às almas que eles abrigaram. Por mais resistentes que fossem, as doenças muitas vezes os venciam. Disenteria, varíola, febres malignas (malária e amarela) e o escorbuto (este com as medidas preventivas, de fácil aplicação e baratas, como o suco de limão, tornou-se raro a partir do final

---

9   Sobre a redução da mortalidade no tráfico p.137; sobre o padrão aceitável de mortalidade para as populações em migração em navios p. 134-136. Sobre as leis destinadas a capacidade de transporte dos navios negreiros p. 148-150.

do século XVIII) foram as mais mortíferas. A primeira delas, conhecida na época como fluxo de sangue, eliminado nas evacuações intestinais, derivava das péssimas condições sanitárias dos navios, particularmente nos porões, e da manipulação sem assepsia dos alimentos e da sua corrupção quando acondicionados por longo tempo e sem maiores precauções. Ela sempre estava presente nos negreiros e, se não matasse, deixava, junto com outras doenças e com a longa viagem, a escravaria muito debilitada. A propósito, não é por acaso que o imaginário popular é marcado por uma visão dantesca dos navios negreiros. Os autores empenhados em combater o tráfico, ou ao menos melhorar as suas condições, como o autor em foco nesse texto, junto com os abolicionistas de diversas extirpes, acabaram produzindo relatos horrendos desse abominável negócio para convencer o Estado a extingui-lo. Um dos relatos mais apaixonantes a esse respeito foi feito pelo cirurgião naval Thomas Nelson. Em seu diário, publicado em 1846, ele relata a situação da escravaria do navio Dois de Fevereiro:

> Amontoados no convés, e obstruindo as passagens em ambos os lados, agachados, ou melhor curvados, trezentos e sessenta e dois negros, com doença, deficiência e miséria estampadas com intensidade e de tal forma dolorosa que excedia qualquer poder de descrição. A um canto um grupo de miseráveis estirados, muitos nos últimos estágios da exaustão e todos cobertos com as pústulas da varíola. Observei que muitos deles tinham rastejado até o lugar em que a água havia sido servida, na esperança de conseguir um gole do líquido precioso; mas incapazes de retornarem a seus lugares, jaziam prostrados ao redor da tina. Aqui e ali, em meio ao aglomerado, havia casos isolados da mesma doença repugnante em sua forma confluente ou pior, e casos de extrema emaciação e exaustão, alguns em estado de completo estupor, outros olhando penosamente ao redor, apontando com dedos para suas bocas crestadas. ... Em todos os lados, rostos esquálidos e encovados tornados ainda mais hediondos pelas pálpebras intumescidas e pela ejeção puriforme de uma violenta oftalmia, da qual parecia sofrer a maioria; além disso havia figuras reduzidas a pele e osso, curvadas numa postura que originalmente foram forçados a adotar pela falta de espaço, e que a debilidade e rigidez das juntas forçaram-nos a manter.
> (*Apud*: CONRAD, 1985, p. 56)

Segundo os estudiosos do assunto, essa imagem deprimente não pode ser generalizada para todas as embarcações. Em muitas delas, realmente, o quadro foi mesmo trágico, principalmente se a travessia tivesse durado além demais do previsto, se os embarcados já estivessem mais frágeis do que normalmente estavam ao serem retirados dos depósitos de negros no litoral africano e se as calamidades no navio tivessem extrapolado os limites do suportável. Afinal, cada escravo, por mais barato que custasse ao traficante, se não chegasse vivo e em condições de ser negociado nos mercados americanos, lhe renderia prejuízo de aproximadamente 0,67% da carga total (KLEIN, 2004, p. 132). Por essa razão, tinham de esmerar-se para reduzir suas perdas, que eram bastante elevadas devido aos efeitos do impacto de toda a cadeia de deslocamento até os navios e dos cálculos para a redução dos custos de seus transporte marítimo. Em outras palavras, embora a travessia fosse brutal e, em muitos casos, sanguinária, seria ilógico na racionalidade econômica dos empresários do tráfico que sua mercadoria ficasse entregue a tantos sofrimentos sem intervenção nenhuma por parte deles.

Ao longo da história dessa modalidade comercial, sabe-se que, aos poucos, cirurgiões foram sendo levados nos navios para socorrer os escravos; vacinas contra varíola foram neles aplicadas; suco de limão e outras fontes baratas de vitamina C a eles foram fornecidas. Todavia, muitas vezes isso não era suficiente, dada as características de um negócio fundado na violência.

Quando os navios chegavam ao seu destino, começava a terceira e última etapa do tráfico: a exposição dos africanos nos mercados de escravos. O desembarque fazia-se em pequenos barcos a remo, logo após a permissão das autoridades (às vezes isso demorava até quarenta dias – quarentena – se houvesse suspeita de a carga negreira ter sido afetada por epidemia de alguma enfermidade contagiosa). Ao desembarcarem, eles passavam por uma contagem pelo pessoal da alfândega, por razões tributárias e, em seguida, eram postos à venda. Em diversas ocasiões ela ocorria tão logo se completava a tributação, pois vários compradores já estavam à espera para escolher os negros mais robustos. Não raramente, lotes inteiros se arrematavam em leilões diretamente pelos grandes proprietários locais ou seus prepostos, quando a demanda exigisse. Os que sobravam a esse primeiro impulso mercantil eram depositados em locais onde pudessem ser preparados para uma nova exposição. Por uma questão novamente de custo, nessa etapa o tratamento dos escravos continuava precário como nas outras. Pois, "por se querer liquidar a negociação pela menor despesa, a escravatura se conserva sem novo vestuário, e encontra economia de escassas rações, que", denuncia o autor da *Memória*, "são feitas daqueles mantimentos que o capitão fez durar por providência para maior tempo de viagem" (MENDES, 1991, p. 25). Um dos mercados de africanos mais frequentados na América foi o do Valongo, que funcionou entre 1758 e 1831, em uma das maiores cidades receptoras do tráfico negreiro desde o auge da extração de pedras preciosas em Minas Gerais em meados do século XVIII: Rio de Janeiro.

Imagem 8: mercado de escravos (Valongo), Jean Baptiste Debret.

Diversos viajantes retratam esse local. Uma das mais lúgubres descrições dele foi elaborada pelo médico prussiano dr. Meyen no início da década de 1830.

> Devido à sujeira dos navios em que haviam sido trazidos e à má qualidade de sua dieta (carne salgada, toucinho e feijão), tinham sido atacados por doenças cutâneas, que a princípio apareciam em pequenas manchas e logo se transformavam em feridas extensas e corrosivas. Devido à fome e miséria, a pele havia perdido sua aparência preta e lustrosa, e assim, com as manchas das erupções esbranquiçadas e cabeças raspadas, com suas fisionomias estúpidas e pasmas, certamente pareciam criaturas que dificilmente alguém gostaria de reconhecer como seu próximo. (CONRAD, 1985, p. 61)

Um relato não menos trágico e que complementa o anterior foi produzido pelo naturalista alemão George Wilhelm Freireyss em 1814.

> As doenças eram inúmeras e pareciam relacionadas à fadiga, às misérias e aos mau tratos que sofreram na viagem e de que são conseqüências. Muitos morrem de febres infecciosas, disenteria, escorbuto, nostalgia, etc., antes de chegarem ao novo senhor, mas também muitas vezes logo depois. A varíola vitima também anualmente uma grande porção dos infelizes, não obstante, porém, podem ser vacinados gratuitamente, para o que o governo mantém postos vacínicos em muitos lugares. A indiferença, porém dos traficantes pela vida dos escravos é tão grande que não utilizam-se destes postos úteis, e até aqueles que conduzem escravos para o interior saem da capital sem terem vacinado um só preto. Não se pode negar, todavia, que a maior parte sucumbe de falta de cuidados e bons médicos. (FREIREYSS, 1992, p. 132)

A falta de cuidados médicos aludidos no depoimento de Freireyss é devido à carência de profissionais da medicina e dos preços por eles cobrados. Isso encarecia o custo da escravaria, o que os mercadores procuravam evitar. Assim, os escravos doentes geralmente recebiam atendimento dos barbeiros sangradores, os quais na maioria das vezes submetiam os pacientes a sangrias (extração de sangue para eliminar a corrupção que, de acordo com uma das teorias médicas em voga, provocava uma série de enfermidades), o que os debilitava ainda mais.

Naquele mercado, a espera por compradores era muito desconfortável. O chão se fazia de cama, a comida, como sempre, aquém das necessidades nutricionais e o que sobrava das vestes, depois do longo deslocamento, mal dava para cobrir as partes íntimas. Sobre isso, há o seguinte relato na *Memória*:

> Desembarcada esta grande porção de escravatura na América, é conduzida para casa de comum senhor, que também o é do navio, e de toda a negociação. Ali para ser vista de todos, são os escravos postos, e mandados assentar em lotes, e com separação dos grandes aos pequenos, das pretas maiores e menores, na rua pela frente da propriedade do senhor; e quando à noite se faz preciso ser recolhida a escravatura, repousa em um grande armazém térreo, que fica por baixo da propriedade senhorial. Quando esta porção de escravatura chega ao Brasil, consigo pensa, e bem, que entrando na terra prometida da abundância, e da fartura, nada deve lhe faltar; porém o contrário lhe sucede, porque por se querer liquidar a negociação pela menor despesa, a mesma escravatura se conserva sem novo vestuário; e encontra a economia de umas escassas rações, que de ordinário são feitas daqueles mantimentos, que o capitão fez durar por providência para maior tempo da viagem. (MENDES, 1991, p. 25)

Tudo isso tornava os negros mais propensos às doenças, que os levavam aos montes para os braços da morte antes de serem vendidos. Tanto que, com o enorme aumento do desembarque negreiro nos anos 1720, motivado pela expansão do extrativismo aurífero nas vilas mineiras, foi construído um novo cemitério, nas proximidades do Valongo. Da sua inauguração até seu fechamento (1722-1830) milhares de africanos foram enterrados nele. Somente no ano de 1828 foram 2019 indivíduos que, depois da travessia, ali encontraram seu leito derradeiro. Em termos percentuais, estima-se que 4% dos desembarcados tinha como destino tal cemitério, conhecido como dos pretos novos.[10] No entanto, a mortandade foi bem maior, pois muito dos filhos da África, falecidos antes de se completar o ciclo do tráfico, foram sepultados clandestinamente. No Rio de Janeiro, por exemplo, em 1815 o intendente de polícia, Paulo Fernandes Vianna, pediu providências ao juiz criminal contra os abusos a esse respeito cometidos pelos agentes do comércio negreiro num local próximo ao mercado dos pretos novos. Diz ele:

> Nos fundos da rua nova de São Joaquim e fundos das casas novamente edificadas nos cajueiros era um pântano que, além de nocivo à saúde pública, ainda de mais a mais é cemitério de cadáveres de negros novos, pela ambição dos homens do valongo que para ali os lançavam a fim de se furtarem da despesa de pagar cemitério. (*Apud*: HONORATO, 2007, p. 134)

A imensa travessia, para grande parte dos escravos terminava nas cidades portuárias e suas adjacências. Mas outros tantos ainda deveriam percorrer enormes distâncias até chegarem ao cativeiro. Para o vasto interior do país eram conduzidos outra vez em libambos, com a carga das encomendas dos colonos distantes do litoral sobre as costas. Os destinados às montanhas de Minas Gerais, por exemplo, ainda precisavam subi-las durante dias e não poucos ficavam pelo caminho, às vezes expostos como banquetes aos abutres.

Ao terminar as gigantescas jornadas percorridas, do seio da África às entranhas da América, quando finalmente os negros encontravam os grilhões do trabalho escravo, o que lhes aguardava? Para a maioria, certamente, uma inauspiciosa desgraça, proporcionada pelas duras tarefas cotidianas, cumpridas do alvorecer ao crepúsculo, e pelo mau tratamento a eles imposto (alimentação inadequada e

---

10 Esses dados são fornecidos por Pereira (2007, p. 112 (relativo ao percentual de mortos) e p. 122 (relativo aos mortos em 1828).

insuficiente, vestimenta precária, senzalas insalubres e mal equipadas, reduzido tempo de descanso e castigos ocasionais ou mesmo recorrentes se as ordens não fossem satisfatoriamente cumpridas ou se alguma falta mais grave fosse cometida). O efeito disso não poderia ser outro: tornavam-se presas fáceis para as doenças, ficando, se afetados por elas, sob a espreita da morte.

O problema do tratamento (um problema só observado por escritores jesuítas a partir do século XVII), que em geral não era bom, porque o custo para isso era (enquanto a oferta de africanos esteve em alta e com preços baixos), no entendimento dos grandes proprietários, mais caro do que a compra de um novo escravo, está inserido em um estorvo ainda maior: o da adaptação do negro ao novo ambiente cultural, geográfico e econômico. Na condição de desterrados, forçadamente arrancados de suas raízes, o universo da escravidão era um mundo repleto de incertezas. Quase tudo era diferente de sua vida anterior: a religiosidade, a alimentação, as frentes e as formas de trabalho, as relações de parentesco, entre outros aspectos da vida cotidiana; tudo isso exigiu, lenta, dolorosa e difícil adaptação que transformou a vida em "contínuo martírio", conforme suas próprias palavras. (MENDES, 1991, p. 26)

Conforme investigou, "os povos africanos em os países de sua habitação e natalício são muito menos atacados" por doenças, o que "se deve ao ar a que estão acostumados (...), aos seus constantes e certos alimentos, às águas de que usam e a que são habituados." Porém, "eles em mudança, em que encontram novos ares, desacostumadas comidas e outras águas, já são mais acometidos". (*Ibidem*, p. 28)

Havia os que não conseguiam adaptar-se (impossível estimar a quantidade por falta de registro), e logo morriam, ou deixavam-se morrer, ou até mesmo se matavam. Os que se adaptavam podiam viver, normalmente, alguns anos (atingir a velhice era exceção) se resistissem aos infortúnios da escravidão e às doenças, que os ameaçavam a todo instante com: o frio, a fome, a violência diária, os acidentes, os surtos epidêmicos, o excesso de trabalho, entre outras calamidades.

Entre tantas enfermidades que vitimavam a população cativa, várias se destacam pela sua recorrência e morbidade. O autor da *Memória* elenca alguma delas, as classificando em dois grupos: agudas e crônicas.

No primeiro grupo estão todas enfermidades "que ordinariamente acometem aos pretos escravos, e que são adquiridas nas mudanças dos seus alongados transportes, aonde tudo de mau e contrário à conservação da saúde os persegue". (*Ibidem*, p. 27) São elas: febres malignas (febre amarela), hemorragias, ou fluxo hemorrágico anal (disenteria), corrupção do bicho (maculo), tosses e constipações, sezões (malária), opilação (acilostomíase), bexigas (varíola), doença do bicho e carbúnculos (edemas cutâneos).

"A primeira, e mais prejudicial das moléstias agudas, que sofrem os pretos escravos", tanto "nos reinos africanos, como quando descem dos seus sertões, na estada dos portos marítimos, no seu transporte, e mesmo no Brasil", são "umas grandes e repentinas febres, bem semelhantes às perniciosas, as quais (...) em poucos dias os matam". Os indivíduos afetados por esta "terrível e destruidora enfermidade", causada por picada de insetos transmissores de um vírus originário de certas espécies de macacos, apresentam "sonolência que, crescendo por efeitos (...) da ardentíssima febre, prostram o enfermo de um tal modo, e este tão veemente, que o entregam a um letárgico, do qual no seu auge se passa para a outra vida". (*Ibidem*, p. 28)

"Na segunda classe de enfermidades agudas devem ser postas, por serem gravíssimas, as hemorragias que muito acometem a escravatura, sendo estas as que levam à sepultura grande parte" dela, e a todos conhecido como "mal de Luanda". Essa doença, derivada da contaminação da alimentação, e da água em situações sanitárias insatisfatórias, provoca uma "evacuação contínua, e por efeito dela o intestino reto se dilata, e o ânus se circula com lábios esponjosos, que nascem do interior da via". (*Ibidem*, p. 28)

"A terceira qualidade de doenças agudas que costuma atacar a escravatura (...) vem o que se chama do bicho". (*Ibidem*, p. 29). Trata-se do que na medicina da época se definia como maculo ou corrupção do bicho: uma inflamação entre as porções mais baixas do aparelho digestivo e o ânus, extremamente incômoda, dolorosa e mortífera.

"Na ordem das mesmas moléstias agudas, em quarto lugar devem ser postas as infindas constipações e as frequentíssimas e veementes tosses". Estas encontravam terreno fértil para causar os seus estragos na estação do frio, ou nos horários em que a temperatura cai bruscamente, e, principalmente, no "mau trato e falta do vestuário preciso, o que consome e destrói muita escravatura". (*Ibidem*, p. 29)

Em seguida, "ocupam o quinto lugar as infinitas sezões, que, começando em terças e quartãs, com o aumento de horas vindo a acompanhar umas e outras, fazem com que muita escravatura faleça". Todavia, se "os escravos chegam a escapar" delas, neles ainda ficam as opilações que, "dentro de poucos tempos estragando-os, os levam à sepultura, são postas no sexto lugar das enfermidades agudas." (*Ibidem*, p. 29)

A quinta moléstia acima denominada como sezões é a malária. Muito comum nas regiões de densas florestas tropicais, ela tornou-se endêmica no Brasil e foi um dos maiores males da população como um todo. Causada por um protozoário da espécie plasmodium, facilmente encontrado ao sul do Equador, transmitido pela fêmea do mosquito anófeles, provoca grande cansaço, perda de apetite, dor de cabeça e muscular. A isso se acrescentam ataques cíclicos de tremura, febre alta, frio intenso, náusea e vômito. A sexta moléstia acima denominada opilação, também endêmica no nosso país, é muito comum em populações pobres facilmente atacadas por verminoses, devido às suas lastimosas condições sanitárias. Depois de longos debates, os médicos tropicalistas descobriram tratar-se da ancilostomíase, originada de um nematóide hematófago (ancilóstomo) que ataca a mucosa intestinal para saciar seu voraz apetite por sangue, causando anemia aos seus hospedeiros.[11]

"A sétima qualidade de doenças agudas, que matam o escravo, vem a ser as bexigas" (nome popular da varíola) "e o sarampo, que os experientes dos países africanos têm visto repetir diversas vezes, já em seus sertões, já nos presídios, já em portos marítimos, já no embarque e ainda mesmo no Brasil". Por serem altamente contagiosas, "começando em um só escravo se comunicam a todo o lote da escravatura", o que provocou inúmeras perdas de vida. No caso da varíola, com a descoberta de um preventivo, por meio de vacina, no final do século XVIII, houve considerável redução de mortes à medida que foi sendo generalizada, quando as autoridades públicas passaram a ofertá-las gratuitamente.[12]

"A oitava espécie ou qualidade de enfermidades agudas (...) frequentes na Costa da Mina e no Brasil, vem a ser a doença do bicho de outra qualidade". Diferente da anteriormente abordada, que ataca o intestino reto e o ânus, "este bicho se cria nos corpos dos pretos (...) e de ordinário se acha nos braços e nas pernas. Dada a gravidade dos seus efeitos (inchaço, dor e até gangrena) ele deve ser cuidadosamente extraído com agulha ou alfinete; caso contrário, a vítima ou morre ou fica inutilizada para o trabalho". (MENDES, 1991, p. 30)

Finalmente, "na classe das doenças agudas têm o nono lugar os carbúnculos ou antrazes, que são frequentes nos países de nascimento dos escravos, como em portos marítimos, e no Brasil."(*Ibidem*, p. 31). Essa moléstia, assim denominada por

---

11 Uma análise dos debates sobre tal doença foi feita por Edler (2004, p. 48-54).
12 Sobre a vacinação contra a varíola, particularmente na população escrava, há pelo menos dois trabalhos: Chilhoub (1999, p. 110-113) e Honorato (2007, p. 120-126).

apresentar uma mancha escura nas partes afetadas, é um tipo de edema cutâneo que se manifesta sob a forma de uma grande e incômoda pústula, a qual se devia sangrar para eliminar o material inflamado, depois lavar com aguardente e cauterizar.

O segundo grupo de doenças, classificadas por Luís Antônio de Oliveira Mendes como crônicas, é formado por oito malefícios: banzo, sarna, boubas, escorbuto, bicho do pé, lombrigas, hidropsia e ressecação dos bofes (ressecamento de órgãos do sistema digestivo). A primeira delas, ele define da seguinte maneira:

> O banzo é um ressentimento estranhado por qualquer princípio, como por exemplo; a saudade dos seus, e da sua pátria; o amor devido a alguém; a ingratidão, e aleivosia, que outro lhe fizera; a cogitação profunda sobre a perda de liberdade; a meditação continuada da aspereza, com que os tratam; o mesmo mau trato, que suportam; e tudo aquilo, que pode melancolizar. É uma paixão de alma, a que se entregam, que só é extinta com a morte. (*Ibidem*.)

Como exemplo da manifestação da doença depressiva em sua *Memória* há um relato comovente, obtido de Raimundo Jalama, administrador do contrato das companhias do Pará e Pernambuco (criadas por Marquês de Pombal entre 1755 e 1759) por dez anos na cidade de São Paulo de Luanda. Segundo ele, entre tantas cargas de africanos remetidos para o Brasil estava uma escrava com uma filha de aproximadamente sete anos, "que se entregava a um tal fastio, por efeitos do banzo, que nada queria comer". Ao observar esse comportamento, resolveu investigá-lo e, após insistidas perguntas, veio a saber que "seu marido, a quem tanto amava, a havia dado a ela com ingratidão à dura escravidão, juntamente com sua tão estimada filha". Tendo tomado consciência disso, tentou animá-la com alguns agrados e até promessa de liberdade. Mas nada a tirava daquele melancólico estado, que arrancava das almas mais sensíveis lágrimas de compaixão ao vê-la entregue a tão profunda agonia. "Seus olhos eram como dois rios e de contínuo tinha a cabeça sobre os joelhos". E assim ficou até falecer, deixando sua filha à mercê das incertezas de um mundo injusto e sombrio a caminho do cativeiro. Sabe-se que ela sobreviveu e foi estimada como "heroína do amor", tendo recebido batismo com simbólico nome de Lucrécia (dama romana raptada por um nobre etrusco que optou pela morte a ser escravizada); uma clara homenagem à sua mãe.[13] (*Ibidem*, p. 31-32). Essa é uma história dramática, das tantas engendradas

---

13 A informação sobre o nome de batismo da filha da escrava falecida encontra-se na versão original de Luís Antônio de Oliveira Mendes descoberta por Slenes (2002). Cf. Oda (2007, p. 356).

pela escravidão, que emerge como uma adaga no coração de quem, por força do cristianismo ou da Ilustração, se sensibilizava com a miséria da existência humana e suas contingências cotidianas.

"A segunda moléstia crônica, e de sumo perigo, vem a ser a sarna". De caráter altamente contagioso, ela se propaga facilmente, sobretudo quando as circunstâncias a favorecem, como nas etapas do tráfico nas quais inúmeros negros são reunidos sem as mínimas condições de higiene por tanto tempo. Essa enfermidade distingue-se em duas: a sarna mansa e a brava. Essa última "ocupa o terceiro lugar das doenças crônicas" e "é igualmente epidêmica", mas de outra natureza em relação à anterior por se tratar "de efeito de mal venéreo: declara-se nas pudentas, na virilha, no nariz, atrás das orelhas; e lhe chamam de boubas", que se apresentam sob forma de chagas e cuja dilatação atinge a circunferência de uma moeda. (*Ibidem*, p. 32)

"A quarta espécie de doenças crônicas, que acometem a escravatura, vem a ser o escorbuto". (*Ibidem*, p. 33). Essa enfermidade é provocada pela carência de vitamina C. Durante o enorme percurso entre a África e o Brasil, principalmente na etapa da travessia atlântica, a alimentação ficava muito a desejar. Na referida etapa, os alimentos frescos não resistiam muito tempo e o reabastecimento não se fazia rapidamente, por razões óbvias. E quando se abastecia, as fontes de vitamina C (frutas cítricas e algumas verduras) não estavam sempre disponíveis. Consequentemente, muitas embarcações chegavam aos portos com grande número de escorbúticos, os quais se conhecia pela pele escamosa, febre, hemorragia e dentes enegrecidos.

"Outra espécie de doenças crônicas que muito acometem a escravatura, e vem ocupar o quinto lugar, são os bichos que nascem nas mãos, corpos e com maior força nos pés". (*Ibidem*). Os escravos andavam descalços, por motivo de economia e como marca de sua condição servil (uma forma de identificá-los como sendo desprovidos de liberdade, de tal maneira que os alforriados se esforçavam mais rápido possível em encontrar um calçado para lhe afastar essa identidade). Assim, ficavam facilmente expostos ao agente invisível responsável por comichão e, se não fosse expulso, por uma inflamação que poderia causar grandes danos, como a perda de mobilidade, febre, ínguas e fortes dores.

"A sexta qualidade de doenças crônicas, que costumam levar grande número da escravatura insensivelmente à sepultura, vem a ser as lombrigas". O diagnóstico feito na época acabou revelando-se equivocado com o avanço do saber médico ("relaxação do estômago proveniente do "clima ardente" e das comidas de inferior qualidade que são as que de ordinário têm os escravos"), (*Ibidem*). pois entendia-se a formação dessa verminose como resultado de geração espontânea dessas duas combinações, clima quente e má alimentação. Entretanto sua enorme incidência nos cativos é resultado das precárias condições de higiene às quais estavam submetidos.

"Na ordem das doenças crônicas ocupam o sétimo lugar as hidropisias, por cuja porta vão ter à morte muitos mil escravos". Essa moléstia provoca enorme inchaço no ventre e um amarelão nos olhos com grande incômodo para o enfermo, que por isso apresenta movimentos lentos e uma quase letargia. Isso é normalmente resultado da redução ou paralisação das atividades do fígado por má alimentação, ou verminoses (esquistossomose), ou vírus (hepatite) ou por excesso de bebidas alcoólicas. Quando o consumo exagerado destas tornava-se diário, Luís Antônio de Oliveira Mendes identifica "a oitava e última das moléstias crônicas e a mais prejudicial", qual seja, "a que chamam vulgarmente ressecação dos bofes; doença que provém de muita giribita, ou aguardente, e cachaça do Brasil, que de contínuo bebe toda a escravatura". Pois, conforme explica:

> A esta se entregam com extremo por três princípios: primeiro; porque vivendo em seu país natalício, onde há falta dela, e sendo apaixonadíssimos desta bebida, ao depois encontrando-a com abundância, se fartam dela: segundo; porque a debilidade, a frouxidão, e a relação do seu estômago assim o pede: terceiro, porque sendo os escravos nascidos em um país muito mais quente que o Brasil, que demais é assistido de muitas virações, andando muito mal vestidos, sentem frio, e na falta de roupa se entregam a esta bebida, persuadidos de que os aquece; o que sendo momentâneo, continuam na mesma bebida, para sustentarem o pretendido calor, com danificação conhecida das suas entranhas. (*Ibidem*, p. 34)

A parte final de sua *Memória* é dedicada aos "meios de se acautelarem, e de se curarem tanto das enfermidades agudas, como crônicas, que acometem e matam os pretos escravos, tanto em suas jornadas, estadas nos portos marítimos da África, como no embarque deles, e em todo o Brasil, assim quando chegam, como no decurso das suas curtas vidas". Com esse gigantesco título ele apresenta o último, o mais longo e o mais importante capítulo do seu libelo. Nele sugere que "os pretos escravos da África, desde o instante de seu infeliz cativeiro, encontrariam a melhora, ou pelo menos a conservação da sua saúde, se também encontrassem outro discernimento" os agentes da escravidão desde o tráfico até o cativeiro. (*Ibidem*, p. 34-35)

O discernimento aludido refere-se à mudança de mentalidade por parte de tais agentes no tocante ao tratamento dos escravos, que era determinado pela lógica predominante no negócio negreiro e no cativeiro em relação ao preço dos escravos. Para os traficantes, quanto menor o gasto com eles até a venda, maior seria o lucro. Para os grandes proprietários coloniais, o dispêndio com a manutenção da escravaria deveria ser conformado com o custo do seu empreendimento e com a expectativa do tempo de exploração da força de trabalho dela e com as próprias circunstâncias do mercado de consumo de seus produtos (quando a demanda estava em alta e os lucros compensassem, normalmente ampliava-se a exploração do trabalho escravo). Era determinado também pelas maneiras de ver e interpretar a vida, a sociedade e o mundo na época do Antigo Regime. Uma época em que as hierarquias sociais eram consideradas naturais e, com efeito, as relações de dominação muitas vezes impunham aos considerados inferiores (tanto na escala das relações sociais, quanto na escala das relações "raciais") o desprezo às suas existências, que somente tinham sentido no universo das elites como serviçais.

O novo discernimento, que aquele ilustrado luso-brasileiro procurou em seu texto contribuir para fomentar nos agentes da escravidão, deveria ser pautado em diversas posturas orientadas nos apelos humanísticos da Ilustração e pela racionalidade econômica neo mercantilista, em voga no século XVIII, que pregava, entre outras coisas, o fim do desperdício de vidas para se obter maior eficiência e rentabilidade.[14]

Em relação à etapa inicial do tráfico, desde o sertão até o armazenamento nos portos, ele propõe cinco regras. A primeira deve ter em conta "que os pretos perdendo a sua liberdade ficam desde o começo apaixonados e entregues a um indizível ressentimento". Por isso eles têm de ser tratados "com brandura e agrado, para fazer o cativeiro menos sensível, e desvanecer pouco a pouco o banzo, que não os desacompanha". A segunda consiste em disponibilizar "no rancho, ou lote de escravos (…), um daqueles seus práticos a que chamam curandeiros", para "no decurso da viagem observar as enfermidades e aplicar a medicina do seu uso". Em terceiro vem a prudência de "fazer descansar a escravatura em os sítios mais frescos, e oportunos, onde houverem melhores águas e mantimentos

---

14   No caso português, tal racionalidade é discutida, entre outros autores, por Fernando Novais 1995 e Kenneth Maxwell 1997, capítulo VII.

(...), regulando a viagem sempre de tal modo que um dia fosse de marcha e outro de descanso". Nessa mesma regra ainda é igualmente prudente "transportar em odres a água necessária (...) para se fugir à grande e extraordinária sede, e serem prevenidos as muitas enfermidades a que ela dá origem". E o mesmo deve-se praticar sobre os mantimentos, para que nas jornadas fossem os escravos mantidos e sustentados, quando não fosse com fartura, pelo menos com o preciso, para se evitarem as grandes fomes, que de contínuo experimentam em tão longas jornadas". De modo que "os infelizes escravos não venham a um tempo sentir as muitas calamidades provenientes da mudança do clima, das águas, da fatigação da jornada, do sol a que vêm expostos, da fome e sede". A quarta regra impõe a obrigação de "cortar das fazendas levados para permutação o que fosse preciso, para que com ele o miserável escravo de noite se cobrisse, para deste modo resistir aos efeitos do sereno da noite". Deve-se também "cortar algum mato em aqueles sertões para camas, o que com a maior facilidade se pode fazer em aqueles países desertos e abundantes de arbustos, cujas folhas secas somente usam para esse fim", de modo a proporcionar a escravatura melhor descanso e proteção contra a umidade da terra. A quinta e última regra é fazer conduzir ao lado dos libambos "certa porção de escravatura mansa (...) para diariamente caçando para o sustento não apenas de si próprio, mas também de toda a caravana" de forma que "chegado ela ao lugar do arraial [onde se faz pouso], venha frequentemente a ter carne fresca". (MENDES, 1991, p. 35-37)

Em relação ao tempo que os comboiados ficavam nos armazéns do litoral africano à espera do embarque para o cativeiro, Luís Antônio de Oliveira Mendes, em tom de denúncia, expressou-se da seguinte maneira:

> O que vem a ser mais lastimável é que chegando a tal, e qual porção da escravatura salva aos portos para o embarque, aonde tudo abunda, como por exemplo em São Paulo de Luanda, devendo-se a tudo isto ocorrer, pelo contrário é a escravatura mantida na mesma economia, e falta do seu preciso; porque os comerciantes ali estabelecidos, que se entregam à negociação de escravos, insistem em o seu errado sistema, de que quanto mais pouparem no sustento, e tratamento da escravatura, muito mais vêm lucrar em a negociação dela: sem se desenganarem, até pela própria experiência, de que continuando nesta mesquinhez, e economia, tão mal entendida, como mal aplicada, que infinitos escravos sucessivamente lhes morrem vindo neste sentido a ser homicida deles. (*Ibidem*, p. 37)

Como exemplo inverso dessa postura dos negociantes, dedicados à recepção dos escravos chegados do sertão e ao armazenamento deles enquanto aguardavam os negreiros, o autor apresenta o procedimento do já mencionado Raimundo Jalama. Administrador do contrato das companhias do comércio do Grão-Pará e Pernambuco em São Paulo de Luanda, capital da Angola, entre 1760 e 1770. Este havia observado os estragos enormes sobrevindos à escravatura durante a espera pela travessia e concluiu ser isso decorrente do mau trato a que ela estava sendo submetida, resultando em muitas perdas de vida e prejuízos para as companhias. Resolveu então calcular os prejuízos e comparar com o custo do melhor tratamento dela. Assim descobriu "que a companhia pela diferença dos preços, e pelo maior número de cabeças salvas, viria a lucrar de dez a vinte por cento" a mais. (*Ibidem*, p. 38)

Aos capitães dos navios negreiros, várias recomendações são feitas na *Memória*. "Deveriam ter por cautela transportar melhor a escravatura", ao embarcar menor número dela. "Isso a desafogaria de tanto aperto nos porões e, ao mesmo tempo, proporcionaria maior espaço para mais mantimentos e água", sem que continuasse a experimentar novas fomes e sedes por efeito de uma escassa ração e de uma escassa medida de água, que de vinte em vinte e quatro horas se lhes dá. O contrário, "embarcando muitos, muitos também morrem, e abafando uns aos outros enfermam; e ainda aqueles que vêm a ficar salvos, para sempre se conservam enfezados, e doentes, vindo em terra a falecer". Muito contribuiria igualmente para evitar esse desfecho trágico "a providência de fazer embarcar não só mantimentos bons, mas também estes com abundância", o invés de gêneros "avariados, que, seguindo o mais barato, se compram nos Portos da América" para reduzir os custos da "infeliz negociação", que os levam à África. Desse modo evitariam que "a desgraçada escravatura a um tempo [viria] a sentir dois males: "A fome, dada a escassez de alimentos, e o mal estar provocado pela má qualidade deles"; ambos "danosos à saúde". A mesma providência devem lhes tomar com a água, que deveria ser servida com abundância, para saciar a sede dos embarcados "aumentadas por muitos e diversos modos": por causa "de peixe salgado, que lhes cabe em ração, porque vem abotecada em uma coberta, em que está em perene suor e pela ardência do clima, e da estação, em que são transportados. Por fim, conduzi-los em embarcações mais espaçosas, com ventilação apropriada e facilmente penetrada pelos raios do sol e construídas de forma a evitar tanta invasão de água da chuva. (*Ibidem*, p. 39-40)

"Como pois os capitães e os senhorios dos navios são teimosos em o seu projeto, aliás errado, de economia, com o sacrifício de vidas de muitos escravos", Luís Antônio de Oliveira Mendes faz uma sugestão à coroa:

> Seria a última das providências, que os navios, quando fossem despachados para este fim, tanto em os portos da sua saída, como nos da recepção dos escravos, fossem lotados com taxa, e determinação das cabeças, que pelo muito deviam transportar; sem que a mais se desse licença: com um rigoroso exame em os viveres, e na aguada precisa; subsistindo a cominação, de que trazendo maior número, do que o de sua lotação, seriam além de castigados com penas arbitrárias, condenados a sofrerem o prejuízo de serem manumitidos os últimos escravos, que embarcaram, e que excederam o número prefixo; pois se abusa grandemente da Lei 18 de Março de 1684, inserta na Col. I, n. 3, à *Ordenação*, L. IV, tit. 42. (*Ibidem*, p. 41)

A lei citada refere-se à determinação de cada embarcação respeitar a capacidade máxima de escravos, carreando de 2,5 a 3,5 indivíduos por tonelada, conforme as características de sua estrutura, bem como a proporção de água e mantimentos que deveriam ser embarcados de acordo com a quantidade de carga humana e do tamanho da tripulação. Como ela geralmente não era cumprida (pela falta de maior fiscalização e, em tantos casos, pela negligência e até mesmo conivência dos poucos fiscais) os africanos chegavam em condições muito adversas para seguirem rumo ao cativeiro, conforme argumenta o autor da *Memória a respeito dos escravos e tráfico de escravatura entre a Costa da África e o Brasil*:

> Militando pois todo este tropel de desgraças contra os infelizes escravos; se a tudo eles resistem, e salvam em os países americanos, os que ali aportam, vêm a ser um resto da escravatura, do que homens. É uma leva de enfermos, que de um hospital se muda para outro. (*Ibidem*, p. 42)

Ao contrário disso, se fosse tratada com as devidas cautelas e providências, se não desde as marchas nos sertões de suas distantes terras nos depósitos portuários e na árdua, difícil e demorada travessia, ao menos ao desembarcar, quando são recebidos pelos "senhores das negociações" que os repassam para os colonos, "dentro de poucos dias seria vista sã e forte (...) e isto com visível interesse, porque a reputariam por muito melhor preço, e vendendo-a logo". (*Ibidem*, p. 42)

Para reforçar seus argumentos sobre a maior vantagem econômica, que se poderia obter na relação entre melhor tratamento do escravo posto em oferta e o maior preço de sua venda, o autor expõe duas observações próprias feitas no Brasil, que julga "constantíssimas a todos que lá viveram por alguns anos [como ele], e ainda mesmo aos que lá somente passaram". Na primeira delas, diz: "Observei que comprando qualquer sujeito um escravo (...), tratando-o como coisa sua, com frutas e comidas sadias, e finalmente despendendo com ele todo o bom, dentro de poucos meses aparece um escravo robusto e trabalhador". (*Ibidem*, p. 42). Na segunda afirma:

> Observei mais em aquele país, que homens havia de poucas posses, que se empregavam em comprar o remanescente da escravatura, a que já o comissário não tinha comprador, e refugada por todos, não a querendo nem fiada os senhores dos engenhos; não sabendo finalmente já o comissário, que saída havia de dar a ela: sendo este refugo por aqueles comprado levando-o para sua casa, medicando-o, e dando-lhe o sustento, e o vestuário preciso, e fazendo-o mudar de ares; convalescendo a mesma escravatura desprezada, dentro de pouco tempo a revendiam como sã, robusta, e forte por um muito bom preço: e que neste tráfico continuavam, entregando-se a um novo gênero de indústria, chegando até para este fim a comprá-la fiada, vindo a pagá-la com o preço da mesma escravatura sarada, e restabelecida. (*Ibidem*, p. 42-43)

A última parte do capítulo final é dedicada aos "meios de acautelar e remediar as enfermidades" dos escravos. Se todas as precauções sugeridas anteriormente fossem colocadas em prática pelos agentes da escravidão, desde a ponta inicial do tráfico até os grilhões da América, os índices de mortalidade da população escrava seriam diminuídos. Mas para isso, uma verdadeira reforma dos costumes deveria ser promovida por todos os que foram tocados pela exortação dos enciclopedistas (no artigo humanidade: "percorrer o mundo para combater suas desgraças"),[15] (In: DIDEROT e D'ALEMBERT, 1766, p. 285) a fim de ao menos abrandar as crueldades de uma já rigorosa (dada a sua natureza evidentemente violenta) escravidão.

Assim, a parte final do capítulo conclusivo é endereçada principalmente ao grande proprietário no Brasil, como forma de oferecer a ele, na administração

---

15 A definição apresentada no artigo é a seguinte: "Um sentimento de benevolência por todos os homens, que se exalta somente em uma alma grande e sensível. Esse nobre e sublime entusiasmo se atormenta com as penas dos outros, com a necessidade de mitigá-los. Ele quer percorrer o universo para abolir a escravidão, a superstição, o vício e a desgraça.

diária dos seus escravos, meios para preservar a saúde destes. Em outras palavras, trata-se de uma tentativa de reorientar seu comportamento no governo da escravaria,[16] em relação ao tratamento dela, o qual sendo bem conduzido reduziria a necessidade de gasto com médico que, por ser geralmente caro, era quase sempre evitado caso o seu custo não compensasse o benefício.

Como a maioria das doenças consideradas mais comuns entre a população escrava já se conhecia, "a cada uma delas chega a medicina, sendo aplicada a tempo; porém, a mesma medicina não pode emendar a negligência e o mau trato a que os pretos escravos ficam entregues, até que eles no desamparo morrem". Afinal, "a medicina não é tão pobre, que não tenha remédio com que se" as cure, desde que "os escravos encontrem a piedade em os seus senhores", se estes "lhes chamarem médicos que lhes assistam".[17] (MENDES. 1991)

De todas as considerações médicas apresentadas na *Memória* sobre as doenças, a que mais vale a pena abordar, por revelar uma das questões centrais sobre a administração ou o governo dos escravos, é o banzo; "gravíssima enfermidade, que surda e insensivelmente abrasando e consumindo a escravatura, a vai fielmente entregar a morte". (*Ibidem*, p. 48)

> O banzo é outra gravíssima enfermidade, que surda, e insensivelmente abrasando e consumindo a escravatura, a vai fielmente entregar à morte. O meio mais pronto, e o mais natural, que quanto pode haver para exterminar esta moléstia de tão péssimas conseqüências, pois que o seu curativo não pode achar socorros ainda que na melhor medicina, deve ser o excogitar-se tudo quanto possível seja para desterrar-se da infeliz escravatura aquela justa paixão, a que se entrega, na cogitação de que vive combatida dos maiores males. Em a difusão deste justo sentimento deve ter o primeiro lugar um trato que seja capaz de a desimaginar, de que ela não vive, e que não fora trazida, para uma positiva desgraça, na qual se acha sepultada: deve ter o segundo lugar comportarem-se os seus senhores para com ela de um modo benigno, e afável, indicando-lhe que se acham bem servidos, inspirando na escravatura os sentimentos, de que têm eles por acerto, e por fortuna a uns bons escravos; para na recompensa nascerem os outros correlativos sentimentos nos escravos, de que tiveram a dita de encontrar a um bom senhor: deve ter o terceiro lugar o moderarem-se os castigos: deve ter o

---

16 Uma das abordagens mais completas sobre o governo do eu e administração dos escravos na América foi feita por Marquese (2004).

17 A primeira citação na p. 43, a segunda p. 46.

quarto lugar a permissão de ela se divertir e folgar ao seu modo, e ainda com convocação dos seus patriotas e semelhantes; para lhe influir um justo prazer, e a necessária alegria, o que só é capaz de fazer desterrar o banzo e as moléstias fúnebres a que com facilidade se entregam. (*Ibidem*, p. 48)

Ao concluir a sua exposição sobre os meios preventivos e curativos para melhor preservar a escravaria, para o bem da humanidade, para a grandeza da riqueza do Estado e para a prosperidade dos colonos, Luís Antônio de Oliveira Mendes faz uma última advertência: "Todas estas enfermidades, que levam escravos à sepultura, seriam evitadas se em tempo fossem tratadas; porém se o mal trato a uma acorda, e as outras promove, (…) vem a servir de aumento aos infinitos males principiados com a escravidão, e ultimados com a fiel entrega dos ossos à terra". (*Ibidem*, p. 49-50)

Suas palavras finais são, na versão revisada para a publicação em 1812 (aqui utilizada), uma exortação ao poder da Casa Real para, em nome da humanidade e da maior eficiência e rentabilidade expressa na noção de interesse econômico, cada vez mais em voga na época, combater todos os abusos cometidos pelos agentes da escravidão contra os que para ela foram arrastados. Já na versão original, lida na Academia Real das Ciências de Lisboa em 1793, suas palavras são bem mais contundentes: "O céu, a terra, a humanidade e a mesma Real Coroa, para a resistência destes abusos pede vingança." [18]

Isso faz de Luís Antônio de Oliveira Mendes um anti escravista, como acredita Ana Maria Goldini Raimundo Oda, apoiada em um estudo de Robert Slenes? (ODA, 2007, p. 359 e SLENES, 2002). Ou as suas últimas palavras são apenas frases de efeito para provocar inquietação nos seus interlocutores, estimulando um debate sobre tema que se tornava bastante delicado na cultura ocidental? Convém lembrar que em alguns trechos de sua *Memória*, ele também revela-se um conselheiro dos agentes da escravidão, sobretudo na sua ponta final, no cativeiro, ao sugerir que os africanos se tornariam bons escravos se fossem bem tratados. Mas isso seria o suficiente para considerá-lo somente um divulgador de "cuidados humanitários e médicos, no âmbito de uma mais vasta terapêutica social", conforme afirma o responsável pela edição da coletânea de textos da Academia Real das Ciências de Lisboa, José Luís Cardoso, ao concluir que, na *Memória*,

---

18 A versão de 1812 está em Mendes (1991, p. 50). A citação da versão de 1798 é fornecida por Oda (2007, p. 359).

"a legitimidade da escravidão não é questionada, [pois] em causa está o modo de a tornar efetivamente rentável"?[19]

Seria necessário investigação mais profunda sobre a vida e a obra de Luís Antônio de Oliveira Mendes, para se chegar a uma resposta convincente. E isso pode ser iniciado com pistas por ele deixadas no seu texto. Uma delas encontra-se no início de sua conclusão, na versão expurgada (e publicada em 1812). Lá afirma somente lhe restarem, em face do conteúdo da sua exposição, duas reflexões: 1ª) de que a mortandade dos escravos é fruto dos maus tratos dos agentes da escravidão; 2ª) de que em nome da humanidade e dos interesses da Coroa isso deveria ser combatido. Antes de apresentá-las adverte "que qualquer delas seria capaz de dar matéria a outro novo discurso, mas se entregaria "a concisão a que resta a melhores pessoas". Após essas últimas palavras, escreveu uma nota (nº 29) na qual escreveu o seguinte: "Assim como se omite o que neste discurso poderia dizer-se de considerações morais, mas deve ler-se nos sermões 14º, 20º, 27º do Rosário". (MENDES, 1991, nota 29)

Na nota a referência clara é ao texto do Padre Vieira, *Sermões*, compostos de prédicas morais, proferidas na Bahia entre 1633 e 1680.[20] Os de número XIV, XX e XXVII são destinados aos escravos e seus senhores, e seu tema principal é a escravidão. Neles o jesuíta aborda, entre outras coisas, o tratamento recebido pelos negros no cativeiro, condenando a falta de espírito cristão por parte dos proprietários dos engenhos baianos. Ao fazer isso, procurou tocar as consciências senhoriais, para melhorar a condição dos cativos, lembrando que a justiça divina é implacável no Juízo Final. Por outro lado, empenhou-se para exortar a escravatura a conformar-se com a sua condição servil, como meio de encontrar a salvação eterna.[21]

Ainda não é possível saber qual leitura Luís Antônio de Oliveira Mendes fez da sermonística do Padre Vieira (autor de uma escrita repleta de alegorias paradoxais, próprias da cultura barroca por meio da qual se expressou, que por isso pode ser lida de infinitas maneiras). Mas ao citá-lo, apenas pode estar em busca de um reforço de peso para sustentar a imagem perversa das práticas escravistas vigentes, que tanto ele se esforçava para ajudar a mudar. Ou, mais do que isto,

---

19 O comentário de José Luis Cardoso está na nota b da p. 9 de Mendes, 1991, cuja memória está no tomo IV das *Memórias Econômicas da Academia Real das Ciências de Lisboa*.

20 Uma das edições disponíveis da obra do Padre Antônio Vieira foi organizada por Hernani Cidade. *Padre Vieira (Sermões)*. Lisboa, volume III, 1940.

21 Uma das melhores interpretações sobre os Sermões XIV, XX e XXVII do Padre Vieira pode ser encontrado em Vainfas (1986) especialmente nas p. 96-7, 101, 105-107, 114 e 123-129.

insinuar que, apesar da riqueza das nações ainda depender do trabalho escravo, já não podia sustentá-la por muito maior tempo, dada a sua cada vez mais clara incompatibilidade com os velhos ideais cristãos de amor ao próximo e com os novos ideais iluministas de civilização, progresso e humanidade.

O certo é que ele, como um ilustrado, membro de uma instituição científica patrocinada pela Coroa (um *savant d'etat*, ou, por que não dizer, um intelectual orgânico?),[22] se fosse claramente partidário do abolicionismo, não ousaria revelar-se como tal em texto para ser lido em sessão solene da Academia Real de Ciências de Lisboa, uma vez que um dos grandes objetivos práticos desta instituição era o de promover o progresso material do império de Portugal, em adiantada crise naqueles tempos (SCHWARCZ, 2002, p. 65). Por outro lado, se a legitimidade da escravidão não estava explicitamente questionada na sua *Memória*, a sua natureza ao menos estava sendo repugnada, devido à forma como escreveu, usando um novo padrão de escrita (denominada narrativa humanitária), por meio do qual se fazia grande esforço para conquistar o leitor para uma causa, estimulando-lhe o sentimento de compaixão. Desse modo, pode-se considerá-lo o principal combatente intelectual luso-brasileiro de uma cruzada moral promovida, a partir do movimento ilustrado da Era das Luzes, por todos os que se sentiram sensibilizados com a brutalidade de uma relação social de produção fundamentada na expropriação violenta da liberdade humana.

---

22 Ou *savant du ancien régime* é uma noção, definida como um intelectual que atuava nas instituições de Estado, aceitando os valores e hierarquias de uma sociedade regida pelo onipresença das honras e dos privilégios como forma de diferenciar os seus indivíduos, formulada por Vicenzo Ferrone em "O homem de ciência". In: Vovelle, (1997, p. 159). Em outras palavras, trata-se do clássico conceito gramisciniano de "intelectual orgânico" adaptado por Ferrone às sociedades do Antigo Regime.

CAPÍTULO 6
Os relatos dos médicos que atuavam no Império

> *A América se acha afetada de uma ferida que gotejará sangue por largo tempo.*
>
> David Gomes Jardim (1847)[1]

Em 1807, sob os impactos da Revolução de São Domingos (1791-1804), liderada e vencida por escravos, o tráfico transatlântico de africanos para as colônias inglesas e os Estados Unidos foi extinto. Esse acontecimento se deu pouco mais de meio século após Montesquieu ter formulado no *Do espírito das leis* (1748) o argumento de que "como todos os homens nascem iguais, torna-se forçoso concluir que a escravidão é contrária à natureza". (MONTESQUIEU. 2007, p. 254)

Entretanto, em tais regiões essa forma de organização da produção continuou vigorosa durante décadas, impulsionada pela vertiginosa expansão agrícola, garantida pelo crescimento vegetativo dos escravos que nelas ocorreu. Tal crescimento foi proporcionado pela melhora das condições de vida desses indivíduos,

---

1 JARDIM, David Gomes. *Algumas considerações sobre a higiene dos escravos.* Tese apresentada à Faculdade de Medicina do Rio de Janeiro, 1847, p. 3.

resultante, principalmente, de uma alimentação mais nutritiva e da introdução de médicos nas fazendas, o que explica o fato de a população cativa norte-americana ter saltado de um milhão no início do século XIX para quase quatro milhões sessenta anos depois.[2]

No mesmo intervalo de tempo, no Brasil, cuja agricultura também crescia em ritmo acelerado, a escravidão igualmente permaneceu com toda a sua força. Mas, ao contrário do exemplo anterior, isso foi possível graças à importação quase ininterrupta e ascendente de negros até 1850, não obstante a sua proibição, promulgada em 1831 sob forte pressão do movimento abolicionista inglês, e as objeções de alguns escritores desde a Independência. Entre eles, José Bonifácio de Andrada e Silva que, na sua *Representação à Assembléia Geral Constituinte e Legislativa do Império do Brasil sobre a escravatura*, redigida em 1823, afirmou: "É de se espantar pois, que um tráfico tão contrário às leis da moral humana, e às santas máximas do evangelho, e até contra as leis de uma sã política, dure há tantos séculos entre homens que se dizem civilizados e cristãos". (SILVA, 2000, p. 30)

Mesmo com sua proibição legal, a importação de negros prosseguiu até 1850 (quando de fato saiu do papel) sob a justificativa apresentada, entre outros, pelo deputado Cunha Matos, em sua *Corografia histórica da província de Minas Gerais* (1837), de que sem ela a agricultura seria arruinada.[3] Assim, foi garantido o abastecimento em larga escala de africanos, e com preços relativamente baratos, para sustentar o crescimento agrário nacional, impulsionado acima de tudo pelo avanço da cafeicultura, o que influenciou de um modo geral os grandes proprietários rurais a manterem a forma predatória de explorar a mão de obra da sua escravaria.[4]

Para tentar entender isso, um médico da época, David Gomes Jardim, ao perguntar "a um fazendeiro a razão por que a estatística mortuária avultava entre seus escravos", e se isso não "devia acarretar-lhe grande prejuízo", afirmou ter sido respondido que

---

[2] Na Virgínia, por exemplo, como mostrou Savitt ao longo do seu estudo dedicado a essa região (1978), depois do fim do tráfico ocorreu uma significativa melhora nas condições de vida da população escrava, sendo o fornecimento de uma alimentação mais adequada e de suporte médico pelos fazendeiros os dois principais fatores dessa melhora. O referido aumento da população cativa norte-americana é citado por Davis (2001, p. 266).

[3] Cf. Lourenço (2002, p. 142).

[4] A constatação de que os africanos até 1850 eram mercadorias relativamente baratas foi feita por Prado Jr. (1995, p. 159) e confirmada por Florentino (1997, p. 76).

> pelo contrário, não lhe vinha prejuízo algum, pois quando comprava um escravo, era só com o intuito de desfrutá-lo durante um ano, tempo além do qual poucos poderiam sobreviver; mas que não obstante, fazia-os trabalhar por tal modo, que chegava não só a recuperar o capital neles empregado, porém ainda a tirar lucro considerável. (JARDIM, 1847, p. 12)

Afinal, questionou o entrevistado, "que importa se a vida do negro extinga sob o insuportável trabalho de um ano, se nos ficam as mesmas vantagens que teríamos se ele servisse moderadamente por espaço de muito tempo?", ao que lamentou a referido médico: "Eis como raciocina muita gente". (*Ibidem*)

Se, por um lado, essa mentalidade era motivada pela facilidade de reposição de escravos pelo tráfico transatlântico, por outro, ela alimentava tal atividade comercial formando um perverso ciclo vicioso, que foi aos poucos transformado em alvo de preocupação médica ao longo da primeira metade do século XIX. Isso porque junto com as desventuradas cargas humanas insalubre e abarrotadamente arrastadas pelos navios negreiros chegavam muitas e perigosas doenças contagiosas, que agravavam mais ainda o quadro sanitário brasileiro, como vários médicos da época registraram em seus textos.

O primeiro a chamar a atenção das autoridades governamentais para a necessidade de se enfrentar esse incômodo problema foi Manuel Vieira da Silva em 1808, ao recomendar algumas medidas destinadas ao melhoramento das péssimas condições sanitárias da cidade do Rio de Janeiro. Segundo esse autor, o aumento do volume da entrada de negreiros pelo porto dessa cidade poderia trazer bem mais epidemias do que o normal, razão pela qual deveriam ser estabelecidos lazaretos para acomodarem os pretos até a certificação de que estariam livres de quaisquer moléstias.(SILVA, 1808, p. 17-18)

Na verdade, para ele o ideal era promover a "diminuição sensível de semelhante gênero de comércio", pois, como se não bastassem os seus prejuízos à saúde pública, tanta gente vivia quase "unicamente do trabalho daqueles miseráveis", que os traficantes transportavam como animais para a Colônia, "entregando-se a uma vida ociosa que se deve considerar a mais carinhosa mãe dos vícios". (*Ibidem*, p. 19-20). Mas, como esse ideal poderia ser atingido se a produção agrícola brasileira crescia vertiginosamente, aumentando a demanda por braços? Com a reforma dos padrões de administração do trabalho escravo, com o objetivo de acabar com o modo predatório de se explorá-lo e, assim, reduzir a mortalidade no cativeiro.

Foi o que propuseram vários letrados, que assimilaram a ideia de humanidade (compaixão por todos os homens) e a noção de interesse (busca de maior vantagem econômica), seguindo a linha inaugurada pelos seus pares na segunda metade do século XVIII. Entre eles, há um conjunto de médicos em cujos textos há a proposição de algumas medidas para aumentar o tempo de vida útil dos escravos e a sua população, informações para melhorar as condições de saúde desses indivíduos e críticas à importação de africanos e até à escravidão que ainda encontram-se à espera de estudos.[5]

Um deles, *Manual do fazendeiro ou tratado doméstico sobre as enfermidades dos negros*, escrito por Jean Baptiste Alban Imbert, um francês radicado no Brasil, foi publicado no ano de 1834 no calor das controvérsias em torno da extinção do tráfico transatlântico de africanos, em relação ao qual comentou:

> Os Povos civilizados do Universo têm geralmente reconhecido a humana necessidade de por um termo a esse abominável e odioso tráfico, designado pelo nome de comércio de escravatura, que durante muitos séculos tem recrutado escravos nessa parte do mundo, onde a natureza pôs o berço da raça negra, aliás, chamada Africana. (IMBERT, 1839, p. XIII)

Por isso, ele arrematou o seu comentário dizendo: "A Filosofia registra com prazer em seus Anais um tal benefício, que atesta os progressos da razão, assim como da civilização", uma vez que com ele não se poderiam mais dispensar melhores cuidados aos negros, por estes serem "muito susceptíveis de contrair moléstias que afligem a espécie humana", devido à sua situação determinada pelas condições do cativeiro. (*Ibidem*)

Consequentemente, os grandes proprietários rurais, os que mais se comportavam com negligência em relação à saúde dos escravos, teriam que cuidar melhor da saúde de tais indivíduos, de forma que "se o seu próprio interesse lhes não ditasse esta obrigação, a humanidade lhes imporia tal dever". (*Ibidem*, p. XIV). Para auxiliar nisso, Imbert explicou que escreveu seu livro visando à orientação dos "proprietários, distantes de todo socorro, no tratamento das enfermidades dos negros de seus estabelecimentos", o que poderia evitar muitas perdas precoces de vidas se o seu conteúdo fosse devidamente colocado em prática (*Ibidem*, p. XVII)

---

5   Em seu estudo dedicado a esse assunto, Marquese analisou, em relação ao Brasil do século XIX, os textos agronômicos publicados a partir da década de 1830 (2004, p. 267).

Com esse objetivo, tal autor procurou mostrar que as principais causas das doenças da população escrava resultavam da combinação entre imposições do meio ambiente e, principalmente, do trágico descaso, ao qual ela estava submetida, em relação à sua qualidade de vida. A esse respeito, observou que aos negros dava-se tão pouca roupa ao ponto de eles ficarem geralmente pouco protegidos das variações climáticas, o que, acrescido de uma alimentação muitas vezes inferior às necessidades de seu estômago, e o pior, de péssima qualidade, provocava neles várias enfermidades.(*Ibidem*, p. XX)

Como se isso não bastasse, a sua resistência ficava ainda menor por causa do seu exagerado consumo de cachaça, fruto, segundo Imbert, da sua "libertinagem" resultante do descuido com a obrigação de se "inspirar-lhes costumes", razão pela qual se tornavam "muito inclinados à depravação" que os expunha a tantas outras doenças (*Ibidem*, p. XX-XXI). Assim, eles não podiam resistir por longo tempo, porque adoeciam com muito mais freqüência, resultando na sua "espantosa despovoação" que alimentava abominavelmente a importação de africanos, embora ela já tivesse sido abolida há alguns anos por uma lei que, na verdade, não havia saído do papel.[6] (*Ibidem*, p. XXI-XXII)

Depois de tudo isso, seria razoável imaginar que Imbert fosse abolicionista, como fez Maria das Graças Somarriba. Mas, apesar de se opor à travessia forçada dos africanos, dedicou o primeiro capítulo do seu *Manual* aos cuidados "que deve atender toda a pessoa que deseja fazer uma boa escolha de escravos", pois, sem fazer a mesma oposição à comercialização desses indivíduos no mercado interno, justificou: "A venda dos negros entre os particulares constitui um ramo de comércio muito considerável".[7] (*Ibidem*, p. 1)

Com essa justificativa, sugeriu que se optasse pelos oriundos da Costa do Ouro, considerados os melhores, e nunca pelos do Baixo-Guiné, conhecidos como "inimigos do trabalho". Além disso, recomendou atenção redobrada com os que tivessem "cabelos encrespados em demasia, testa pequena, ou baixa, olhos encovados e orelhas grandes", porque essas características denotavam "mau caráter", com os que tinham "nariz demasiadamente chato", pois eram mais propensos a problemas respiratórios, e com os que apresentavam "dentes mal seguros" e "gengivas

---

6   Nessa passagem, Imbert se apropria das palavras de Dazille, (1801, p. 32).

7   Para Somarriba, Imbert era "francamente abolicionista" (1984, p. 15). A essa mesma conclusão pode-se chegar com a leitura da introdução da obra deste autor. Mas, ao ler o restante dela, fica claro que suas críticas são apenas ao tráfico transatlântico.

moles", uma vez que isso poderia indicar "vício no sangue". (*Ibidem*, p. 2-3)

Mesmo aceitando a escravidão, ele reiterou em seguida a necessidade de os senhores terem compaixão por seus escravos, argumentando que "de todos os deveres impostos à humanidade pela natureza e pelo estado de civilização em que vivemos, nenhum há seguramente que entrar em paralelo com a obrigação, em que estamos, de prestar com desvelo apoio, socorro e assistência àqueles de nossos semelhantes que sentem males físicos". Pois, explicou: "faltar a um dever tão sagrado é, a nosso ver, um crime de lesa-humanidade", sobretudo em "um país que marcha atualmente a passos rápidos na carreira do aperfeiçoamento e do progresso". (*Ibidem*, p. 4)

Ao longo do seu manual, depois das advertências e considerações anteriormente expostas, Imbert dedicou-se a explicar como reconhecer e curar algumas das principais enfermidades dos escravos. Entre elas, ele observou que o escorbuto era uma das mais frequentes nesses indivíduos, que muitas vezes já vinham afetados dos navios negreiros, devido essencialmente às "comidas ruins" que eles comiam (*Ibidem*, p. 259). A esse respeito, observou também que quando, "para vergonha dos legisladores, as leis sancionavam a bárbara especulação de arrancarem-se aos carinhos da pátria os filhos da África para sem reduzidos à escravidão", havia "carregamentos inteiros de escravos devorados pelo escorbuto". Sobretudo nos "que a cobiça, enganada em seus bárbaros projetos", amontoava "quanto mais podia uns sobre os outros", o que considerou uma "crueldade que os encantos do lucro nunca podem justificar", aproveitando-se para reiterar que "por isso o tráfico sempre pela filosofia há de ser considerado como um insulto à humanidade". (*Ibidem*)

Além de explicar como reconhecer e tratar as moléstias desses indivíduos, Imbert formulou "um plano filosófico, moral e higiênico próprio para por ele se dirigir, pela maneira que se deve presumir mais filantrópica e mais vantajosa, um estabelecimento agrícola contendo grande número de escravos" (*Ibidem*, p. 356.). Plano que, se fosse colocado em prática, poderia "melhorar, conservar e aumentar a triste população confiada a nossos desvelos" (*Ibidem*.). Para isso, uma das primeiras providências era a escolha de uma boa localização da casa-grande, da senzala e da enfermaria, que precisavam ficar em uma área exposta aos raios do sol, arejada pelas brisas da noite e isenta de toda umidade.

Trata-se de um pré-requisito necessário ao êxito do seu plano, o qual basicamente consiste no seguinte: em relação às atividades produtivas, ele propôs dividir os escravos "em quatro classes, compreendendo a primeira de dez a dezoito anos, a segunda de dezoito a 35, a terceira de 35 a 55 e a quarta os de 55 para cima", de forma que "cada uma dessas classes esteja com a especialidade destinada a tal ou qual gênero de trabalho calculado segundo suas forças, inteligências e experiências", para evitar o seu desgaste precoce e, ao mesmo tempo, tornar a sua exploração menos predatória e mais eficaz. (*Ibidem*, p. 357)

Quanto à disciplina, ele recomendou aos fazendeiros distribuírem "prêmios cinco ou seis vezes ao ano, para os escravos que se hão feito notáveis pela regularidade de sua conduta". Contudo, advertiu que, apesar dessa motivação, algum poderia cometer falta. Quando isso ocorresse, o julgamento do transgressor deveria ser feito perante os seus parceiros, aos quais caberia a decisão da pena, para que, sob o controle deles, "os limites da justiça" não fossem ultrapassados. (*Ibidem*, p. 358)

Já em relação aos costumes, sendo "os laços de família os que mais fortemente prendem o homem aos seus deveres", devia ser concedido "um prêmio ao casamento e às esperanças de maternidade", para enraizar os negros nas fazendas, o que poderia diminuir as fugas e as suas depravações. (*Ibidem*). Para isso, "a religião, pedra angular em que descansa todo edifício social", também contribuiria muito, razão pela qual se deveria "santificar o domingo pela suspensão do trabalho", de forma que os escravos pudessem assistir missa e depois "se entregarem aos seus jogos e divertimentos particulares". Nesse mesmo dia e nos dias santos, seria conveniente "um leve aumento" na sua comida, com o fornecimento de "carne fresca e algumas gulodices", bem como "uma pequena porção de aguardente". (*Ibidem*, p. 362-4.)

As propostas desse plano de reformas visavam adequar a mentalidade senhorial, em relação à exploração da mão de obra escrava, a um novo contexto que estava sendo formado com a ilegalidade do tráfico transatlântico de africanos, marcado por pressões contra a atuação dos negreiros na clandestinidade, facilitada "por uma costa tão larga e umas autoridades tão condescendentes", conforme satirizou na época Martins Pena, e contra a própria escravidão.[8]

Em outras palavras, tratava-se de um imperativo diante das questões humanitárias levantadas durante a Ilustração, como a de se ter compaixão por todos os homens, e da nova racionalidade econômica então em curso, expressa na obra *A*

---

8   Trata-se da fala do negreiro, personagem de uma comédia, *Os dous ou o inglês maquinista*, encenada em 1842. *Apud* Bosi (1995, p. 196).

riqueza das nações (1776) de Adam Smith: diminuir os índices de mortalidade dos negros e criar condições para aumentar a sua população pela via natural, tornando o seu manejo menos predatório.

Após a primeira edição do manual médico sobre doenças de escravos, elaborado por Imbert, esse tema tornou-se mais frequente no meio acadêmico desde a publicação do *Discurso sobre as moléstias que mais afligem a classe pobre do Rio de Janeiro*, escrito por José Martins da Cruz Jobim no ano de 1835. (JOBIM, 1835). Nesse texto, ele deu atenção especial a alguns dos problemas de saúde que mais afetavam a população escrava, como a opilação (ou ancilostomíase: uma verminose que provoca anemia). Tal problema esse médico batizou de "hipoemia intertropical" por achar que se tratava de uma enfermidade típica das regiões tropicais, cujas causas relacionou com "uso de alimentos feculentos, como a farinha de mandioca, o milho e o feijão", junto com "os efeitos da umidade" e o "abuso de bebidas alcoólicas". (*Ibidem*, p. 24 e 27)

Essa explicação acabou sendo superada por novas descobertas, como as de um expoente da Escola Tropicalista da Bahia, Otto Wucherer (1820-1873), que cooperou para revelar que, na verdade, a causa da referida moléstia é a ação de um verme hematófago, *Ancylostomo Duodenale*, que se aloja nas paredes do duodeno. Mas, ao construí-la e debatê-la com os seus pares sob o abrigo da Academia Imperial de Medicina, Jobim deu uma significativa contribuição para transformar as condições de saúde dos escravos em objeto de estudo nas instituições médicas do país até a Abolição.[9]

A mesma contribuição foi dada por um membro da Sociedade de Medicina de Pernambuco, Pedro Dornellas Pessoa, ao investigar, em um texto editado em 1842, a incidência da bouba (uma espécie de dermatose) em grande número de escravos, especialmente nos que viviam "nas fazendas, ou em outros gêneros de estabelecimentos" semelhantes, porque, como explicou:

> Eles se acham reunidos e destinados ao rigoroso trabalho campestre, mal nutridos e entregues a todos os gêneros de infração, origem, a meu ver, deste mal, assim como de outros, a que estão sujeitos não somente os negros, como também toda e qualquer raça, ou espécie humana, como confirma a experiência e o raciocínio. E se não se encontra na raça branca grande número de boubentos, é porque não vivem centenas

---

9   Os esforços de Wucherer para estudar a opilação (ancilostomíase) foi analisado por Edler (2004).

destes para sempre reunidos e expostos às mesmas condições, como acontece à raça africana. (*Anais da Sociedade de Medicina Pernambucana*, 1842, p. 36)

Alguns anos depois, os autores que escreveram sobre esse tema no circuito acadêmico, além de discutirem as causas dos altos índices de mortalidade da população escrava, começaram a criticar a exploração predatória da sua força de trabalho e o desrespeito à proibição da importação de negros, que concorria para motivá-la, como é possível observar, por exemplo, em algumas teses elaboradas na Faculdade de Medicina do Rio de Janeiro. Uma delas, concluída em 1847 com o título de *Algumas considerações sobre a higiene dos escravos*, foi escrita por David Gomes Jardim, que pode ser considerado autor do mais ácido texto médico contra a lógica de se explorar com o menor custo possível a mão de obra escrava. Isso porque questionou o tráfico transatlântico de negros, por interpretá-lo como um dos fatores que mais contribuíam para incentivá-la, e a própria escravidão.

Para isso, ele apoiou-se no ideário humanitário das Luzes, com o qual mostrou estar em sintonia já nas primeiras páginas da sua tese, a começar pela epígrafe que sintetiza o espírito altruísta que a elite médica da época usou como componente da sua identidade profissional: "Dirija todas as vossas ações de maneira a atender, tanto que possível, ao último termo de vossa profissão, que é conservar a vida, restabelecer a saúde e aliviar os sofrimentos de vossos semelhantes". Pois, reforçou em seguida, "se, mesmo no império da ficção, o homem não pode ver com indiferença seu semelhante acabrunhado pela desgraça, ou exposto a um grande perigo", uma vez que "a representação de uma tragédia, a leitura de um romance, a compaixão e o enternecimento lhes arrancam lágrimas e o compenetram do mais vivo interesse", logo "não será por certo o médico estranho aos sofrimentos reais da humanidade, deixando de acudir aos reclamos da sua dor". Porque "o homem, qualquer que seja a sua posição na sociedade, pobre ou rico, escravo ou senhor, tem direito a demandar os cuidados do médico todas as vezes que as alterações de sua saúde as exigem". (JARDIM, 1847, p. 1)

Respaldado nesse altruísmo, o mesmo autor chamou a atenção para o quanto a espécie humana sofria na inumerável multidão dos negros. Principalmente aqueles que tinham sido transportados rumo ao Brasil para servirem como escravos em vários ramos da sua economia. Em especial nos trabalhos da agricultura, durante os quais penavam com a brusca "mudança de clima, a indiferença de tratamento, um trabalho contínuo e desmedido, e até a fome raríssimas vezes interrompida".[10] (*Ibidem*, p. 2)

Todo esse sofrimento, responsável pelo "seu penoso estado", fazia parte de "tantas causas de singulares e gravíssimas enfermidades", que, como explicou David Gomes Jardim, mereciam "sérios e refletidos cuidados" para não se contrariarem os "progressos universais de uma verdadeira filantropia", com base na qual já havia sido "proscrito entre muitas nações o hediondo tráfico destes desgraçados", sendo por isso justo "reclamar para o escravo um pouco de humanidade" (*Ibidem*). Assim, mais do reclamar um tratamento humano para os negros, esse autor questionou os fundamentos tradicionalmente usados há séculos para a justificativa da sua escravização, recorrendo ao legado crítico dos escritores ilustrados da segunda metade do século XVIII, tal como se segue:

> Diz-se: eles são preguiçosos, não têm temperança, são devassos. Seja assim, porém, que mal resulta para nós? É por ventura um motivo para os escravizar, para os ir roubar ao seio da sua pátria, arrancá-los dos braços da sua família para os encadear e arrojar para climas remotos, obrigados a curvarem-se ao azorrague ameaçador, e a regarem com seu sangue uma terra abrasadora, suportando mil privações sem recompensa alguma? Diz-se também: eles não têm leis, nem verdadeira religião. Será esta arbitrariedade o resultado de um zelo excessivo e cego pela glória da religião? Não. Deus, grande e magnânimo, cuja essência se compõe de amor, não pode consentir que em seu nome se oprimam aqueles a quem deu alma imortal, centelha de si mesmo. A própria religião serve de máscara e pretexto à ambição desenfreada e à sede de riqueza! (*Ibidem*)

Com efeito, ele considerou a escravidão "injusta, bárbara e contra as leis da natureza", razão pela qual nada poderia justificá-la, como deixou claro ao repudiar outro argumento que, em substituição aos acima apresentados, estava sendo usado pelos defensores dessa forma de organização da produção:

> Lançam mão da civilização como argumentação mais poderosa, e ficam satisfeitos de si dizendo que foram arrancá-los do estado selvagem para civilizá-los. Do estado selvagem para civilizeitos de si dizendo que que foram Triste raciocínio! Por ventura será a escravidão um meio que conduza à civilização? É tal o orgulho no homem, é tal a

---

10   Nessa passagem, Jardim se apropria das palavras usadas por Antônio José Vieira de Carvalho no prefácio (sem paginação) da tradução de Dazille, (1801).

sua maldade, que muitas vezes se aparta dos ditames da razão para sustentar os maiores e mais absurdos paradoxos. A civilização que ensina a igualdade, que proclama a virtude, poderia usar para os seus fins da desigualdade e do vício? Não por certo, a escravidão degrada o homem, embota suas faculdades e o torna incapaz de qualquer aperfeiçoamento. (*Ibidem*)

Para reforçar esse libelo, David Gomes Jardim acrescentou o seguinte: "Quem estuda os padecimentos destes desgraçados há de necessariamente convir que a vida quase animal do africano em sua terra é sem dúvida preferível à que em geral entre nós se dá aos cativos". Por isso, "ninguém tem o direito de lhes impor sofrimentos mortais, ainda mesmo que seja em proveito da espécie, quando a escravidão é sempre em detrimento da humanidade". Então, "não é para salvar os negros do estado de bruteza que os vão buscar à sua pátria, mas sim para satisfazer às exigências da sua danada ambição". (*Ibidem*)

Em face dessa triste realidade e do vigor da importação de africanos, apesar da sua ilegalidade desde 1831, ele fez essas duríssimas críticas:

> Como legitimaremos esse infame comércio, em que os homens, uma vez provada a carne humana, rejeitam os outros alimentos, e nada mais querem senão devorar homens? A equidade e a compaixão gritarão inutilmente em socorro destes infelizes? O tinir de seus ferros e o seu sangue nos condenam; do fundo do seu desespero bradam a vingança do céu; e um Deus justo a deverá recusar? E pode uma nação considerar-se livre pondo diariamente de parte a firme convicção de que a liberdade é um dom de Deus, e que esta se não pode violar sem a sua indignação?" (*Ibidem*)

O fato é que muitos dos defensores da permanência desse tipo de atividade comercial se apoiavam no argumento de que ela era necessária para evitar a decadência da agricultura. Porque, como havia justificado o ministro José Anselmo Correa Henriques em 1816, ninguém poderia "aturar os intensos calores do sol e fazer o trabalho que fazem a gente de cor preta" (*Apud* NEVES. In: SILVA (2000) p. 377). Sem resignar-se, diante de desculpas como essa para a manutenção do regime escravista e da travessia forçada de homens e mulheres que a abastecia, David Gomes Jardim colocou em dúvida essa tal necessidade, ao advertir: "Se real ou imaginária, o que é certo é que a África continua selvática, e a América se acha afetada de uma ferida que gotejará sangue por largo tempo" (JARDIM, 1847, p.

3). Desse modo, amparado nessas proféticas palavras, fez a seguinte exortação aos médicos, em cuja sensibilidade sua indignação poderia encontrar ressonância, em relação à situação do negro no cativeiro: "E já que sua sorte parece imutável", devido à reticência das autoridades governamentais para encerrar a escravidão, "ergamos nossa humilde voz, suplicando que se considere seu estado infeliz como credor de toda a comiseração", recorrendo sempre às "palavras de São Paulo quando disse: 'Senhores, fazei com vossos servos o que é de justiça e equidade, sabendo que também vós tendes senhor no céu'. [Porque]", explicou:

> Se é verdade que em algumas fazendas são os escravos tratados com moderação e brandura, parecendo estes ao menos gozar de uma felicidade aparente, entregando-se ao trabalho com mais amor, não é porém menos exato o termos visto em outras dar-se o tratamento mais bárbaro que se pode imaginar, chegando muitas vezes a ser tida em mais consideração a vida de um animal irracional do que a do mísero escravo, o qual tem somente contra si o fato de ser negro, e por isso reputado como um ente vil. (*Ibidem*)

Esse tratamento, segundo o autor da tese em tela, era motivado também por "preconceitos sem reflexão admitidos e, da mesma sorte, passados de pais a filhos", os quais, como observou: "Ainda hoje consideram os escravos não como homens da mesma natureza que nós somos, senão como entes de natureza diversa", julgando "que só a opressão e os castigos bárbaros podem fazer com que cumpram o seu dever", uma vez que a sua "ignorância repudia outros meios, porque não os sabe dirigir". Por isso, questionou: "Que idéia nos dão de seu coração estes indivíduos que", indiferentes, "fecham os olhos quando se despedaçam indignamente milhares de africanos", comportando-se como "carrascos da humanidade que não parecem dotados de razão", agindo como "verdadeiros flagelos da criação"? (*Ibidem*)

Essa indiferença senhorial com a vida dos escravos se manifestava na omissão às mais simples leis da higiene nas senzalas, a sua alimentação, geralmente fornecida em pequena quantidade e mal preparada, ao seu vestuário, na maioria dos casos tão insuficiente que andavam rotos e quase nus, ao seu consumo excessivo de bebidas alcoólicas, ao seu trabalho excessivo além das suas forças, à falta de repouso necessário ao seu corpo e da incúria em relação as suas doenças. O resultado de tudo isso não poderia ser outro: a alta mortalidade dos escravos em quase todos os países em que a agricultura estava entregue as suas mãos, provocada por diversas espécies de afecções. (*Ibidem*, p. 5)

Por isso, David Gomes Jardim elaborou um conjunto de propostas para melhorar a saúde da população escrava, as quais podem ser resumidas no seguinte: a alimentação deveria ser "variada, composta de substâncias tiradas dos reinos vegetal e animal e em quantidade tal que satisfaça as pressões do organismo". O vestuário precisava ser formado por mais do que "uma camisa e uma calça", para que a roupa do corpo ficasse sempre lavada, e acrescido de barretes destinados à preservação da cabeça contra "os raios do sol ou da umidade". O trabalho, cujo excesso provocava a morte de "uma terça parte dos escravos no Brasil", derivada dos "rigores de uma fadiga sobre-humana" contrária aos "interesses" senhoriais, deveria ser regulado segundo a força de cada indivíduo, bem como seguida de "conveniente folga". As senzalas, geralmente "mal construídas, colocadas sobre terrenos lamacentos, abertas de todos os lados e tão imundas" quanto "verdadeiras pocilgas", precisavam ser levantadas do chão, mantidas sob o maior asseio e equipadas com giraus, esteiras e cobertores.[11] *(Ibidem)*

Além disso, seria fundamental maior atenção com "os escravos enfermos", que, quando muito, apenas eram tratados com "remédios caseiros", na maioria das vezes "mal aplicados", o que concorria "de uma maneira espantosa" para a sua mortandade. Por esse motivo "não só a humanidade, como o interesse," ordenavam à solicitação de médicos, ou de manuais de medicina, caso estes profissionais estivessem muitos distantes *(Ibidem*, p. 15-17). Ainda em relação a esse último ponto, o mesmo autor recomendou bastante cautela para evitar a contratação de pessoas "que, sem a menor idéia de medicina", se atreviam a praticá-la sem conhecer as propriedades dos medicamentos, como "o Le-roy" (um purgante de origem francesa muito consumido na época) que na falta de médicos era por elas "considerado uma panacéia para todos os males. *(Ibidem*, p. 18)

Após a sua exposição relativa ao que fazer para melhorar as condições de vida no cativeiro, ele expressou a esperança de sua tese incentivar outros estudos sobre "um objeto de tanta magnitude" e tão profundamente vinculado aos "interesses da sociedade", que pudessem favorecer a mudança da mentalidade que ainda governava os costumes senhoriais na exploração dos escravos. *(Idem.)*

Dois anos mais tarde, em 1849, José Rodrigues de Lima Duarte concluiu uma tese na Faculdade de Medicina do Rio de Janeiro, intitulada *A higiene da escravatura no Brasil*, com teor crítico semelhante ao do autor anterior, opondo-se à travessia forçada de africanos pelo Atlântico, mas sem questionar a escravidão.

---

11   Sobre a alimentação e vestuário p. 9-11; sobre trabalho p. 11-13; sobre as senzalas p. 14-15.

Logo no início do seu texto, ele deixou clara a sua objeção contra a situação em que se encontrava a população escrava no Império:

> É de admirar que no século das luzes em que tudo caminha em rápidos progressos, ainda não tenham surgido homens filantropos, que empreguem seus esforços para melhoramento de algumas classes da sociedade, que jazem no maior abandono e desleixo a este respeito, como por certo a dos escravos no Brasil. (DUARTE, 1849, p. 1)

Em face disso, procurou "apresentar alguns meios adequados para o preenchimento desse mesmo desiderato", tomando como exemplo os médicos da "civilizada Europa" que, "incansáveis no bem da humanidade", vinham se empenhando há muito tempo "para melhorar as circunstâncias de muitas classes, principalmente a operária". Assim, lamentou o fato de os senhores não observarem em relação aos seus escravos "as mais comezinhas regras higiênicas", e nem terem "consideração alguma com as localidades" escolhidas para a construção das suas habitações, bem como com as suas vestimentas, a sua alimentação e as suas horas de trabalho e repouso", considerando tais negligências o resultado de uma atitude evidentemente contrária "aos seus próprios interesses". (*Ibidem*, p. 2.)

Pelo mesmo motivo, lamentou também o descaso com a sua instrução religiosa, que, se fosse levada a sério, segundo ele: "Lhes poderia resultar, assim como para a sociedade, o amor para o trabalho e a outros bens", pois "é a religião quem pode esclarecer o escravo, é a potência que só pode dominar as paixões mais ardentes". Porque "só ela é capaz de espalhar idéias de humanidade, ordem e dever, e fazer com suas sábias leis que o homem, entregue à superstição e aos vícios mais vergonhosos, torne-se essencialmente moral, submisso e laborioso". (*Ibidem*, p. 3.)

Com esse comentário, Lima Duarte revelou-se porta-voz dos interesses senhoriais e, por extensão, da ordem escravista, não obstante suas críticas à administração predatória do trabalho escravo. Mesmo assim, discordou da reposição da mão de obra servil pela forma como vinha sendo feita há séculos, advertindo "que a mortalidade" nos negreiros havia "aumentado demais depois da proibição do tráfico", porque, conforme as suas próprias palavras: "Agora os mercadores de carne humana, pela ambição que lhes é própria, acumulam nos seus navios mais do que podem". Por isso, reforçou contundentemente a sua condenação a esse ramo empresarial, responsabilizando a negligência do Estado pela sua continuidade clandestina:

> É digno de acre censura, que o governo brasileiro, tendo notícia do miserável estado de tantos negros, que todos os dias aportam às nossas praias, não tenha tomado medidas eficacíssimas contra os contrabandistas, e indiretamente os tenha protegido, até pisando muitas vezes os seus tapetes salpicados de sangue! Porém, esperamos que dia virá, em que esta mocidade cheia de vida e esperança, ocupando os altos lugares, fará desaparecer uma das fontes de atraso deste abençoado solo. (Ibidem, p. 5.)

Em seguida, tal autor expôs as causas mais comuns dos problemas de saúde da população cativa e algumas propostas para combatê-las. De um modo geral, ele descreveu os mesmos infortúnios dos negros submetidos ao cativeiro observados desde a segunda metade do século XVIII, quando o médico inglês David Grainger publicou em 1764 o primeiro texto sobre esse assunto. Ou seja, alimentação inadequada, vestimenta insuficiente, moradia precária, excessivas jornadas de trabalho e falta de cuidado com os enfermos.

Em meio à descrição desses problemas, destacou dois deles que lhe pareceram mais absurdos: os assustadores índices de mortalidade das crianças,[12] que dificultava o aumento natural da população escrava, e as punições violentas tradicionalmente impostas aos escravos transgressores, cujo excesso abalava, de acordo com a denominação do próprio autor, a sua "higiene moral".[13]

Em relação ao primeiro problema, constatou que bastante incúria reinava nos cuidados necessários com as crianças, sobretudo na "escolha dos alimentos", especialmente "no tempo de desmamarem as crias". Porque, ainda acostumadas apenas com leite, eram "logo submetidas a uma alimentação grosseira, como o feijão e o angu", sem outros adicionais mais nutritivos, o que favorecia "por certo a grande mortalidade dos crioulinhos". (DUARTE, 1849, p. 29)

Quanto ao segundo problema, Lima Duarte observou o seguinte: "O resultado mais infalível do excesso de castigo e dos meios correcionais é os escravos servirem constrangidamente", os quais, consequentemente, às vezes "insurreicionam-se ou são apoderados de tal desespero, que alguns se suicidam, ou recorrem ao punhal e veneno contra os senhores, ou embrenham-se nas matas". Todavia,

---

12 Segundo Karash, 43,1% dos escravos enterrados no cemitério da Santa Casa de Misericórdia do Rio de Janeiro eram crianças (2000, p. 157).

13 Essa expressão é usada por José Rodrigues de Lima Duarte, na p. 50 da sua tese em foco para definir o estado emocional dos escravos castigados. Uma descrição detalhada dos castigos impostos aos escravos foi feita por Goulart (1971).

ressalvou: "Não se infira, porém, que pretendamos nem de leve abolir o castigo dos pretos; antes o aprovamos, mas com moderação e dentro da esfera das leis da humanidade". (*Ibidem*, p. 33)

Assim, em face "das necessidades mais urgentes", provocadas pelo "livre arbítrio concedido aos senhores" em relação à punição dos seus escravos, propôs a intervenção dos "poderes sociais", por meio de um regulamento, "no sistema de correção" então vigente. Porque, justificou: "Eles, a quem incumbiu a lei de velar sobre todos os negócios do Estado, devem lançar suas vistas sobre a escravatura, dando-lhe mais garantias, como fizeram as leis romanas", pois tais "providências legais seriam por certo a mais segura e valiosa garantia da felicidade e do bem-estar de uma classe, que bem pouca, ou nenhuma, proteção mereceu até hoje dos nossos legisladores". (*Ibidem*)

No mesmo ano da conclusão da tese acima apresentada, em outra, denominada *Algumas proposições de higiene*, Augusto César Ernesto de Moura, engrossando as fileiras dos críticos à importação de africanos, mas com certo conformismo, afirmou: "O tráfico de escravos, que infelizmente se não tem podido evitar, é uma das principais causas do atraso de nossa civilização e do desenvolvimento de muitas moléstias". (MOURA, 1849, p. 2)

No ano seguinte, depois de tanta pressão de vários setores da sociedade, entre as quais as dos médicos, a proibição da importação de negros foi reiterada por uma nova lei. Trata-se da Lei Eusébio de Queirós, editada no dia 4 de setembro de 1850, o que não impediu que até o final de 1851 três mil africanos fossem desembarcados no país. (PRADO JR.,1995, p. 152)

Por isso, tal prática comercial continuou sendo alvo de críticas médicas depois da edição dessa lei, como a elaborada pelo secretário geral da Academia Imperial de Medicina, Luís Vicente de Simone, em um discurso, no qual expôs algumas reflexões sobre o acréscimo progressivo da mortandade no Rio de Janeiro, que começa com a seguinte constatação: "Não estamos muito além do que éramos" na época da Independência, "apesar de já ter decorrido 28 anos que nos constituímos em nação livre", porque "a mortalidade entre nós cresce todos os anos", o que "pode por certo influir para nossa decadência". Afinal, "ninguém poderá duvidar dos bens que a indústria, a agricultura e outros ramos da riqueza pública podem resultar do acréscimo da população" (*Anais da Medicina Brasiliense*, 1850, p. 25-6). Porém, esse acréscimo está sendo prejudicado pelo "excesso da mortandade que se vai observando entre nós", provocado pela "falta de higiene pública" e por "outras causas tanta ou mais poderosas", sendo "uma delas, por certo, o tráfico de africanos em grande escala para o Rio de Janeiro nestes últimos anos".[14] (*Ibidem*, p.29). Pois "nenhum de nossos médicos deixará de convir, em presença dos fatos por todos nós conhecidos, que" esse comércio "nos traz não poucas moléstias epidêmicas", as quais "começam aparecer nas proximidades dos depósitos dos africanos e daí se vão estendendo com mais ou menos intensidade ao resto da população".[15] (*Idem*)

As críticas médicas à exploração desumana do trabalho escravo, acrescidas das que também estavam sendo feitas por letrados de outros campos de conhecimento, como Carlos Augusto Taunay no seu *Manual do agricultor brasileiro* publicado em 1839, parece ter produzido efeito antes mesmo da extinção definitiva do tráfico transatlântico para o Brasil. Um exemplo disso é a criação de uma companhia especializada em seguros de escravos no ano de 1845 na Província do Rio de Janeiro, a Cia. Prosperidade, que logo no primeiro ano de atuação foi contratada por cem proprietários atraídos pela promessa de receberem indenização em caso de morte ou invalidez do "bem" segurado.[16]

No entanto, a indenização somente seria paga quando a perda do escravo acontecesse em circunstâncias normais, depois de um médico credenciado pela referida Cia. fosse acionado com a devida antecedência para tentar salvá-lo, e nunca se resultasse de negligência em relação à sua saúde, ou de excesso de castigo e de trabalho. Isso quer dizer que, ao contratar o seguro oferecido por tal empresa, os senhores seriam indenizados se cuidassem adequadamente dos seus escravos. Dessa forma, poderia se dar uma "tão rápida multiplicação da raça preta, que a introdução dos africanos tornar-se-á perfeitamente inútil e supérflua", comentou o maior expoente da homeopatia no Brasil da época, Bento Mure. (*Jornal do Comércio*, 1846, p. 4)

A criação de uma insólita companhia de seguros especializada em cobrir perdas de escravos e, principalmente, a contratação dos seus serviços no seu

---

14   Esse aumento se deve ao fato do porto do Rio de Janeiro ter se tornado "o maior centro de comércio de homens do Brasil", de acordo com Florentino (1997, p. 64), destinado a abastecer boa parte da demanda do centro-sul do país. Nos últimos dois anos anteriores à reiteração da proibição do tráfico, em torno de 73 mil escravos foram desembarcados nessa cidade, conforme dados apresentados por Caio Prado Prado Jr. (1995, p. 152).

15   Os impactos desse crescimento no obituário dos negros já estabelecidos nas fazendas eram muito altos, como mostra Marcelo Correia Assis, no seu estudo sobre o Rio de Janeiro (2002), porque os negreiros traziam também muitas enfermidades, segundo Curtin (1968).

16   Cf: Pôrto (1988, p. 9).

primeiro ano de funcionamento por uma centena de interessados indicam que, pelo menos no Rio de Janeiro, as condições de vida em muitos cativeiros tendiam a melhorar.

Em *Algumas considerações sobre a estatística sanitária dos escravos*, tese concluída na Faculdade de Medicina do Rio de Janeiro em 1853, Reinhold Teuscher mostrou que de fato tal melhora estava ocorrendo ao menos nas fazendas da vila de Cantagalo, lugar que pesquisou "durante mais de cinco anos" (TEUSCHER, 1853). Pois, conforme observou, os escravos moravam "em casas bem construídas, em parte de pedra e cal, todas cobertas de telhas, secas e bem arejadas", recebiam "roupa de algodão grosso" e "camisola de lã", eram alimentados com tanta abundância que cada um podia comer quanto quisesse e recebiam tratamento em "hospitais regulares, com enfermeiro branco, fornecidos de todos os recursos necessários". (*Ibidem*, p. 6)

Toda essa manifestação do "sentimento humanitário" senhorial permitiu, segundo o autor, "um leve aumento anual do número de almas" nos estabelecimentos pesquisados, uma vez que as taxas de óbitos da sua população cativa estavam em declínio, sobretudo dos recém-nascidos, reduzindo a desproporção entre crianças e adultos, como evidenciam os seguintes dados por ele apresentados: Fazenda Santa Rita, 160 homens, 106 mulheres e 64 crianças; Fazenda Boa Sorte, 66 homens, 57 mulheres e 32 crianças; e Fazenda Boa Vista, 76 homens, 49 mulheres e vinte crianças. (*Ibidem*, p. 7)

O mesmo ocorreu em muitas propriedades rurais da Província de Minas Gerais, particularmente após a proibição definitiva da importação de africanos, nas quais as atividades econômicas estavam voltadas para produção de gêneros de primeira necessidade destinada ao abastecimento do mercado interno.[17] Nos documentos relativos ao balanço demográfico de 78 localidades da mesma Província, enviados ao seu governo no ano de 1856, foram registrados 3411 nascimentos e 2509 óbitos de escravos, perfazendo um saldo positivo de 902 indivíduos.[18] Entre 1871 e 1876 a pedido do governo da Província, os párocos de 193 localidades enviaram o movimento demográfico da população escrava, cujo resultado geral

---

17 Como mostraram Paiva e Libby em um estudo dedicado a esse assunto sobre o oeste mineiro (1995). O crescimento natural da população escrava estava ocorrendo mesmo antes da abolição do tráfico em localidades cujas atividades econômicas não estavam voltadas para exportação, como foi constatado por Gutiérrez no Paraná (1987) e por Motta (1988) em Bananal enquanto a economia local não foi dominada pela cafeicultura.

18 Arquivo Público Mineiro. Registro de nascimentos e óbitos, SP 609, 1856.

(anexo: tabela 7) foi o seguinte: 24717 nascimentos e 4956 mortes totalizando saldo positivo de 19886 pessoas.[19] Entre 1871 e 1873, os quadros demonstrativos de diversos municípios mineiros apontam para a mesa tendência: maior número de nascimento do que de óbitos.[20]

Se, por um lado, há indicadores que apontam para uma melhora das condições de vida dos escravos a partir das vésperas da extinção do tráfico transatlântico, por outro, há dados que indicam o contrário. Um deles foi apresentado por Antônio José de Souza, em sua tese concluída em 1851, na qual afirmou, em relação á alimentação das crianças cativas do Rio de Janeiro o seguinte: "As crias em geral não só não são aleitadas pelo tempo necessário, mas lhes é o leite materno substituído, ou por alimentos que não convém ou por aleitamento artificial, para que sejam as suas mães alugadas como amas, ou para não deixarem de trabalhar". (SOUZA, Antônio José de. 1851, p. 31)

Sobre esse mesmo assunto, Antônio Ferreira Pinto, em um livro sobre a primeira infância publicado no ano de 1859, apresentou várias informações esclarecedoras. Preocupado com os altos índices de mortalidade infantil, observou que nas roças ou fazendas poucos recém-nascidos conseguiam chegar à fase adulta, "devido à falta de certos cuidados indispensáveis" com a saúde deles, o que, conforme as suas próprias palavras: "Até certo ponto explica essa necessidade que sentiam e ainda sentem os nossos lavradores da importação de escravos, que em número sempre crescente entravam na nossa sociedade". (Pinto, 1859, p. IV)

---

19 Arquivo Público Mineiro. Relatório apresentado pelo presidente da Província, João Capistrano Bandeira de Mello, à Assembleia Legislativa Provincial de Minas Gerais em 17 de agosto de 1878. Ouro Preto, 1877, p. 99-104.

20 Arquivo Público Mineiro. Quadros demonstrativos do movimento da população escrava, 1871-1883, SG 153.

Imagem 9: ex-voto mineiro colonial, coleção Márcia de Moura Castro (Memorial de Congonhas-MG). A mensagem diz o seguinte: "Mercê que fez Nossa Senhora do Carmo a Filisberto d'Mça [de Moçambique] que tendo uma criança à morte e já sem sentidos, a mãe da dita apegou-se com a dita senhora e logo teve melhoras no ano de 1822".

Observou também que "muitos senhores, mormente fazendeiros", sujeitavam as suas escravas grávidas "ao serviço da roça e tarefas ordinárias, chegando algumas a darem à luz durante o trabalho", como uma negra que em tempo de parir havia sido assim mesmo mandada colher café. Porém, sentindo muitas dores, acabou retirando-se para casa com o que tinha colhido à cabeça, quando, no caminho, ocorreu o parto, após o qual desmaiou e, ao despertar, viu que os porcos tinham dilacerado a criança. (*Ibidem*, p. 24)

Diante disso e das condições gerais em que os trabalhadores submetidos à instituição servil ainda se encontravam nas grandes propriedades rurais, sobretudo nas que a sua produção se destinava à exportação, ele concluiu que eles estavam ficando cada vez mais escassos "depois da (aliás, muito justa) supressão do tráfico" (*Ibidem*, p. 107). Afinal, segundo outro médico, Souza Costa, "a população escrava e em geral toda a classe indigente" continuava sendo mal nutrida, com o "uso quase exclusivo de uma alimentação feculenta, composta de feijão e farinha de mandioca e milho", vivendo "em casebres miseráveis, mal construídos, tendo por cobertura o sapé ou telha vã e por assoalho a terra úmida" e "obrigada a um trabalho penoso". (*Gazeta Médica do Rio de Janeiro*, 1862, p. 16)

Isso explica a insistência dos médicos para os grandes proprietários cuidarem adequadamente dos seus negros, como os de Queluz que sugeriram no ano de 1855 o seguinte para evitar a despovoação dos cativeiros pela epidemia de cólera então reinante em quase todo litoral e já nas fronteiras de Minas Gerais:

> Os senhores fazendeiros devem alimentar os seus escravos com comida sã, substanciais e bem temperadas, dando-lhes três refeições ao dia, e carnes ao menos duas vezes por semana, e bem assim aguardente nos dias de trabalho chuvosos. Não devem consentir que eles saiam quentes das senzalas e que se exponham logo à umidade, e nem que conservem roupas sujas ou molhadas no corpo, principalmente à noite, e por isso cada escravo terá, pelo menos, dois pares de roupas de lã e três de algodão. Não os forçarão a trabalho excessivo e a serões prolongados. Convêm que se mandem fazer senzalas espaçosas, arejadas e limpas, que também tenham salas, com todos os compartimentos assoalhados e forrados, tendo boas janelas e o conveniente anseio para enfermarias dos doentes. (Arquivo Público Mineiro, Ofícios do governo da província, SP 574, 1855, p. 48)

Para José Vieira dos Santos, médico que atuava na Província do Rio Grande do Sul, devido à falta desses cuidados com os escravos, em particular em relação às suas péssimas condições de higiene, "se houvesse uma obra de geografia médica que indicasse com precisão a influência das localidades relativamente às afecções verminosas", certamente "o Brasil ocuparia um dos primeiros lugares entre os países sujeitos a tais afecções". Pois, segundo ele: "Nas Províncias do Rio de Janeiro, Minas e São Paulo", as mais povoadas, "os vermes intestinais são muito comuns, principalmente nas fazendas". (*Gazeta Médica do Rio de Janeiro*, 1862, p. 41)

Além da falta daqueles cuidados, ainda predominava, especialmente nos proprietários rurais, a mentalidade de que só deveriam estar convencidos da doença de um negro quando o seu pulso ficava lento e sua cabeça febril, segundo testemunho de um padre, Antônio Caetano da Fonseca, no seu *Manual do agricultor dos gêneros alimentícios* publicado em 1863, uma vez que, como explicou: "Esses são os únicos sintomas que muitos fazendeiros aceitam como prova do estado mórbido de um escravo, pois desconfiam de todos os outros sintomas de doenças graves que sua ignorância desconhece" (*Apud* STEIN, 1961, p. 222). Desse modo, conforme observou Francisco Firmo Reis em uma tese intitulada *Hipoemia intertropical* concluída em 1865, "quando os escravos se acham afetados" por enfermidades que provocam indisposição, como as verminoses, "os seus senhores, desconhecendo o estado destes infelizes, atribuem tudo à preguiça e", por isso, "o castigo logo começa". (REIS, 1865, p. 7)

Essas informações permitem concluir que as condições de vida da população escrava continuaram a desejar em muitas propriedades. Afinal, como mostrou Pedro Carvalho de Mello, as taxas de longevidade dos escravos permaneceram baixas mesmo após o fim definitivo do tráfico transatlântico (MELLO, Pedro Carvalho de, 1983). Por essa razão, a elite médica perseverantemente manteve a tentativa de mobilizar os seus pares em seus esforços destinados à persuasão dos fazendeiros e do Estado da importância de se melhorar a situação sanitária da sociedade brasileira, em particular nas fazendas, uma vez que nelas estava concentrada a maior parte dos escravos. Assim, na *Gazeta Médica da Bahia*, em um editorial publicado no dia 25 de agosto de 1866, os seus editores conclamaram: "Não deixemos ao acaso a proteção de tantas vidas necessárias à prosperidade do país" (Gazeta Médica da Bahia, ano 1, n. 4, p. 38)

Há pelo menos três fatores possíveis que, em conjunto, podem explicar a permanência das péssimas condições de saúde dos escravos em muitas propriedades rurais do Brasil, após o fim da importação de africanos em 1850. Antes de apresentá-los, é importante ressaltar que, enquanto não forem feitas pesquisas adicionais sobre demografia e condições de saúde da população escrava, muito pouco pode-se concluir a respeito do impacto dos textos dos mais diversos letrados sobre a administração do trabalho cativo nas fazendas. Por isso, os fatores que a seguir serão expostos nada mais são que uma tentativa de esboçar, com base em alguns dados, um quadro geral de respostas.

O primeiro deles é o de que as propostas destinadas à reforma do costume vigente na exploração do trabalho escravo demandavam mudanças culturais que dificilmente poderiam ocorrer rapidamente, pois precisavam penetrar em uma mentalidade que há séculos governavam as atitudes senhoriais. Para isso, segundo alguns médicos que escreveram sobre esse assunto, era fundamental interromper a travessia de negreiros rumo aos portos brasileiros, por meio de uma lei que, apesar de ter sido promulgada no dia 7 de novembro de 1831, somente foi colocada em prática nos últimos meses do ano de 1850, com a Lei Eusébio de Queirós. Depois dessa Lei, quando começaram a surgir indícios de que as condições de vida da população escrava tendiam a melhorar, conforme foi mostrado anteriormente, foi promulgada em 1871 uma nova lei, a do Ventre Livre, que desestimulou "o interesse por parte dos senhores na reprodução escrava".[21]

O segundo fator é a vigência do tráfico interprovincial até 1885, cujo fluxo estava direcionado para as expansivas regiões produtoras de café, como reclamaram muitos fazendeiros, a exemplo dos do sul de Minas Gerais, lamentando a progressiva escassez de mão de obra em suas propriedades (Arquivo Público Mineiro. Ofícios enviados ao governo da província, SP 715, 1858, p. 53 e 109). Com isso, muitos produtores puderam contar com um razoável abastecimento de mão de obra, enquanto a imigração europeia apenas estava sendo esboçada como solução para aumentar a oferta de trabalhadores no país, o que exerceu um duplo efeito no quadro demográfico dos escravos. Por um lado, desestimulou os seus senhores a cuidarem melhor da sua saúde. Por outro, segundo depoimento de um contemporâneo, o Visconde de Taunay, "provocou a morte de muitos pela divisão e subdivisão de famílias, mudança de clima e alimentação", além "da falta de comida durante a viagem" e dos impactos de "doenças contagiosas, como a varíola, que assolavam os navios costeiros". (*Apud*: CONRAD, 1985, p. 33)

O terceiro fator que, em acréscimo aos acima apresentados, explica a permanência do descaso de grande parte dos senhores com a saúde dos seus escravos é a imigração, que começou a crescer significativamente quando a oferta de negros no mercado interno dava claros sinais de esgotamento.[22] Segundo Sidney Chalhoub, a vinda de europeus em massa levou boa parte dos médicos, das autoridades públicas e dos proprietários rurais, a partir do contexto político marcado pelas discussões em torno da Lei do Ventre Livre, a deslocar suas preocupações com as doenças dos escravos para as que mais poderiam afetar os imigrantes. (CHALHOUB, 1999, p. 92-96)

Se houve ou não esse deslocamento ainda é difícil responder. Mas, realmente há dados, além dos apresentados por Chalhoub, que revelam que entre os médicos surgiu o interesse pelo estudo dos desafios que os imigrantes poderiam enfrentar em relação à sua saúde durante sua adaptação nos trópicos, como pode ser observado, por exemplo, em algumas edições da *Gazeta Médica da Bahia*. Em um de seus editoriais, por exemplo, ao ser exigida a presença de uma delegação médica do Brasil no Congresso Médico Internacional de Paris, os seus editores alegaram

---

21 Cf. Slenes (1986, p. 70).

22 O crescimento da imigração para o Brasil coincidiu com a promulgação da Lei do Ventre Livre em 1871, conforme dados apresentados por Prado Jr. (1995, p. 190).

que nele seriam discutidos assuntos importantes, como "a da aclimação das raças européias nos climas quentes", segundo eles, "questão da qual depende tão intimamente a imigração, que o governo brasileiro devia ter o maior empenho em elucidá-la, ao menos por amor ao progresso material do país". (*Gazeta Médica da Bahia*, ano 2, n. 41, 15 de março de 1868, p. 193)

Reforçando essa cobrança, Virgílio Clímaco Damazio, um dos colaboradores desse periódico, na mesma edição afirmou que as soluções para os problemas que tornavam as condições desse aclimamento mais difíceis "se prendem a interesses vitais para o futuro de nossa pátria". Pois é um "assunto da atualidade e do qual depende a maior ou menor torrente de emigração que há de vir substituir o braço escravo entre nós". (*Ibidem*, p. 199)

Essa preocupação também começou a ser expressa nos meios acadêmicos. Por exemplo, em 1872 Joaquim Bernardes Dias defendeu uma tese na Faculdade de Medicina do Rio de Janeiro intitulada *Do aclimamento das raças em geral e em particular sob o ponto de vista da colonização em relação ao Brasil*, na qual analisou "as modificações que se operam nas condições de saúde, sob a influência do clima," que "resultam para o estrangeiro" e determinam a sua "possibilidade de viver e resistir às moléstias" nativas. (DIAS, 1872, p. 39)

Com base no resultado da sua análise, procurou alertar que o aclimamento no Brasil não era possível em todas as províncias para os que emigravam de países de clima frio, devido as suas amplas dimensões latitudinais. Por essa razão, eles jamais poderiam ser dirigidos para "as províncias do norte, tais como Ceará e Pará", por serem mais quentes, e sim para "as províncias do sul" que, sendo mais frias, "em geral são as mais adequadas a serem colonizadas", sobretudo "pelos europeus". (*Ibidem*, p. 43)

Apesar dessa nascente preocupação dos médicos, no início das duas últimas décadas da escravidão, com os problemas de saúde que os europeus poderiam enfrentar durante seu processo de fixação no país, eles ainda se mantiveram atentos a várias enfermidades dos negros. Inclusive com algumas até então pouco estudadas, como o ainhum, ou quiguilhas (foco inflamatório originado no dedo mínimo dos pés que dificultava a locomoção).[23] A essa moléstia, por exemplo, Silva Lima dedicou uma série de publicações iniciada em 1867 com o objetivo de explicar

---

23 Segundo Costa as enfermidades que grassavam nos trópicos foi um dos fatores preocupantes em relação à vinda em massa de europeus para Brasil desde o final da década de 1820, quando começou a ser cogitada a ideia de atraí-los para substituição do trabalho escravo (1985, p. 164).

algumas das suas possíveis causas e, especialmente, esclarecer como deveria ser a cirurgia necessária, segundo ele, para evitar que a inflamação se espalhasse para os demais dedos, como ilustrou na imagem abaixo reproduzida. (*Gazeta Médica da Bahia*, ano 1, nº. 13, 10 de janeiro de 1867, p. 31)

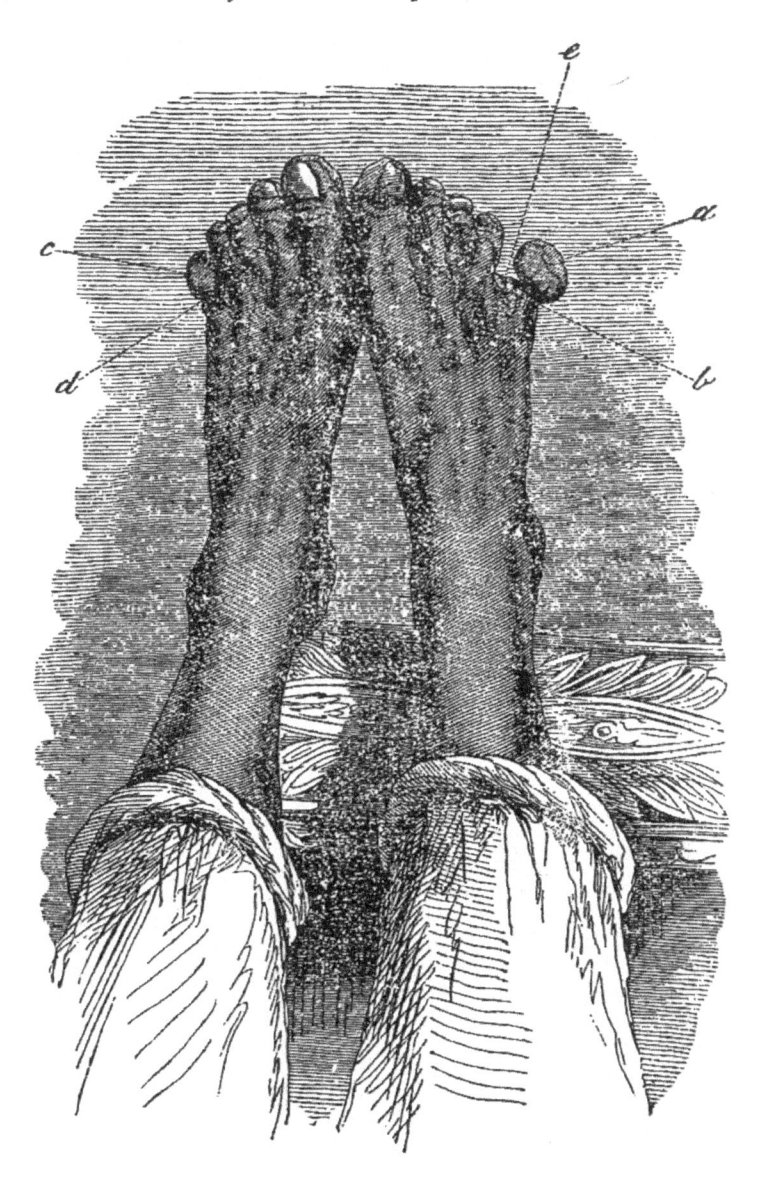

Imagem 10: Cirurgia no pé de um escravo: *Gazeta Médica da Bahia*.

A essa altura, em meio aos insistentes apelos em defesa da exploração menos predatória do trabalho escravo, outros médicos se manifestavam claramente a favor do fim da escravidão. Um deles, Joaquim dos Remédios Monteiro, em um livro sobre a primeira infância publicado no ano de 1868, comentou, após ter criticado os maus tratos aos quais eram vítimas muitas amas escravas: "Felizmente começa a raiar no horizonte político do Brasil a aurora da liberdade" (MONTEIRO, 1868, p. 28), referindo-se ao período histórico que, iniciado em meados da década de 1860, culminou na Lei do Ventre Livre deslanchando a abolição gradual da escravatura no Brasil. (BOSI, 1995, p. 223)

No ano seguinte, foi a vez de o médico Peçanha da Silva fazer um comentário semelhante:

> Está hoje plenamente reconhecida a necessidade absoluta da emancipação dos escravos, que mais hoje ou amanhã terá de efetuarse, quebrando esse braço de ferro que ainda pretende opor-se ao que todas as nações cultas e independentes reconhecem como uma idéia puramente humanitária. (*Anais Brasiliense de Medicina*, tomo XXI, n. 7, 1869, p. 257)

Apesar dessas e tantas outras críticas que acabaram desembocando no movimento abolicionista, a escravidão resistiu mais algum tempo, motivando a publicação de manuais de medicina que ensinavam a remediar as doenças dos escravos. Exemplo disso é *O guia médico ou resumo de indicações práticas para servir aos fazendeiros na falta de profissionais*, editado em São Paulo no ano de 1878, e reeditado no ano seguinte no *Almanaque Literário* da mesma cidade. Nele, em meio à exposição de um conjunto de receitas médicas, o seu autor, Luís Pereira Barreto, exortou aos proprietários rurais para prezarem a vida de seus escravos, tomando isso "como um dever de honra e de humanidade". (BARRETO, 1878, p. 25)

Essa exortação ao sentimento humanitário senhorial ainda estava sendo feita porque a população cativa continuava em franco declínio, vítima principalmente de enfermidades, como as verminoses,[24] que, segundo Alfredo Álvares de Azevedo Macedo, em sua tese intitulada *Hipoemia intertropical* concluída em 1880: "Dizima em muito mais ampla escala os escravos das nossas lavouras", devido ao

---

24 No estudo elaborado por Freitas, as parasitoses constam como as doenças mais frequentes nos escravos (1935).

"conjunto inenarrável das condições higiênicas deprimentes" às quais "estão submetidos". (MACEDO, 1880, p. III)

Diante do exposto, observa-se que desde 1808 ao menos uma parte da elite médica que atuava no Brasil se opôs ao tráfico transatlântico de africanos, alegando que ele piorava as condições de saúde da população, ao desembarcar, junto com a mercadoria humana que transportavam miseravelmente, muitas enfermidades, e ao estimular os proprietários rurais a explorarem ao máximo e com menor custo possível a mão de obra escrava. Observa-se também que, além dessa oposição, ela procurou mostrar por meio de seus textos como era possível reduzir os altos índices de mortalidade no cativeiro, se os senhores mudassem a sua mentalidade em relação à exploração do trabalho dos seus negros, colocando em prática medidas destinadas à melhora das condições de vida deles.

Para convencê-los a essa mudança, os médicos que escreveram sobre esse assunto sustentaram os seus argumentos na noção de interesse, cada vez mais identificada a partir do século XVIII com a busca de maior vantagem econômica, e no conceito de humanidade, cada vez mais usado a partir do mesmo século para exortar o sentimento de benevolência em relação ao sofrimento do próximo. Assim, depois da Lei Eusébio de Queirós, que proibiu definitivamente a importação de africanos, é possível perceber que, se por um lado, as suas propostas começavam a surtir efeitos, por outro, o tráfico interno de escravos, a Lei do Ventre Livre e a imigração limitaram o seu alcance. Pois, até a Abolição, alguns médicos continuavam a observar, como foi exposto anteriormente, que boa parte da população escrava continuava padecendo em decorrência dos mesmos problemas que há séculos contribuíam para dizimá-la.

CAPÍTULO 7
Os relatos dos administradores da mina de Morro Velho: 1835-1886

> *Os relatórios médicos são um tanto otimistas demais, ao afirmarem que a população negra de Morro Velho "é de um modo geral saudável."*
>
> Richard Burton (1868)[1]

Durante a II Revolução Industrial, aproximadamente entre 1860-1914, nações europeias, que haviam experimentado considerável desenvolvimento econômico, estavam ávidas por ampliar seus mercados internacionais. Uma das estratégias usadas pelos seus Estados para atingir esse objetivo foi a conquista imperial, que ao ser executada apresenta diferentes peculiaridades. A mais conhecida é a caracterizada pela invasão de territórios, sua incorporação ao mapa geopolítico do "império", a exploração das suas riquezas naturais e a submissão de grande parte do seu povo a formas degradantes de trabalho; e muitas vezes compulsório. (DECA, 2000, p. 154)

A Inglaterra é considerada um dos países mais bem sucedidos nessa emprei-

---

1 BURTON, Richard Francis. *Viagem do Rio de Janeiro a Morro Velho*. (1ª ed. 1868), Brasília: Senado Federal, 2001, p. 294.

tada, pela sua: capacidade militar, competência administrativa, eficiência tecnológica, destreza de adaptação a contextos diferentes de dominação e dedicação à busca de oportunidades para projetar-se onde os investimentos de suas companhias pudessem impulsionar a sua expansão econômica. Sua presença, nas variadas formas de conquista imperial, pode ser observada em diversos pontos do planeta. Um deles foi o Brasil, cuja economia esteve sob a sua influência, desde pelo menos o Tratado de Aliança, Comércio e Navegação de 1810, que abriu as fronteiras da economia nacional para as suas exportações com uma alíquota de 15%, contra 16% para Portugal e 24% para os demais países (PRADO JR., 1995, p. 153-154). Daquele ano até o final da primeira década do século XX, quando a produção cafeeira brasileira experimentou grave crise de superoferta e o capitalismo europeu passava por tensões, que se revelavam inconciliáveis até o ponto de convergirem para uma grande guerra, o seu império controlou a maior parte do mercado do nosso país.

Esse controle, exercido em quase toda a América do Sul, ocorreu sem a invasão territorial, e por isso o imperialismo que lhe deu suporte é chamado de informal, pois, de acordo com a explicação de Eric Hobsbawn, nessa porção do planeta, "a dominação econômica e a pressão política, quando necessárias, eram implantadas sem a conquista formal" (HOBSBAWN, 1988, p. 90), uma vez que os países ali situados haviam obtido suas independências recentemente e com a ajuda inglesa.

Um dos setores da economia brasileira que mais interessaram aquele país foi a mineração. Era exatamente esse setor que, na incipiente e modesta indústria nacional, mais se destacava no século XIX (IBGE, 1986, p. 343), sendo a província de Minas Gerais a região com maior potencial geológico de exploração de riquezas minerais. Em um dos seus povoados, que viria a ser denominado em 1836 Freguesia de Nossa Senhora do Pilar de Congonhas do Sabará, atual município de Nova Lima (região metropolitana de Belo Horizonte), os ingleses se estabeleceram em 1834 para explorar uma das maiores minas de ouro do mundo; a mina do Morro Velho.

Essa mina foi explorada desde o inicio do século XVIII, após o bandeirante Domingos Rodrigues de Fonseca Lima, em 1701, ter descoberto ouro nos riachos dos Cristais e Cardoso, afluentes do Rio dos Velhos. Até 1830, ela pertenceu à família Freitas. O último membro dessa família a explorá-la foi o padre Antônio de Freitas, que a vendeu para o capitão George Francis Lyon, superintendente da mina de Congo Soco, situada em Caeté, pertencente a Saint John del Rey Mining Company Limited. Quatro anos depois, em 1834, este a revendeu para tal empresa que já operava em São João Del Rey desde os anos 1820 (MELO, 2008, p. 46). Aos poucos, ela foi sendo aprimorada graças: ao avanço tecnológico industrial que os ingleses notavelmente empreenderam ao longo do século XIX, ao volume de capital investido para viabilizar a extração de ouro, ao pessoal técnico e administrativo deslocado da Inglaterra para atuar no novo empreendimento e à capacidade da empresa de reunir, treinar e governar grande quantidade de força de trabalho para ser empregada, a maior parte, nas galerias do subsolo diretamente na extração de ouro.

Apesar de a política internacional britânica empenhar-se contra a escravidão e o tráfico de africanos desde pelo menos o final da primeira década do século XIX, sob os auspícios do Iluminismo,[2] suas companhias usavam mão de obra escrava em países cujas relações sociais predominavam formas arcaicas de exploração do trabalho, como no Brasil, onde as elites reafirmaram no "pacto" constitucional de 1824 a escravidão negra.

Tal foi a justificativa dos diretores da empresa para o uso do trabalho escravo na Morro Velho, conforme afirmou em relatório de 1849: "Essa é a forma de trabalho do país; os ingleses, ao irem para o mundo à procura de oportunidades, devem por necessidade se conformar com as condições sociais que encontram estabelecidas em cada país". (*Annual report*, 1849, p. 10)

A empresa tinha alternativa? Teoricamente sim. Poderia ter trazido operários ingleses. Mas o custo da sua mão de obra foi considerado demasiadamente oneroso pelos seus proprietários para os padrões de um negócio estabelecido no Brasil. Além disso, a sua organização como classe e suas lutas por melhores condições de trabalho e aumento salarial estavam transformando as ruas das principais cidades industriais inglesas em palco de guerra, o que era muito preocupante na perspectiva patronal.

Poderia ter se empenhado para incentivar homens livres, pobres e nativos, com atrativos que talvez os motivassem a "vender" sua mão de obra para a companhia, quebrando a sua resistência ao trabalho regular. Afinal, como mostrou Maria Sylvia de Carvalho Franco, eles tinham seu imaginário do trabalho marcado pela degradação, determinada pela escravidão e, com efeito, "alimentavam um pro-

---

2   A esse respeito, é muito esclarecedora a pesquisa de Valentin Alexandre: "O Império luso--brasileiro em face do abolicionismo inglês" (Silvia, 1999, p. 395-415).

jeto de senhores" (FRANCO, 1997, p. 216). Por essa razão, quando a Saint John se estabeleceu na antiga Freguesia de Nossa Senhora do Pilar nos idos do ano de 1834, não havia no Brasil um mercado de mão de obra assalariado amplo e plenamente constituído. E, além disso, grande parte dos indivíduos que se dispunham a trabalhar, principalmente nas localidades cujas economias estavam voltadas para a produção de alimentos para o mercado interno, como aquela freguesia, tinha outras opções para garantir a sua subsistência. A esse respeito, Douglas Cole Libby observou que a superintendência da mina de Morro Velho reclamava recorrentemente das faltas dos seus operários livres. Faltas que ocorriam normalmente nas épocas de plantio e colheita, pois de um modo geral eles pertenciam a famílias de pequenos proprietários rurais tradicionalmente empenhadas na produção agrícola de subsistência e para o abastecimento local, levando à seguinte conclusão: "os trabalhadores livres de Morro Velho ainda não são operários em termos modernos, pois não são totalmente destituídos dos seus meios de produção, em particular a terra" (Ibidem, p. 109). E como não conseguiam viver apenas dela, vendiam parte de seu tempo para a empresa como forma de complementar a renda familiar, e dessa maneira "não preenchendo totalmente os requisitos da rigorosa organização do trabalho da companhia" (Ibidem, p. 154). Assim, sem incentivo além do salário, dificilmente os gestores da mina conseguiriam atraí-los e, principalmente, transformá-los em trabalhadores industriais.

Esses foram os motivos alegados pela Saint John para utilizar largamente a mão de obra escrava em suas minas brasileiras, particularmente na de Morro Velho, a maior e mais rentável delas, onde em 1863 a população escrava nela ocupada atingiu a marca de 1691 indivíduos, compondo 65% do contingente de seus operários, depois de ter atingido 85% no período de 1839 e 1847, mantendo-se maior que o percentual médio anual de mão de obra assalariada até 1879, quando começou a declinar rapidamente até o percentual de 18% em 1884 (Ibidem).[3] Em outros termos, a empresa preferiu sofrer as pressões do aguerrido abolicionismo de seu país, a enfrentar o desafio de atrair trabalhadores ingleses e de converter os homens nacionais pobres em operários. E isso por razões óbvias do ponto vista capitalista; era mais fácil e barato se adaptar "ao sistema do país", com farta e disciplinada força de trabalho. Sendo assim, resta saber se ao menos o tratamento recebido pelos escravos em sua mina estava afinado com as propostas de governo dos escravos, formuladas por letrados dos dois lados do Atlântico e por grandes

---

3   Os números excluem a força de trabalho europeia.

proprietários rurais nas Américas, sintonizadas com a Ilustração e com o ideário reformista e o discurso humanístico de seus expoentes.

Para tanto, é necessário saber se os índices de mortalidade da população escrava em Morro Velho eram menores ou maiores em relação aos mesmos índices vigentes no país e como eram as suas condições de vida, saúde e trabalho comparativamente com demais empreendimentos escravistas de grande porte.

O trabalho pioneiro de Douglas Cole Libby, escrito em 1979, dedicado ao estudo da mina de Morro Velho, com destaque para a análise da mão de obra nela empregada, objeto do seu quarto capítulo, será muito útil para condução desta investigação. Pois em um dos seus subcapítulos, ele dedica onze páginas (136-147) bastante esclarecedoras sobre a vida no cativeiro da companhia. A partir do seu estudo e da documentação relativa a esse assunto será possível saber se os proprietários e administradores da mina decidiram ou não colocar em prática o ideário ilustrado sobre o governo dos escravos e qual resultado dessa decisão para as condições de vida, saúde e trabalho da população escrava.

Esse tema tem sido estudado há algum tempo. No Brasil há dois livros a esse respeito. Um deles é o de Ronaldo Vainfas, publicado em 1986, dedicado ao período colonial brasileiro e baseado nos escritos jesuítas. O outro é o de Rafael de Bivar Marquese, publicado em 2004, focado nos anos de 1660 a 1860, nas principais áreas produtoras das Américas e sustentado em escritos jesuíticos, tratados médicos e tratados agronômicos (VAINFAS, 1986 e MARQUESE, 2004). Como esse autor concentrou sua análise em documentação que se reporta exclusivamente à realidade das grandes fazendas, uma análise sobre o governo dos escravos em um empreendimento minerador organizado aos moldes do trabalho fabril inglês da época da II Revolução Industrial e situado em uma província fortemente urbanizada para os padrões da época, pode, comparativamente, ampliar a compreensão histórica sobre a escravidão em um contexto em que essa forma de organização da produção estava sendo cada vez mais criticada.

Na documentação destacam-se os relatórios anuais da superintendência da mina de Morro Velho, sobretudo a parte elaborada com base nos relatos dos médicos, que cuidavam dos enfermos no hospital da companhia. Esse documento era enviado para a direção da empresa na sua sede em Londres, como forma de prestação de contas das atividades da mina, e nele podem ser encontradas abundantes informações sobre o trabalho escravo, horas de trabalho, rotina, vida cotidiana fora da mineradora, diversões, doenças e todo o esforço para administrar os escravos, conformá-los à sua condição, incentivá-los ao trabalho, ao matrimônio e à moral religiosa. Enfim, ele permite observar o governo dos escravos na Morro Velho.[4]

Há também uma narrativa elaborada no final da década de 1860 por Richard Francis Burton, diplomata britânico, cônsul da Coroa sob o comando da Rainha Vitória, resultante de uma longa viagem feita por ele ao interior do Brasil, partindo do Rio de Janeiro até chegar à mina de Morro Velho, onde foi conhecer o bem sucedido negócio de seus compatriotas que, no momento de sua visita, havia atingido o auge da produção. Em relação ao tratamento dado aos escravos ocupados na mina, ele afirma ter ficado impressionado com a qualidade de suas vidas. A comida era farta, o vestuário confortável, moradia salubres, hospital com médico trazido de Londres para cuidar das suas doenças, cuidados especiais com as grávidas, e ainda tinham licença para cultivar suas hortas e tratar de seus porcos e suas galinhas, bem como para se divertirem com suas danças e batuques, nos feriados, domingos e horas de folga. (BURTON, 2001, p. 292 e 334-336)

Teria sido assim mesmo a vida dos negros submetidos ao cativeiro na Morro Velho, ao menos quando tal viajante visitou durante aproximadamente um mês as instalações dessa mineradora?

Quase duas décadas anteriores à sua visita, artigos estavam sendo publicados em periódicos ingleses denunciando as condições de vida e trabalho dos escravos na companhia. Entre os autores dessas publicações estavam dois de seus ex-funcionários, um médico e um oficial do departamento de redução (britagem, esmagamento e pilagem das rochas das quais se apurava o ouro). Apesar de uma parte da imprensa londrina veicular notícias de que na mina de morro velho "o tratamento dos negros é visto como um questão importante", como o *The Ilustrated London News* em matéria publicada no dia 20 de janeiro de 1849, a repercussão das denúncias foi tamanha que a direção da Saint John enviou um investigador de Londres para averiguar a situação, o Dr. Thomas Walker (médico de formação, havia servido anos no exército britânico). (LIBBY (1979) p.137, nota 190)

Naquele momento, o movimento abolicionista inglês estava no auge. Seus integrantes haviam conseguido pressionar o Estado inglês a abolir a escravidão

---

4   Parte dessa fonte (1834-1886) encontra-se no centro de estudos mineiros da FAFICH/UFMG, sob a direção de Douglas Cole Libby. Na íntegra (1834-1958) ele encontra-se na Universidade do Texas (EUA). Uma cópia digital dela está na Casa de Memória de Nova Lima-MG.

(1834) depois da proibição do tráfico de africanos (1807) para suas colônias (KLEIN, 2004, p. 194-197). Possivelmente foi esse o fator decisivo que provocou o efeito nos leitores da revista *Mining Journal* e nos jornais *The Observer* e *Morning Post* que publicaram as denúncias. Já era demais para os críticos da escravidão na Inglaterra tolerar que companhias inglesas submetessem pessoas a essa forma de exploração do trabalho, cada vez mais considerada moral, política e filosoficamente injusta, por ser degradante e contrária aos anseios de progresso e ideais civilizatórios da humanidade. Ainda mais se essa submissão também implicasse em mau tratamento, o que extrapolava o inaceitável para uma mentalidade forjada sob o impacto das sensibilidades produzidas durante as Luzes. Nada mais seria contraditório para uma nação que, naquele contexto histórico, se apresentava como a vanguarda da civilização, agente principal da evolução tecnológica e missionária da mais refinadas virtudes.

Thomas Walker passou algum tempo nas dependências da mineradora britânica instalada na Freguesia de Nossa Senhora do Pilar de Sabará. Visitou a mina, averiguou os seus diversos departamentos, observou os escravos em suas diversas funções, verificou os serviços hospitalares a eles prestados, a sua alimentação, o seu vestuário, a sua habitação, a sua vida fora da empresa, as suas diversões, as suas comodidades, etc. Dessa visita, resultou um longo relatório entregue à direção da Saint John em 1851 e a resposta dada pelo seu redator foi a mais positiva possível. Os súditos ingleses, alarmados com o material divulgado na imprensa britânica, agora podiam aquietar suas consciências? Afinal, se a escravidão ainda era necessária nos rincões do mundo, na periferia das sociedades declaradas civilizadas, ao menos os indivíduos que tinham a infelicidade de suportar os seus grilhões viviam dignamente para os padrões de um operário inglês, conforme ele ponderou em seus relatos?

Essa foi sua conclusão que em parte acabou sendo divulgada, junto com fragmentos de pareceres de administradores da mina, em uma circular destinada aos proprietários de escravos alugados pela Morro Velho. Desde 1843, a sua superintendência estava proibida de comprar negros pela Lei Lord Brougham. Até então ela havia adquirido 412 indivíduos (LIBBY, 1979, p. 98). E como estava impossibilitada de novas aquisições incentivou a reprodução natural e recorreu ao aluguel. Para evitar que os locadores se negassem a alugar seus cativos à mineradora, preocupados com as notícias dos maus tratos, ela procurou tranquilizá-los com um documento relatando como era a vida dos escravos em sua propriedade.

Nele o cirurgião Huger Birt escreveu:

> Tive oportunidades incomuns de conhecer a condição dos ingleses pobres nos distritos agrícolas; inclusive, em St. Marylebone tendo tido contato com este último como cirurgião-assistente da Enfermaria Paroquial; além de ser cirurgião por cerca de cinco anos de um distrito de oito paróquias, incluindo um enorme abrigo; e ao comparar suas condições com à dos nossos pretos, a balança pende fortemente a favor de Morro Velho – a maioria deste último possuindo porcos e aves, e ganhando o suficiente para comprar suas pequenas luxúrias; o mais cuidadoso pode, e consegue, em adição a isso, acumular algum dinheiro. Passados alguns dias, fui requisitado por um preto, chamado Honorio Raymondo, para arrumar seu relógio, ao qual estava anexada uma proteção de prata, valendo em conjunto cinco ou seis libras esterlinas, pelo menos; de novo, muitos negros têm vergonha de roupas sucateadas, e compram para si casacos que mecânicos ingleses não precisariam de se envergonhar em vestir. (*Circular to proprietors*, 1850, p. 56)[5]

Esse documento, as respostas do dossiê de Thomas Walker incumbido de investigar as denúncias de maus tratos aos escravos na Morro Velho, os relatórios anuais da superintendência, as estatísticas médicas publicadas em anexo a esses relatórios e as impressões do cônsul inglês Richard Burton, quando da sua visita à mina, serão os testemunhos que darão suporte a esse ensaio.

Para isso, utilizarei como estratégia narrativa a sequência dos relatos daquele investigador, os quais sempre que necessário serão confrontados com as demais fontes. Ele começa seu parecer descrevendo a localização da mina de Morro Velho, numa região montanhosa, quente no verão e muito fria no inverno, cortada por rios que percorrem um amplo vale envolvido por densas florestas. Essa informação era de grande importância, porque ainda predominava na medicina a concepção de que o clima exercia grande influência na constituição e proliferação de doenças. Diante dela, não ficou surpreso em saber que entre as enfermidades mais comuns na Freguesia de Nossa Senhora do Pilar, as pulmonares tinham considerável incidência, sobretudo nos negros ocupados na companhia. (*Annual report*, 1850, p. 56)[6]. Pois a maior parte de suas atividades era executada nas entranhas da

---

[5] Doravante, todas as notas que fizerem referência a esse documento dispensará a data, pois somente há uma *circular to proprietors*.

[6] Doravante, todas as notas que fizerem referência ao relatório de Thomas Walker dispensará a

terra, onde a alta umidade e a excessiva poeira produzida pelas explosões, brocas, picaretas e demais ferramentas típicas da mineração debilitavam seus pulmões.

Mas essa debilidade, comum nos indivíduos dedicados à mineração nas mais diversas experiências observáveis na história, poderia ser atenuada se a sua vida após as jornadas de trabalho tivesse boas condições. E é exatamente essa a imagem que Thomas Walker procurou construir com o seu dossiê. Pois, após sua descrição dos aspectos morfológicos da localidade onde estava situada a mina, iniciou uma longa descrição da maneira como os escravos eram tratados na Morro Velho. Ao visitar as suas habitações, afirma que nunca viu, no tempo que permaneceu no Brasil, casas de boa qualidade ocupadas pelas "classes baixas", como as construídas pela mineradora para abrigar seus negros. Os casados viviam em casas separadas, os solteiros em alojamentos em grupos de quinze a vinte pessoas, com divisão entre os sexos. Suas residências eram mantidas bem conservadas, arejadas e frequentemente limpas pelos seus ocupantes, pois passavam por vistorias dos feitores e do administrador geral periodicamente. Os locais onde foram erguidos recebiam boa iluminação solar e boa ventilação, com mananciais de água potável, favorecendo a salubridade. (*Annual report*, p. 57-58)

Além de bem abrigados, os escravos também eram bem agasalhados com roupas distintas para o trabalho e as horas de folga, para o verão e o inverno, para os homens e as mulheres. No geral uma blusa de lã, duas camisas de algodão, duas calças, uma touca, um par de luvas, um sobretudo ou camisolão e as mulheres ainda recebiam dois vestidos e um lenço. No auge da estação fria, recebiam um casaco de lã azul como reforço contra as baixas temperaturas, que tornam o vale onde foi erguida a antiga freguesia de Nossa Senhora do Pilar incomodamente gélido (*Annual report*, p. 58-59 e *Circular to proprietors*, p. 45). O sustento deles podia até mesmo provocar inveja em grande parte da população da época. Eles tinham três refeições por dia. Um desjejum, almoço e jantar. A sua dieta básica compunha-se de arroz, feijão, farinha de milho, carne de vaca ou porco (natural ou seca), café e chá. (*Annual report*, p. 60; *Circular to proprietors*, p. 45 e BURTON, 2001, p. 335). Para reforçar seu depoimento, Thomas Walker fez questão de reafirmar que:

> Para a boa qualidade geral dos diferentes artigos, e para as boas comidas, posso dar amplo testemunho, tendo ido repetidamente à cozinha e examinando-as, e provando-as e testemunhando a distribuição delas, à qual o feitor comparece para ver se não há

data, pois ele foi publicado no *Annual report* do mesmo ano.

irregularidade e para receber quaisquer reclamações, às quais ele deve satisfazer de imediato como pode, e reportar cada uma delas ao gestor dos negros. (*Annual report*, p. 60)

Além das refeições fornecidas pela companhia, os seus escravos podiam complementar sua alimentação com o resultado do cultivo de frutas, legumes e verduras, bem como da criação de galinhas e porcos. A superintendência da mina permitia a eles, nas horas e dias de folga, entregarem-se a essas atividades e até lhes concediam terrenos anexos ou próximos de suas residências para essa finalidade. Inclusive podiam vender o excedente da produção livremente no mercado local, arrecadando o suficiente para ao menos comprarem algumas guloseimas, tabaco ou bebidas espirituosas (aguardente de cana) que podiam tomar, com moderação nos domingos e feriados. (*Annual report*, p. 61 e *Circular to proprietors*, p. 45-46)

Sobre esse ponto, o consumo de álcool, Thomas Walker ponderou o seguinte:

> Aqueles que trabalham numa parte úmida da mina recebem um trago de cachaça, (a bebida típica do país, destilada da cana de açúcar) após deixar o trabalho, apresentando ao feitor em comando um bilhete do dirigente com o qual trabalharam. Àqueles que também ficam molhados em outro ofício, ocasionalmente lhes é permitido um trago. Fico inclinado a questionar a política de oferta de tragos realizada dessa forma, não porque um único trago pode trazer mal, mas me parece que tal prática pode, ao induzir os negros a pensarem nisso como positivo, influenciar a encorajar neles essa indulgência nos espíritos à qual já são bastante inclinados. Um copo de café quente e forte seria, crio eu, igualmente benéfico em tal momento, e livre de objeção. Não fiz sugestão alguma neste ponto ao Sr. Keogh, porque fui advertido de que o café estava escasso naquela época. (*Annual report*, p. 61-62)

Havia tempo o álcool era usado, em pequenas porções diárias, como estimulante aos trabalhadores de algumas ocupações. No Brasil, desde os primórdios da Colônia, os que trabalhavam em serviços pesados e em lugares mais frios tomavam um pouco de aguardente (um destilado de cana-de-açúcar). Na Morro Velho, esse costume continuava preservado. Tanto que, na Circular aos proprietários de 1850, da relação de provisões básicas dadas aos escravos consta bebida alcoólica, com a ressalva de "quando necessário". (*Circular to proprietors*, p. 45)

Em seu lugar o delegado da direção da Saint John, em sua missão investigatória, sugeriu café, que é igualmente estimulante, sem provocar os efeitos colaterais do álcool. Tal substituição vinha ocorrendo em todo o Ocidente, onde as forças produtivas avançavam rapidamente, junto com as relações sociais de produção, para o capitalismo moderno. A rigorosa disciplina imposta aos trabalhadores nesse novo sistema chocava-se com um hábito, cada vez mais compreendido na época como "um óbice ao progresso e uma causa de decadência das nações", por provocar nos indivíduos que dele abusam a "ociosidade e a miséria com o seu triste cortejo". (VILHENA, 1882, p. 60-61)

Na sequência de seu relatório, Thomas Walker aborda o universo da produção. A organização das atividades da mina obedecia a uma sistemática divisão de tarefas. Para executá-las, os escravos eram divididos em três classes, conforme suas forças, idade e aptidão. A maior parte atuava no subsolo, ou na linha de frente, abrindo caminho para a abertura de galerias (os foguistas), furando as rochas para encontrar as pedras matrizes que envolviam ouro (broqueiros), selecionando o material apurado para acondicioná-los nos vagões (selecionadores). Destes até o setor de encaminhamento para a redução, haviam os negros que recolhiam o material e os colocava nas caçambas (carregadores), as quais eram acompanhadas pelos caçambeiros até o setor de pesagem, onde os pesadores faziam o registro do peso do conteúdo das caçambas, antes dele ser transportado para a redução. Nesse departamento, existiam outras funções que também reuniam grande parte de trabalhadores. Nele reduziam-se as pedras ao máximo possível até a lavagem e a apuração final do ouro. (*Annual report*, p. 62-66 e *Circular to proprietors*, p.42-44)[7]

A carga horária de trabalho, até 1848, era de doze horas diárias para todas as funções. Posteriormente, os escravos destinados às atividades no interior da mina tiveram suas jornadas reduzidas progressivamente até atingir oito horas. Afinal, elas exigiam mais força e atenção deles e lhes expunham a muito mais riscos. Os empregados nas demais especializações tinham horários variados. Um mecânico trabalhava 9 horas e 45 minutos, os da casa de amalgamação 9 horas, os ferreiros 9 horas e 15 minutos. Alguns departamentos funcionavam 24 horas por dia, como o da mina, onde atuavam os empregados da linha de frente da operação de escavação, divididos em três turnos. O dia de trabalho começava às 6 horas. Quando os sinos soavam 11 horas, havia uma pausa para o almoço de 45 minutos. Até às 17 horas a maioria dos setores da empresa parava, quando era servido o jantar. Essa carga horária, compatível com a vigente no sistema fabril inglês da mesma época, era atenuada com uma pausa de pelo menos 12 horas entre o fim e o início de ou-

---

7   Uma descrição mais detalhada dessas e outras atividades encontra-se em Libby (1979, p. 123-129).

tra jornada e com uma folga no final de semana. (LIBBY, 1979, p. 136-7; *Annual report*, p. 62-66; *Circular to proprietors*, p. 37 e p. 42-44)

Após esse período, pelo menos a partir de 1846, os escravos poderiam fazer horas extras remuneradas, com vencimento nada desprezíveis comparados aos padrões salariais e ao custo de vida no Brasil da época. Segundo Douglas Cole Libby, um escravo produtivo poderia acumular até 83$200 mil-réis anuais nos idos de 1867, quando a arroba do toucinho (14,7 Kg) custava 6$645, o alqueire de feijão (13,8 litros) custava 2$917 e um funcionário público empregado como mensageiro dos correios recebia 320$000 por ano. (*Ibidem*, p. 105-106)

Os que não queriam, ou não aguentavam uma carga adicional de trabalho, iam para suas casas, a fim de cuidar das atividades domésticas, hortaliças, roças e criações, ou mesmo desfrutar de descanso, tomando um trago da bebida e apreciando um pouco de tabaco, como testemunhou Thomas Walker:

> Todos possuem a inteira disposição do seu tempo depois que suas tarefas são terminadas, ou suas horas de labor acabadas, embora não possam ir para além dos limites do estabelecimento sem permissão. Os próprios trabalhadores se encarregam de cuidar de suas aves e porcos, e trabalhar em seus jardins, enquanto outros se deliciam com a indolência letárgica, fumando e desfrutando da sociedade junto com outros igualmente retirados para si no ócio. As mulheres se encarregam de lavar, costurar, e tomar conta das casas e dos filhos. Alguns, tanto homens como mulheres, apanham lenha, e cortam grama, e fazem pequenos trabalhos para ganhar algum dinheiro. (*Annual report*, p. 67)

Ao que parece, a criação de porcos era rentável. Na circular destinada aos proprietários de negros alugados para a companhia, o administrador J. Smyth informa que os escravos geralmente dedicavam a tarde de sábado aos sacrifícios dos suínos suficientemente gordos para abate. Nas suas pocilgas eram criados aproximadamente duzentos capados, ao custo de dois mil réis em seis meses. Ao final deste período, cada animal podia custar até dezoito mil réis. (*Circular to proprietors*, p. 46)

O próximo tópico do dossiê do delegado da Saint John, encarregado de investigar o tratamento recebido pelos negros na Morro Velho, é a instrução religiosa a que eles eram obrigados. A função da religião no governo dos escravos é claramente expressa no seu dossiê: melhorar a condição deles em relação ao seu comportamento. Havia uma capela anglicana na época, onde um sacerdote todas as manhãs regia algumas preces e aos domingos celebrava um culto. Eles deveriam comparecer às preces logo após o desjejum. Nesse momento faziam uma oração comandada pelo capelão e ouviam dele algumas rápidas palavras de conteúdo moral, encerrada com a benção para, em seguida, iniciarem suas tarefas. (*Annual report*, p. 68)

Mas a vida religiosa dos escravos a serviço da mineradora não se resumia a essas atividades. Em um dos morros da freguesia de Nossa Senhora do Pilar, eles podiam frequentar a irmandade religiosa dedicada à Nossa Senhora do Rosário, mantida pelos negros da localidade desde 1774, quando foi criada, e que até hoje abriga a cultura remanescente dos afrodescendentes na cidade de Nova Lima (originada da referida freguesia). Nas alvoradas dominicais, enquanto os ingleses participavam das celebrações cristãs à moda anglicana em sua capela, os escravos iam para a sua igreja, no morro do Rosário, cultuarem suas devoções, fossem elas católicas, ou africanas, ou mesmo as de forma sincrética.

Ao final da missa, muitos deles dirigiam-se para a venda da freguesia, onde bebiam, comiam, dançavam, brincavam, namoravam, enfim, aproveitavam o resto do dia com divertimentos (*Circular to proprietors*, p. 45). Isso preocupava a direção da empresa, pois, segundo averiguação de Thomas Walker, as suas idas dominicais para o centro comercial da localidade favoreciam "a bebedeira e outras desordens", razão pela qual sugeriu à superintendência da mina a construção de uma capela própria para eles nas dependências da companhia, o que poderia facilitar seu controle. (*Annual report*, p. 68)

A propósito, essa parte do relato esclarece o ponto central da razão da sua investigação. Caso realmente os escravos fossem excessivamente explorados, com altas jornadas de trabalho e, como se isso não bastasse, recebessem tratamento ruim, mais do que contradizer a imagem que a Inglaterra procurou construir como uma nação espelho da civilização, mais do que aguçar as críticas dos seus cidadãos abolicionistas, o que mais preocupava eram outros problemas. Primeiro o fluxo de escravos alugados à empresa. A circular para os proprietários na verdade foi um conjunto de esclarecimentos destinado a eles após os alarmes provocados pelos abolicionistas ingleses. Segundo, a manutenção da ordem na população escrava. A esse respeito, o agente-chefe da mineração, Thomas Treloar, expressou claramente, em relação ao governo dos escravos (nos seus próprios termos, "governing blacks"), a necessidade fundamental de "inculcar neles valores morais e religiosos", bem como "encorajá-los a amar e terem prazer ao dinheiro", incentivando-os a cultuarem hortas e animais nas horas de folga do cativeiro. (*Circular to proprietors*, p. 39)

Uma instituição considerada estratégica nesse quesito é o matrimônio. Os escravos eram incentivados ao casamento, recebendo presentes, casa exclusiva e até recompensas em dinheiro, além das despesas com o ritual, as vestimentas próprias para a ocasião e alianças (*Ibidem*, p. 18). Em junho de 1850 havia 83 casais de cativos casados na companhia, com numerosas crianças, o que foi considerado suficiente para manter a população cativa, na opinião de Thomas Walker. (A*nnual report*, p. 70). As crianças, enquanto os pais trabalhavam, tinham um tempo para brincar, outro para receber instrução religiosa e mais outro para aprender um ofício. Abaixo segue uma lista dos garotos e dos ofícios a eles ensinados. (*Circular to proprietors*, p. 14)

Nome	Idade	Sob os cuidados de	Ofício
Mariano	9	Robert Quick	Carpinteiro
Floriano	7	W. Bawden	"
Delpfino	8	Thos. Hancook	"
Joze Delfino	8	Simão	"
Lorenço	7	Josh Gregor	"
Gaspar (liberto)	7	W. Robson	"
Jannario	10	Delfino	Pedreiro
Fellicio	12	Maliphant	"
Rodrigo	12	Cornelius	"
Valentine	7	Jozo Fostino	"
Augusto	10	Richard Luke	Ferreiro
Adão	7	Walter Tregellas	"
Galdino	12	Wm. Warren	"
George	8	John Seymor	"

Henrique	6	Thos. Tregellas	"
Germano	8	James Knight	"
Venancio	6	John Rose	"
João Delfino	6	Joze Mario	Mineiro
Ignacio	7	Mensageiros	"
Jozé	6	Mensageiros	"
Marcellino	7	Peões	"

Para completar o quadro do controle sobre a população escrava na mina, a sua administração promovia festas em alguns feriados, como a carta do superintendente Mr. Keogh destinada à direção da companhia em Londres e reproduzida na Circular aos proprietários descreve:

> Em minha última carta, prometi dar a você uma descrição da festa para os pretos desse estabelecimento, que ocorreu na Segunda Feira de Páscoa. É um dia Santo para nós todos. Os entretenimentos começaram por volta do meio dia. Eles consistem de todos os jogos atléticos que você pode imaginar. Os vitoriosos – a saber – homens, mulheres e crianças, ganharam prêmios, como vestidos, xales, tocas, lenços, porcos e etc. No fim da tarde, uma grande fogueira foi acendida; foram soltados fogos de artifício e os pretos dançaram suas danças típicas. As pessoas da Casa Grande compareceram com eles todo o tempo, o que trouxe grande entusiasmo à comemoração. Lá havia mais de mil negros reunidos, além de ingleses; e não ocorreu a menor dos tumultos. Não vi nem sequer uma pessoa embriagada, tudo era alegria e bons sentimentos. Desejo que os diligentes possam ter testemunhado essa cena; tanta alegria acontecendo, combinada com tão agradável ordem. (*Circular to proprietors*, p. 22)

Assim, esperava-se que os escravos se sentissem satisfeitos, ou nas palavras de J. Smyth, administrador da mina, "confortáveis e felizes", pois com todas essas comodidades, suas vidas "eram melhores do que o geral das classes laboriosas na Inglaterra". (*Ibidem*, p. 46)

O governo dos escravos não estava completo sem as punições aos negros de mau comportamento. Durante sua investigação, Thomas Walker apurou que se praticavam castigos físicos na Morro Velho desde o início das suas operações na freguesia de Nossa Senhora do Pilar, nos idos de 1834, com considerável frequência. Descobriu também que, na opinião dos administradores, tal prática trazia desvantagens ao trabalho, porque os escravos tornavam-se intratáveis, razão pela qual ela foi proibida a partir de 1848, exceto em ocasiões muito extraordinárias (no caso do roubo, por exemplo). Mesmo assim, os feitores foram orientados a confinar os delinquentes em celas ou quartos escuros, ou, até mesmo, prendê-los com correntes nas pernas (no caso dos que recorrentemente saíam das dependências da companhia sem obtenção de licença). Às vezes, recorria-se a palmatórias quando se tratava de caso mais grave de insubordinação, e se a gravidade ocorresse pela terceira vez, vendia-se o insubordinado, ou o devolvia ao seu dono caso fosse alugado. (*Ibidem*, p. 11; *Annual report*, p. 70-71 e LIBBY, 1979, p.157-158)

Todavia, as punições mais aplicadas, principalmente após 1848, estão relacionadas ao cerceamento dos fragmentos de liberdade gozados pelos cativos nas brechas de tempo do cativeiro. Proibiam-lhes a saída para a freguesia, a cultura das hortas, pomares e criação de animais, ou a comercialização dos seus excedentes, e lhes aplicavam multas em dinheiro e os retiravam das listas de premiações. (*Annual report*, p. 70)

Quase duas décadas após a conclusão do relatório do encarregado pela Saint John de investigar o tratamento dos escravos na Morro Velho, Richard Burton admitiu a eficácia desse novo método de penalizar os infratores, ao afirmar ter notado "a conduta bem educada e respeitosa dos negros", não podendo "haver melhor prova que são bem tratados". No entanto, observou que punições mais severas (confinamento em celas e imobilização das pernas por correntes) ainda se praticavam na companhia nos casos de má conduta grave, tais como "embriaguez contumaz, desobediência de ordens, insubordinação ou roubar um companheiro". Tais condutas, segundo seu depoimento, parece ser exceção, pois "a lista de castigos é baixada quinzenalmente e, em geral, é pequena". (BURTON, 2001, p. 337)

Para isso podem ter contribuído, além de um considerável espaço de autonomia para os escravos (a possibilidade de comercializarem no arraial os produtos de seu trabalho realizado nas horas de folga nos terrenos a eles concedidos pela companhia) as promoções, as premiações de boa conduta e as alforrias feitas em algumas ocasiões diante de toda a escravaria convocada e reunida no pátio da Casa Grande.[8] As promoções ocorriam desde pelo menos o ano de 1847, quando

---

8   A esse respeito Reis e Silva, (1989, p. 66-67) explicam que conquistas individuais ou coletivas

sete escravos foram promovidos, sendo quatro (Pequeno Capitas, Braz Coqueiro, Manuel Roberto e João Cornel) a maquinista, dois (Antônio Moçambique e Marciano Jocq) a capitão de brocas, um (Thomas Tenda) a ferreiro; atividades até então reservadas aos poucos operários ingleses da mina. (*Circular to proprietors*, p. 14). No ano de 1875, no dia 7 de fevereiro, há notícias de que alguns escravos receberam medalhas de boa conduta, que os capacitavam a receber carta de alforria. Na mesma ocasião, após serem reconhecidos pelos oficiais como merecedores da "honraria", formavam um semi-círculo. Diante deles o superintendente escolhia pelo menos um para receber a liberdade. Foi o que aconteceu na referida data, quando dois deles, que haviam obtidos o reconhecimento de boa conduta durante cinco anos consecutivos, receberam uma medalha de prata; símbolo da sua nova condição. (*Annual Report*, 1875, p. 72)

Esse ritual trata-se de uma estratégia ideológica para ampliar a pressão persuasiva sobre a população escrava, ao oferecer a ela a possibilidade de ascensão social e profissional dentro do próprio sistema.

O próximo assunto do parecer de Thomas Walker são os serviços médicos prestados aos escravos. A percepção de que a medicina poderia ser convertida em um instrumento estratégico para as atividades produtivas nas colônias começou a ser formada desde pelo menos as décadas finais do século XVIII, quando uma convergência de fatores (pressões das Luzes, criação da Sociedade pela Abolição do Tráfico, 1787, na Inglaterra, a vitoriosa Revolução do Haiti liderada por negros escravizados, aumento dos preços dos escravos) criou as condições para o tratamento da escravaria ser melhorado (MARQUESE, 2004, p.103-111 e EUGENIO, 2000). Nessa mesma época, a saúde da população em geral estava sendo transformada em assunto de interesse público, dado o impacto das doenças na estrutura demográfica e na vida material das sociedades. É a partir desse momento que a assistência médica, aos poucos, foi inserida no rol das obrigações do Estado (FOUCAULT, 1998, p. 194), culminando no que se conhece como saúde pública, isto é, conjunto de medidas governamentais para prevenir e combater os problemas de saúde que afetam ou podiam afetar o conjunto dos cidadãos de uma comunidade.

---

dos escravos obtidas com os seus senhores contribuíam para a aceitação de uma "dominação aceitável". Ao que parece, os dirigentes da mina de Morro Velho souberam administrar muito bem a política de concessões para que uma certa paz pudesse garantir que atos de rebeldia e má conduta de sua escravaria fossem controlados na empresa.

Nesse mesmo contexto, no Brasil, a assistência médica também começou a ser aplicada no governo dos escravos, sobretudo após o fim do tráfico de africanos, quando a montagem de enfermarias, hospitais e farmácias e até mesmo a contratação de médicos em grandes estabelecimentos produtivos deixa de ser algo raro de se encontrar na documentação histórica.[9] Na Morro Velho isso ocorreu em 1838, quatro anos após o início de suas operações na Freguesia de Nossa Senhora do Pilar. Dez anos depois a companhia inaugurou um novo hospital, com capacidade para sessenta leitos, o triplo do anterior, cujas dependências eram tão boas quanto os de Londres, segundo depoimento do seu diretor, por ele ser amplo, arejado, confortável, limpo, dotado de banhos quentes, boa alimentação e, principalmente, acompanhamento médico de qualidade. (*Circular to proprietors*, p. 19-20 e 22; LIBBY, 1979, p. 140)

No mesmo ano, os relatórios anuais da superintendência, destinados à sede da Saint John, passaram a apresentar estatísticas do hospital, seguidos de considerações do médico responsável por esse setor sobre as condições gerais de saúde dos operários da mina, particularmente dos escravos. Trata-se do que Foucault definiu como "a constituição do indivíduo como objeto descritível e analisável (...), que permite a medida dos fenômenos globais, a descrição dos grupos, a caracterização dos fatos coletivos, as estimativas dos indivíduos entre si". Trata-se de "um saber médico administrativo que servia de núcleo original à economia social e a sociologia do século XIX". (FOUCAULT, 1999, p. 157-158; FOUCAULT, 1998, p. 202)

Os grandes empreendimentos escravistas, ao integrarem esse saber no cotidiano do cativeiro, buscavam reduzir os índices de mortalidade de seus escravos, sendo o de Morro Velho (o maior de todos eles) um dos que o inseriu na sua administração para completar o quadro dos seus esforços a fim de melhorar as condições de vida, saúde e trabalho dos negros nela empregados. Resta saber se ela atingiu esse objetivo, analisando os dados produzidos pelos seus médicos no seu hospital a partir de 1849 até a última década da escravidão.

Mas antes é necessário conhecer as condições de saúde da população escrava da companhia, segundo a investigação de Thomas Walker, para saber quais problemas mais as afetavam até aquele ano, quando as sistematizações do exercício da

---

9   Em Cantagalo (Província do Rio de Janeiro), por exemplo, um médico observou que havia hospital em diversas fazendas. Teuscher, 1853, p. 6. Em outras fazendas o mesmo pode ser observado, como mostram os estudos de: Barbosa (2010); Mariosa (2006).

medicina na mina começaram a elaborar seus registros estatísticos.

A maior parte do parecer do investigador, treze das 36 páginas, é dedicada aos problemas de saúde da população escrava. Logo ao chegar em Morro Velho espantou-se com o grande número de mortes ocorridas entre 1848 e 1849 entre seus operários, particularmente escravos vitimados por enfermidades do aparelho respiratório. Ao investigar as causas disso, descobriu ter havido na Freguesia de Nossa Senhora do Pilar uma epidemia de gripe (influenza) que se alastrou até a companhia. Doenças do mesmo gênero (bronquite, pneumonia e pleurisia) revelaram-se disparadamente em relação às demais (diarreia, enterites, contusões, reumatismo, etc.), as que mais afetavam a população escrava. Elas eram muito comuns na Freguesia de Nossa Senhora do Pilar, onde o inverno é bastante rigoroso. Ao comparar a incidência delas na localidade e nos trabalhadores da mina, observou que nessa última havia maior proporção de afetados, devido à natureza do trabalho na mineração, mas menor proporção de mortes, devido à assistência médica de qualidade e medidas preventivas (alimentação saudável, roupa adequada, moradia confortável e trabalho moderado). (*Annual report*, p. 74-75)

Ao visitar outras minas da mesma companhia e companhias diferentes, ele concluiu que mineiros e demais trabalhadores do subsolo, "underground labourers", são mais susceptíveis àquelas moléstias, razão pela qual, na sua opinião, não se podia atribuir a sua grande ocorrência no Morro Velho a uma situação particular dessa mineradora. Pois, conforme ele considerou, seus escravos recebiam bom tratamento, diferentemente do que ocorria em muitas propriedades, como em uma no arraial de Santa Rita, próxima da localidade em foco, onde apurou que os cativos recebiam pouca comida, viviam mal agasalhados e trabalhavam muito, inclusive domingos e feriados. (*Ibidem*, p. 76 (generalidade da doença) e p. 83-84 (situação dos escravos em outras propriedades)

Por essa razão, Thomas Walker concluiu seu relatório em relação ao governo dos escravos favoravelmente com as seguintes palavras: "O resultado das minhas investigações, sobre as acusações do cruel e assassino tratamento recebido pelos negros, imputadas ao Sr. Keogh e aos diretores, é o contrário, pois as condições deles têm sido em diversos aspectos melhorada". (*Ibidem*, p. 85-86)

Enquanto as suas conclusões estavam sendo entregues aos diretores da Saint John em Londres, a superintendência de Morro Velho elaborou uma circular para os proprietários dos escravos a ela alugados, a fim de motivá-los a manterem o interesse por novos contratos com a empresa.

Para tanto procuraram reiterar, com fragmentos de depoimentos do seu diretor geral, que era "humano e generoso o tratamento dos negros", como "a humanidade sugere", de maneira a "melhorar sua condição na escala humanitária". (*Ibidem*, 1855, p. 58-59; LIBBY, 1979, p. 101-103). Isso quer dizer que, além de dar satisfação à sociedade britânica, particularmente ao movimento abolicionista, fazia-se necessário dar explicações aos escravagistas locais, pois o funcionamento da mineradora dependia muito deles, já que ela estava proibida por lei inglesa (1843) de comprar negros.

Essa dependência acabou sendo maior a partir de 1850, quando ocorreu a extinção definitiva do tráfico de africanos no Brasil, pois houve em alguns anos depois uma certa crise de abastecimento desse tipo de mão de obra, muita mais drástica nos municípios desconectados da agroexportação cafeeira, que resultou no encarecimento dos preços dos escravos.

No relatório anual de 1852, por exemplo, tentava-se atrair trabalhadores livres para a mina, sem êxito (dado o fato de que os indivíduos que poderiam se empregar na mina tinham de um modo geral horror ao trabalho regular e altamente disciplinado como exige o capitalismo industrial): "Nosso hospital e os nossos recursos estão muito próximo ou igual a qualquer um em Londres. A comida, as roupas e apetrechos dos negros ultrapassam de longe qualquer um da mesma classe em qualquer lugar que eu tenha visto." (Ann*ual report*, 1852, p. 55)[10]

Alguns anos depois, em 1855 a situação parecia piorar. No relatório do mesmo ano, o superintendente explicava à direção londrina que os cafeicultores estavam concentrando seus esforços para comprar escravos no mercado interno, após a extinção do tráfico, fazendo elevar demais os preços de mão de obra compulsória. Tanto que o valor do aluguel de um escravo de "primeira classe" saltou de 100$000 nos anos 1840 para 250$000 nos anos 1850.

Assim era fundamental para a companhia construir, perante os locadores de escravos, uma imagem compatível com os atributos que faziam da Inglaterra uma das principais protagonistas do progresso das civilizações na "Era dos Impérios", para não ter suas operações inviabilizadas, por falta de homens que pudessem satisfazer a voracidade do trabalho demandado pela sua mina, até encontrar outra opção.

Diante desses relatos, pode-se concluir que seu governo de escravos expressa o idealismo humanitário das Luzes, sendo conduzido com os mesmos fundamentos

---

10 Diversos municípios mineiros afirmaram no inquérito agrícola de 1858 que seus proprietários ressentiam-se de falta de braços. Eugênio, 2011, p. 83-95).

postulados nos escritos sobre o manejo da população escrava em grandes propriedades. No entanto, apresenta algumas diferenças de conteúdo. Por exemplo, o pagamento de horas extras aos negros, o incentivo à comercialização dos excedentes de sua produção de animais, frutas e hortaliças e o "amor ao dinheiro" para encorajá-los a assimilar o espírito da indústria, conforme ponderou o diretor da administração de Morro Velho, John Routh, em 1850. (*Circular to proprietors*, p. 52)

Inclusive, depois de justificar em algumas passagens da Circular o trabalho escravo como um mal necessário, em um país onde os homens livres e pobres ainda não haviam sido convertidos à ideologia do trabalho sustentada pelo liberalismo, dada a sua longa tradição da escravidão, a direção da mina enfatizou a sua posição contrária a essa forma de organização de produção:

> Os diretores têm esperança de que vai chegar o tempo em que uma mudança na condição social do Brasil, a esse respeito, venha a ocorrer. Eles estão preparados para fazer tudo em seu alcance, por meio de medidas prudentes e criteriosas, para acelerar isso, sem que se crie alarde ou hostilidade nas mentes do Governo do país no qual trabalham. Agindo, assim, sob uma consciente impressão da responsabilidade que deles decorre – com uma percepção profunda de todos os males da escravidão – dando tudo de si, na prática, para remover esses males, ao menos no que refere aos negros da Cia (...). (*Ibidem*, p. 53)

Entretanto, se os escravos dessa mineradora tivessem deixado algum testemunho do tratamento nela recebido, eles diriam que eram felizes, como diversas vezes a superintendência da empresa afirmou na Circular para os proprietários? (*Ibidem*, p. 21-22)

Não podemos ouvi-los, mas, nos registros e estatísticas produzidos pela burocracia da companhia, dados podem ser confrontados em busca de alguns indicadores sobre a saúde da população escrava, para saber se eles reforçam ou contradizem o parecer de Thomas Walker, as considerações da Circular aos proprietários e as narrativas dos relatórios anuais da superintendência.

Desde o *Annual report* de 1848, os médicos da mineradora apresentavam anualmente quadros estatísticos do tratamento de doentes no seu hospital (tabelas 1 e 2 em anexo). Considerando até o ano de 1885, o maior número de atendimentos ocorreu em 1853, com 2370, e o menor ocorreu em 1881, com 847. A quantidade de doenças oscilou entre 52 (em 1857) e 93 (em 1866). Os problemas de saúde mais recorrentes foram: acidentes (contusões, ferimentos e fraturas), enterites (inflamações gástrica e intestinal), diarreia, disenteria e bronquite.

Possivelmente os acidentes devem ter sido a maior causa de óbitos na companhia. A estatística hospitalar somente apresenta 37 mortes ocorridas nas suas dependências. As ocorridas durante o trabalho não estão clara e rigorosamente computadas em seus registros. Em alguns anos, os relatórios anuais apresentam os números dos acidentes fatais. Em outros não, ou apenas afirma "morreu na mina" sem especificar se foi de acidente, ou foi "de repente", como às vezes acontecia. Para se ter uma ideia dessas cifras, entre os anos 1850 e 1870 foram registrados pelo menos sessenta acidentes fatais nos relatórios anuais da superintendência,[11] e em 1886 ocorreu o desastre considerado mais terrível de todos até então, quando aproximadamente seiscentos trabalhadores foram fatalmente soterrados. (LIBBY, 1984, p. 62-65)

Todos esses números, colididos com a estatística hospitalar publicadas nos relatórios da superintendência da mina, permitem observar que as enfermidades do sistema respiratório e as do sistema digestivo eram as mais incidentes nos indivíduos tratados pelos médicos. Comparando-os com dados de outras realidades de diferentes épocas, chega-se à mesma conclusão.[12] É bom lembrar que nem todos os pacientes do hospital de Morro Velho eram escravos, mas a maioria até 1878 sim. Em 1872, por exemplo, o médico responsável pelo relatório da estatística hospitalar, Alex Buchanan, ao considerar muito alta a frequência de atendimento (1973 ao todo somente naquele ano), disse que "a maior parte dos casos ocorreu entre indivíduos negros, fracos de constituição e predispostos a adoecer". (*Annual report*, 1872, p. 87)

Não foi possível comparar o percentual de mortes entre os escravos e os operários assalariados da mineradora, porque para esses últimos seus registros apenas apresentam dados esparsos. Para os outros (ver anexo) as cifras são apresentadas desde o começo das operações na Freguesia de Nossa Senhora do Pilar. Nos anos iniciais, somente entre os escravos de propriedade de Morro Velho, os índices de

---

11   Usando outro método para estimar o n° de acidentes fatais, comparando o percentual de óbitos geral da população escrava com o percentual de óbitos incluindo os acidentes fatais, o aumento da taxa de mortalidade varia de 0,24 a 1,1 entre 1865 e 1868. No ano de 1867, por exemplo, ocorram 26 mortes em um único acidente. *Annual report*, 1868, p. 83-84. Sobre as principais causas de acidentes em minas e a gravidade deles, sugiro as páginas 214 a 298 do capítulo 4 de *O ouro gosta de sangue*, de Rafael de Freitas Souza (2009).

12   Vários testemunhos e autores comprovam essa conclusão: (2002, p. 229 e 239). O médico Reinhold Tuesher (1853, p. 9-11), Karash (2000, p. 497) e Kenneth (1984, p. 140-144).

óbitos chegaram a atingir o marco de 7,9% (trinta mortes em 378 adultos) em 1840, segundo o pioneiro estudo de Douglas Cole Libby (LIBBY, 1984, p. 62-64). Do ano seguinte, incluindo os escravos alugados, quando a taxa reduziu-se para 6,1%, o percentual oscilou até declinar para 2,1%, subindo novamente até encontrar o pico 6,15% em 1853, variando posteriormente até cair para 1,45% em 1884 (tabela 3 e gráfico 2).

Comparando essas taxas com as de população escrava no país, na mesma época, por exemplo, na Santa Casa de Misericórdia do Rio de Janeiro entre 1840 e 1851, onde elas oscilavam entre 2,74% e 4,9%, na média elas são compatíveis. Quando confrontados com o mesmo segmento populacional de meio século atrás, Vila Rica, entre 1799 e 1801, onde a média era de 20% (KARASH, 2000, p. 165; COSTA; LUNA *et al*, 2009, p. 243), observa-se expressivo decréscimo, possivelmente derivado da melhoria do tratamento dos escravos, principalmente com a introdução do saber médico e da montagem de um hospital na empresa.

Ao analisar os dados relativos às crianças, entre 1848 e 1868 (a partir dessa data faltam dados de óbitos), excluindo os anos de 1849, 1850 e 1852 (porque faltam dados de nascimento para o primeiro ano e dados de óbitos para os demais anos) houve um saldo demográfico positivo de 69 (129 nascimentos contra sessenta mortes) entre os escravos da companhia. Em relação aos escravos alugados, excluindo o ano de 1849 (porque não houve registro de nascimento naquele ano) o saldo no mesmo período é de 421 (545 nascimentos e 124 óbitos), totalizando 490 (tabela 4 e gráfico 5).[13]

Confrontados com os cálculos de Mary Karasch para o Rio de Janeiro, entre 1840 e 1851 e Iraci Del Nero da Costa para Vila Rica, entre 1799 e 1801, onde o obituário infantil excedia os nascimentos, verifica-se que na Morro Velho as crianças tinham maior chance de sobrevivência, mas não o suficiente para aumentar naturalmente a população escrava. Pois, nela, entre 1848 e 1868, houve mais mortes dos adultos do que crianças sobreviventes como se vê na tabela 5 em anexo.

Tomando os dados da referida tabela, excluindo o ano de 1847, porque somente encontrei os dados em percentuais até aquele ano para mortes dos adultos, e os anos 1849, 1850 e 1852 (porque não foi possível calcular o saldo demográfico das crianças naqueles anos) têm-se os seguintes resultados: 1) em relação aos escravos da companhia, 121 mortes de adultos e 59 de saldo positivo – nascimento

---

13   Não foi possível calcular até 1888, porque a partir de 1870 a empresa parou de registrar óbitos de crianças.

menos mortes – entre as crianças, provocando decréscimo populacional de 62 indivíduos; 2) em relação aos escravos alugados pela companhia, excluindo os mesmos anos pela mesma razão, 876 mortes de adultos e 427 de saldo positivo – nascimento menos mortes – entre as crianças, provocando um decréscimo populacional de 449 indivíduos. Somando toda a escravaria, 948 mortes de adultos e 486 de saldo positivo – nascimento menos mortes – entre as crianças, há uma perda demográfica de 462 indivíduos. (KARASCH, 2000, p. 157 e COSTA; LUNA *et al*, 2009, p. 247)

Assim as estatísticas hospitalares de Morro Velho revelam que a população escrava estava em franco declínio (mesmo sem contar as taxas de alforrias na empresa, difícil de calcular nos relatórios), apesar da queda da mortalidade dos adultos (tabela 3 e gráfico 2) e do aumento médio do saldo demográfico positivo das crianças (tabela 4 e gráfico 5). E isso porque o número de mortes dos adultos prevaleceu em quase todos os anos sobre os nascimentos (e se contarmos as mortes das crianças os dados pioram mais ainda) como a tabela 5 revela (somente ocorreram mais nascimentos de crianças do que mortes de escravos da companhia em 1851, 1857, 1858 e 1861, e no caso dos alugados o mesmo apenas ocorreu em 1855 e 1858).

Esses dados mostram que, após o fim do tráfico de negros africanos em 1850 e as investigações de Thomas Walker, sobre as denúncias de maltrato aos escravos na mina de Morro Velho, concluídas no mesmo ano, houve esforço por parte dos proprietários e da administração da mina para melhorar as condições de vida, saúde e trabalho em suas dependências. Mostram também que tal esforço gerou queda dos percentuais de mortalidade da população escrava em geral (gráfico 2), inclusive das crianças (gráfico 4) entre as quais em todos os anos praticamente houve saldo positivo dos nascimentos em relação aos óbitos (tabela 4). E isso, em grande parte, graças à introdução do saber médico (construção de enfermarias, uso de manuais de medicina prática, contratação de médicos e enfermeiros, e vacinação), de uma nova política de punições, de redução das jornadas de trabalho, de melhora na alimentação e vestuário, de estímulo ao casamento e de incentivo à produção de alimentos para comercialização nas horas de folga, conforme o ideal de administração de grandes propriedades escravistas divulgado por autores que, desde as últimas décadas do século XVIII, vinham escrevendo sobre o assunto nas principais áreas escravistas das Américas.

No entanto, todo esse esforço não foi suficiente para aumentar a demografia de escravos na mina de Morro Velho, porque a morte, apesar de sua redução considerável após o fim do tráfico de escravos africanos para o Brasil em 1850, ainda continuava prevalecendo. Assim, pode-se dizer que as melhorias no governo dos escravos relatadas pelos administradores da companhia, pelo investigador Thomas Walker e pelo consul "viajante" Richard Burton, se realmente foram tão louváveis como eles tentaram fazer crer, elas não foram suficientes para que a dinâmica populacional cativa resultasse em uma tendência de aumento natural, como revelam as estatísticas produzidas pela própria mineradora.

Tabela 1: Percentual de escravos internados no hospital da mina de Morro Velho afetados por doenças pulmonares

Internações		Doenças pulmonares					
Ano	Internados	Bronquite	Pneumonia	Tuberculose	Outros	TOTAL	%
1847	1307	30	23	2	444*	499	39%
Mortes	22	2	1	1	6	10	46%
1848	2335	52	51	1	542*	646	28%
Mortes	59	5	10	1	10	26	44%
1849	2333	20	120	2	367	509	22%
Mortes	84	3	13	2	15	33	40%
1850	1386	41	54	0	321	416	30%
Mortes	52	6	6	0	8	20	39%
1851	1249	23	80	2	336	441	36%
Mortes	40	2	6	1	43	52	130%
1852	1580	30	52	4	250*	336	22%
Mortes	43	0	9	3	0	12	28%
1853	2370	55	82	12	415*	564	24%
Mortes	95	1	18	2	2	23	25%
1854	2178	62	40	29	312*	443	21%
Mortes	68	1	3	6	3	13	20%
1855	1839	123	45	2	147	317	18%
Mortes	32	2	1	1	1	5	16%
1856	1813	76	76	16	360*	528	30%
Mortes	54	5	2	12	0	19	36%

1857	1540	59	34	12	40	145	10%	
Mortes	31	1	2	9	3	15	49%	
1858	1667	29	60	2	15	106	7%	
Mortes	28	2	3	1	1	7	25%	
1859	1841	22	24	7	15	68	4%	
Mortes	31	1	3	4	0	8	26%	
1860	1802	49	22	11	42	124	7%	
Mortes	32	2	7	5	0	14	44%	
1861	2274*	19	58	17	206	300	14%	
Mortes	36	1	2	6	5	14	39%	
1862	2234	107	168	58	259	592	27%	
Mortes	72	1	8	10	5	24	34%	
1863	1998	60	107	44	56	267	14%	
Mortes	54	1	4	13	1	19	36%	
1864	2111	38	60	51	352	501	24%	
Mortes	45	0	3	12	5	20	45%	
1865	1750	25	33	22	201	281	16%	
Mortes	64	4	4	12	3	23	36%	
1866	2077	86	51	19	205	361	18%	
Mortes	66	4	12	9	0	25	38%	
1867	1781	91	33	12	84	220	13%	
Mortes	30	3	0	4	1	8	27%	
1868	1740	97	29	13	165	304	18%	
Mortes	36	4	4	2	2	12	34%	
1869	1777	158	20	4	138	320	18%	
Mortes	34	3	1	3	1	8	24%	
1870	1926	307	26	5	60	398	21%	
Mortes	37	3	4	4	0	11	30%	
1871	1983	295	6	2	95	398	20%	
Mortes	32	0	3	1	0	4	13%	
1872	1585	143	9	5	131	288	19%	
Mortes	25	1	0	5	1	7	28%	
1873	1093	116	13	1	95	225	21%	

Mortes	27	3	1	1	2	7	26%
1874	1272	148	39	1	96	284	23%
Mortes	39	2	5	0	0	7	18%
1875	1562	241	25	5	128	399	26%
Mortes	35	6	5	5	1	17	49%
1876	1548	230	37	4	188*	459	30%
Mortes	32	1	4	3	2	10	32%
1877	1547	242	31	2	125	400	26%
Mortes	22	4	2	2	1	9	41%
1878	1460	208	29	0	182*	419	29%
Mortes	22	0	5	0	0	5	23%
1879	1360	206	14	1	180*	401	30%
Mortes	20	2	2	1	2	7	35%
1880	968	141	29	2	129	301	31%
Mortes	16	0	4	2	1	7	44%
1881	847	118	5	4	16	143	17%
Mortes	14	1	2	3	0	6	30%
1882	1040	207	7	1	97	312	30%
Mortes	15	1	1	1	1	4	27%
1883	894	208	4	2	72	286	32%
Mortes	13	1	1	2	1	5	39%
1884	894	163	2	5	98*	268	30%
Mortes	13	2	1	1	0	4	31%
Incidência	62157	4.406	1760	532	7.091	13.789	23%
Mortes	1470	81	162	140	127	510	35%

*Houve incidência de epidemia
Fonte: *Annual report*.

Tabela 2: Percentual de escravos internados no hospital da mina de Morro Velho afetados por demais doenças

Internações		Doenças que mais provocavam internações								
Ano	Internados	Acidentes	Boubas	Diarreia	Disenteria	Enterite	Reumatismo	Vermes	TOTAL	%
1847	1307	124	0	149	26	103	43	20	465	36%
Mortes	22	4	0	2	2	1	0	0	9	41%
1848	2335	547	4	307	28	133	98	46	1163	50%
Mortes	59	2	1	5	1		0	0	9	16%
1849	2333	538	7	302	32	171	77	20	1147	50%
Mortes	84	0	0	10	5	0	0	1	16	19%
1850	1386	217	9	249	57	42	48	5	627	46%
Mortes	52	0	0	10	9	0	1	1	21	41%
1851	1249	252	10	194	30	11	54	17	568	46%
Mortes	40	10	0	6	3	0	0	0	19	48%
1852	1580	302	10	179	39	107	121	12	770	49%
Mortes	43	0	1	5	7	1	0	0	14	33%
1853	2370	488	10	478	53	116	151	5	1301	55%
Mortes	95	0	0	20	9	0	0	0	29	31%
1854	2178	574	18	245	20	274	135	15	1281	59%
Mortes	68	0	0	16	4	0	0	0	20	30%
1855	1839	509	13	91	14	466	130	21	1244	68%
Mortes	32	0	0	3	1	0	0	0	4	13%
1856	1813	484	22	34	9	396	77	29	1051	58%
Mortes	54	0	0	0	3	0	0	0	3	6%
1857	1540	610	12	54	6	516	52	27	1277	83%
Mortes	31	1	0	2	3	0	0	0	6	20%
1858	1667	484	9	133	1	453	66	30	1176	71%
Mortes	28	0	0	0	0	0	0	0	0	0%
1859	1841	551	13	39	0	518	45	15	1181	65%
Mortes	31	0	0	0	0	0	0	0	0	0%
1860	1802	457	15	128	10	299	81	50	1040	58%
Mortes	32	0	0	1	3	0	0	0	4	13%

1861	2274*	597	22	206	11	380	67	33	1316	58%
Mortes	36	3	0	3	3	0	1	0	10	28%
1862	2234	369	31	210	18	256	70	28	982	44%
Mortes	72	3	0	7	10	0	0	2	22	31%
1863	1998	360	34	114	12	377	120	16	1033	52%
Mortes	54	0	0	2	5	0	0	0	7	13%
1864	2111	357	54	158	28	335	106	56	1094	52%
Mortes	45	1	0	2	2	0	0	0	5	12%
1865	1750	379	52	134	85	296	86	25	1057	61%
Mortes	64	2	0	6	15	0	1	0	24	38%
1866	2077	450	45	83	24	383	128	47	1160	56%
Mortes	66	4	0	4	0	6	0	3	17	26%
1867	1781	376	44	44	6	347	199	53	1069	60%
Mortes	30	0	0	1	1	2	1	0	5	17%
1868	1740	272	74	40	19	366	117	56	944	55%
Mortes	36	0	1	0	0	1	0	0	2	6%
1869	1777	182	46	145	13	194	131	53	764	43%
Mortes	34	0	0	0	4	0	0	0	4	12%
1870	1926	293	51	100	36	1	170	24	675	35%
Mortes	37	1	0	1	6	0	0	0	8	22%
1871	1983	339	26	155	50	0	148	56	774	39%
Mortes	32	1	0	2	5	0	0	0	8	25%
1872	1585	245	39	9	34	0	128	53	508	32%
Mortes	25	1	0	0	3	0	0	0	4	16%
1873	1093	192	26	61	13	0	55	20	367	34%
Mortes	27	0	0	4	4	0	0	0	8	30%
1874	1272	207	24	76	15	0	59	3	384	31%
Mortes	39	1	0	4	5	0	0	0	10	26%
1875	1562	261	13	65	12	0	79	0	430	28%
Mortes	35	1	0	1	1	0	0	0	3	9%
1876	1548	202	11	80	3	0	64	0	360	24%
Mortes	32	1	0	3	0	0	0	0	4	13%
1877	1547	281	16	100	6	0	86	0	489	32%

Mortes	22	0	0	1	0	0	0	0	1	5%
1878	1460	268	12	64	0	0	79	0	423	29%
Mortes	22	1	0	3	0	0	0	0	4	19%
1879	1360	212	14	48	4	0	72	0	350	26%
Mortes	20	1	0	1	0	0	0	0	2	10%
1880	968	152	12	33	4	0	69	1	271	28%
Mortes	16	0	0	2	0	0	0	0	2	13%
1881	847	180	5	72	0	0	48	0	305	36%
Mortes	14	0	0	3	0	0	0	0	3	8%
1882	1040	242	2	43	0	0	45	0	332	32%
Mortes	15	0	0	1	0	0	0	0	1	7%
1883	894	145	12	36	0	0	37	0	230	26%
Mortes	13	0	0	0	0	0	0	0	0	0
1884	894	180	14	55	2	1	43	0	295	33%
Mortes	13	0	0	0	1	1	0	0	2	16%
Internados	62157	12916	834	4844	835	6553	3388	843	30213	49%
Mortes	1470	37	3	131	115	13	4	5	427	29%

*Houve incidência de epidemia
Fonte: *Annual report*

Tabela 3: Taxas de óbitos da população escrava de Morro Velho

Ano	%	Ano	%	Ano	%	Ano	%
1841	6,1	1852	3,33	1863	4,62	1874	5,34
1842	4,37	1853	6,15	1864	3,47	1875	5,55
1843	5	1854	5,8	1865	5,22	1876	4,3
1844	5,92	1855	2,84	1866	4,95	1877	3,69
1845	4,78	1856	2,76	1867	3,86	1878	3,66
1846	5,84	1857	5,03	1868	2,95	1879	4,18
1847	2,5	1858	2,84	1869	3,09	1880	4,02
1848	5,5	1859	2,9	1870	3,44	1881	3,98
1849	7,26	1860	3,41	1871	3,23	1882	3,9
1850	4,5	1861	3,08	1872	3,2	1883	3,77
1851	3,33	1862	5,6	1873	3,6	1884	1,45

Fonte: *Annual report*

Tabela 4: Balanço demográfico das crianças escravas de Morro Velho

Ano	Crianças da companhia			Crianças de escravos alugados		
	Nascimento	Óbitos	Saldo	Nascimento	Óbitos	Saldo
1847	8	2	6	18	6	12
1848	10	5	5	27	14	13
1849	-	5	-	0	19	-
1850	7	-	-	17	11	6
1851	8	3	5	24	4	20
1852	5	-	-	13	9	4
1853	12	6	6	31	8	23
1854	5	1	4	19	4	15
1855	9	1	8	29	4	25
1856	4	3	1	16	5	11
1857	8	2	6	20	5	15
1858	11	2	9	38	3	35
1859	6	3	3	20	7	13
1860	9	3	6	26	7	19
1861	7	1	6	24	1	23
1862	6	6	0	26	6	20
1863	5	6	-1	29	6	23
1864	5	3	2	37	3	34
1865	3	4	-1	28	4	24
1866	5	6	-1	45	6	39
1867	4	2	2	46	2	44
1868	4	1	3	22	1	21
1869	7	(-)	(-)	30	(-)	(-)
1870	3	(-)	(-)	25	(-)	(-)
1871	6	(-)	(-)	33	(-)	(-)
Total	157	65	69	633	135	439

Nos anos cujos quadros apresentam esse símbolo (-) não foram encontrados dados.

Fonte: *Annual report*.

Tabela 5: Balanço demográfico da população escrava em Morro Velho

Ano	Óbitos dos adultos		Nascimento das crianças		Saldo	
	Cia	alugados	Cia	alugados	Cia	alugados
1848	8	45	5	18	-3	-27
1849	16	65	(-)	(-)	(-)	(-)
1850	8	50	(-)	6	(-)	-44
1851	4	35	5	25	1	-10
1852	6	34	(-)	4	(-)	-30
1853	8	87	6	29	-2	-58
1854	7	64	4	19	-3	-45
1855	3	4	8	33	5	29
1856	6	49	1	12	-5	-37
1857	5	21	6	21	1	0
1858	7	25	9	44	2	19
1859	6	24	3	16	-3	-8
1860	9	33	6	25	-3	-8
1861	5	43	6	29	1	-14
1862	5	72	(-)	(-)	(-)	(-)
1863	15	63	1	22	-14	-41
1864	5	47	2	36	-3	-11
1865	4	65	1	23	-3	-42
1866	11	64	1	38	-10	-26
1867	6	54	2	46	-4	-8
1868	7	38	3	24	-4	-14
Total	151	1027	68	470	-48	-375

Nos anos cujos quadros apresentam esse símbolo (-) não foram encontrados dados.

Fonte: *Annual report*.

Gráfico1: Evolução da população escrava da mina de Morro Velho

[Gráfico de barras: População escrava da mina de Morro Velho, anos 1840–1884, valores aproximados: 1840≈380, 1845≈550, 1850≈1050, 1855≈1230, 1860≈1140, 1865≈1500, 1870≈1360, 1875≈890, 1880≈650, 1884≈360]

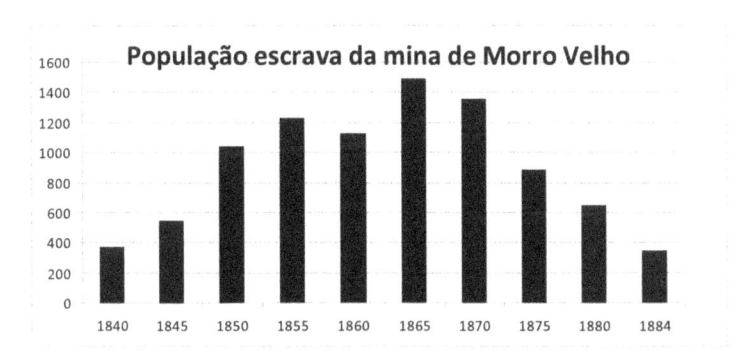

Este gráfico foi feito com base na tabela elaborada por LIBBY (1979, p. 167)

Gráfico 2: Balanço das taxas de óbitos da população escrava de Morro Velho

[Gráfico de barras: Óbitos dos escravos na mina de Morro Velho, 1850≈5,2; 1855≈4,3; 1860≈3,5; 1865≈4,4; 1870≈3,7; 1875≈4,2; 1880≈4,0; 1885≈3,3]

Elaborado com base na tabela 3

Gráfico 3: Balanço do nascimento de escravos na mina de Morro Velho

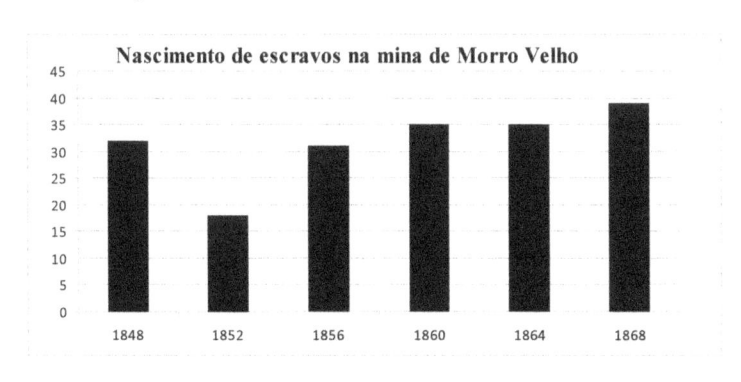

[Gráfico de barras: Nascimento de escravos na mina de Morro Velho, 1848≈32; 1852≈18; 1856≈31; 1860≈35; 1864≈35; 1868≈39]

Elaborado com base na tabela 4

Gráfico 4: Balanço dos óbitos de crianças escravas na mina de Morro Velho

Óbitos das crianças escravas na mina do Morro Velho

Ano	Óbitos
1848	14
1852	14
1856	8
1860	11
1864	8
1868	7

Elaborado com base na tabela 4

Gráfico 5: Saldo dos sobreviventes entre as crianças escravas

Crianças escravas sobreviventes na mina de Morro Velho

Ano	Sobreviventes
1848	18
1852	5
1856	23
1860	27
1864	26
1868	33

Elaborado com base na tabela 4

Imagens 11-16: cotidiano do trabalho escravo na mina de Morro Velho.

Imgem 12

Imagem 13

Imagem 14

Imagem 15

Imagens 16

The fortnightly slave *revista* in front of the Casa Grande in the 1860s. Superintendent James Newell Gordon (center) is in the top hat.

Imagem 17: reunião dos escravos da mina de Morro Velho (revista)

Imagem 18: emancipação dos escravos na mina de Morro Velho (1886)

CONSIDERAÇÕES FINAIS

Embora recentemente impulsionada e ainda em processo de consolidação, a produção historiográfica no Brasil sobre o tema examinado nesta pesquisa já permite esboçar alguns entendimentos que, com o acúmulo de estudos, podem vir a ser confirmados como consensuais.

O primeiro deles é a respeito das condições de saúde da população escrava. Antes do encerramento definitivo da importação de africanos no Império (1850) e, sobretudo, em grandes propriedades monoculturas, conectadas com o mercado internacional, houve na maior parte das vezes pouca atenção para com a saúde no cativeiro (o que não quer dizer negligência, ou descaso; às vezes isso ocorria, mas não devia ser a regra geral, pois a aquisição de cativos gerava gasto nada desprezível), quando a procura por produtos destinados à exportação estava alta. Assim, notadamente nas regiões e empreendimentos onde a oferta de africanos pelo tráfico era alta e a demanda aquecida impactou a produção, houve maior exploração da escravaria (com a dilatação das jornadas de trabalho), para aumentar a produtividade, porque a renda do seu trabalho excedente, descontado o custo com a reposição da mão de obra, devido às perdas com seu desgaste precoce, era considerada mais lucrativa pelos senhores de escravos.[1]

---

1   A racionalidade econômica senhorial foi investigada por Gorender (1978, p. 216) e aplicada à analise da saúde dos escravos por Somarriba (1984, p. 7-8).

Em propriedades onde tal lógica prevalecia havia grande dependência do tráfico de escravos. Consequentemente, nelas tendia haver maior desequilíbrio entre sexos e impacto mórbido provocado por doenças, que muitas vezes passava dos africanos recém integrados ao plantel e virse-versa, o que desfavorecia a reprodução natural da população escrava.[2]

Após 1850 há indícios de que essa situação tendeu a mudar. Um deles é a descoberta de propriedades rurais (em grandes fazendas produtoras de café) e empreendimentos urbanos (como a mina de Morro Velho), que concentravam grande escravaria, cujos proprietários investiram em enfermarias, farmácias, manuais de medicina prática, contratação de médicos e na reprodução natural da mão de obra servil. Em relação a esse último investimento, tome-se o caso de Minas Gerais. Segundo os historiadores demógrafos, a população escrava teve condições favoráveis para O crescimento demográfico, pois havia maior proporção de mulheres em relação aos homens, o que potencializou as taxas de fertilidade no cativeiro, aumentando o percentual da participação das crianças no quadro populacional, conforme explicam Hebert Klein e Francisco Luna, entre outros autores. (LUNA, 2009, p. 172 e 178)[3]

Para ser ter uma ideia disso, vejamos alguns números desse fenômeno. Em estudo recente, Mario Marcos Sampaio Rodarte mostrou que a população escrava mineira experimentou crescimento de 0,8% ao ano entre 1832 e 1872, saltando de 276098 para 378126 indivíduos, com destaque para as regiões de povoamento recente (isto é, as áreas conquistadas após a crise da mineração, como o Sul e a Mata, onde havia maior equilíbrio entre os sexos), sendo a faixa etária mais dilatada a compreendida entre vinte e 49. (RODART, 2012, p. 94, 102, 104 e 107)

Isso não poderia ser apenas fruto de importação de africanos, pois muitos indicadores revelam dados que deixam bem claro a relevância do crescimento natural (fruto da ampliação das taxas de fecundidade das escravas, de acordo com os cálculos de Robert Slenes) nesse fenômeno (SLENES,1986, p. 56 e 66-71). Nos documentos relativos ao balanço demográfico de 78 localidades da Província de Minas Gerais, enviados ao seu governo no ano de 1856, foram registrados 3411

---

2 O impacto mórbido provocado pelos africanos recém-chegados em um plantel é analisado por Curtin (1968) e Assis (2002). De acordo com Klein e Luna (In: Luna, 2009) "quanto maior a proporção de africanos, menor a possibilidade de reprodução natural da escravaria local", porque o tráfico ofertava muito mais homes do que mulheres, gerando um desequilíbrio entre sexo que reduzia os índices de nascimento, p. 200-201.

3 A esse respeito ver também Begard (1999), Libby (1992) e Slenes (1986).

nascimentos e 2509 óbitos de escravos, perfazendo um saldo positivo de 902 indivíduos (Arquivo Público Mineiro, 1856). Já entre 1871 e 1876 em 193 localidades da mesma Província, a demografia da população escrava apresentou em resultado geral bem mais expressivo (anexo tabela 7): 24717 nascimentos e 4956 mortes totalizando saldo positivo de 19886 pessoas (Arquivo Público Mineiro, 1877, p. 99-104).[4] Entre 1871 e 1883, os quadros demonstrativos do movimento da população escrava de diversos municípios mineiros apontam para a mesa tendência: maior número de nascimento do que de óbitos. (Arquivo Público Mineiro, 1871-1883, SG 153)

Um dos municípios que mais contribuíram para tanto foi Mariana. Conforme pesquisa de Heloisa Maria Teixeira, entre 1850 e 1879 o percentual de crianças (zero a quatorze anos) na população escrava local saltou de 29, 3 (uma taxa já consideravelmente alta) para 33, 5%. E isso graças à formação de família no cativeiro (segundo ela havia plantéis constituídos em grande parte por famílias escravas compostas, às vezes, por quatro gerações) e ao maior equilíbrio entre os sexos na idade reprodutiva que aumentaram as taxas de fertilidade das escravas, tornado-as próximas do bem sucedido padrão norte-americano. (TEIXEIRA, 2002, p. 197 e 199)[5]

Diante desses dados pode-se afirmar com alguma segurança que a conjuntura aberta em 1850, quando a importação de africanos foi definitivamente encerrada, foi um momento decisivo para que condições favoráveis ao crescimento natural da população escrava (entre ela a melhora da saúde) pudessem ocorrer, como de fato estava ocorrendo em muitas localidades, principalmente em Minas Gerais.

Assim, mesmo que o ideário produzido pelos intelectuais desde a Ilustração não tenha contribuído diretamente para isso, suas propostas podem ser tomadas ao menos como expressão de uma nova tendência no comportamento de muitos daqueles que lidavam com escravos, pelo menos a partir de 1850, o que concorreu para a "rearticulação do escravismo que, a partir de então, para continuar a existir, teria que investir na reprodução natural e/ou intensificar o tráfico interno". (TEIXEIRA, 2002, p. 179). No caso de muitas localidades de Minas Gerais e de algumas fazendas conhecidas no Vale do Paraíba Fluminense, ao que parece,

---

4   Relatório apresentado pelo presidente da Província, João Capistrano Bandeira de Mello, à Assembleia Legislativa Provincial de Minas Gerais em 17 de agosto de 1878.

5   A comparação entre s taxas de fertilidade de Mariana e Sul doas Estados Unidos encontra-se na p. 200. Na p. 194 e 195 há o caso da família da escrava Gertrudes do tenente Antônio José Lopes Carneiro, que constituía 36, 7% do seu plantel formado por sessenta escravos.

a opção predominante foi a primeira, conforme testemunhos coevos e estudos recentes. (TEUSCHER, 1853).[6] Mas somente com a conclusão de mais estudos, confrontando dados demográficos das paróquias e testemunhos obtidos em diários de fazendas ou inventários de seus proprietários, é que será possível atingir consenso sobre essa questão.

Todavia, já não se pode dizer que nada aconteceu após 1831, quando o tráfico de africanos para o Brasil tornou-se ilegal, e principalmente depois de 1850, quando ele foi encerrado definitivamente. Afinal, a intensificação da produção de textos, de intelectuais de campos de conhecimento diferentes, defendendo a necessidade de as condições de saúde no cativeiro serem melhoradas e mostrando como isso poderia ser feito, a partir da década de 1830, bem como a redução dos índices de mortalidade e aumento das taxas de nascimento dos cativos observados em variados registros populacional, revelam uma nova tendência dentro do escravismo brasileiro; a do empenho de um conjunto de proprietários (que ainda não é possível dimensionar) para sustentar a escravidão por meio da redução da mortalidade dos indivíduos a ela submetidos e da sua reprodução natural.

O caso da mina de Morro Velho e o de algumas fazendas já conhecidas no vale do rio Paraíba fluminense são os melhores exemplos disso. Além disso, em muitas localidades os proprietários procuraram internar seus escravos em hospitais ou mesmo clínicas particulares, numa clara demonstração de preocupação com a perda deles, como em Porto Alegre (BRIZOLA, 2010, p. 37.), e em diversas cidades mineiras. Em uma delas, Campanha, dos 88 internados em 1858 na Santa Casa de Misericórdia, 21 eram escravos; sobreviveram 78, sendo dezessete escravos (Arquivo Público Mineiro, SP 779, 1858, p. 262). Já em Barbacena, no hospital de caridade local no mesmo estavam internadas 33 pessoas, das quais oito escravos, com cinco mortes, sendo 2 de escravos. (Arquivo Público Mineiro, SP 779, 1858, p. 104)

---

6   Refiro-me também aos estudos de Barbosa (2010) e Mariosa (2006).

Tabela 6: Mapa dos escravos doentes tratados no hospital de caridade de Barbacena

Nome	Naturalidade	Idade	Entrada	Saída	Enfermidade	Situação
Joaquim	São José	40	26/03	03/05	ferida no pé	sobreviveu
Agostinho	Barbacena	40	17/05	14/06	engorjitamento do fígado	sobreviveu
Elias	Oliveira	30	30/06	-	sífilis	-
Celestino	Barbacena	44	10/08	13/09	Tubérculos nos escrotos	sobreviveu
Ricardo	Barbacena	30	19/09	20/10	reumatismo	faleceu
Felicidade	Conceição da Boa Vista	20	20/09	-	diabetes	-
Matheus	Ibitipoca	26	27/10	14/11	reumatismo	faleceu
Pedro	Santana de Garanhu	35	06/11	09/12	Necrose na tíbia	sobreviveu

Fonte: Arquivo Público Mineiro, SP 779, 1858, p.104.

Outro entendimento, que se pode dizer praticamente consensual, é o de que os problemas de saúde mais comuns da população escrava já adaptada ao cativeiro eram, não necessariamente nessa ordem, as feridas e contusões, as doenças pulmonares, as doenças gastrointestinais, as doenças venéreas, as verminoses, diversas dermatoses e as mais variadas febres (na época muitas doenças infecciosas eram consideradas febres, como o tifo e o tétano). Desse grupo destacam-se como as mais mortíferas as seguintes: bronquites, pneumonia, diarreia, disenteria, hidropisias e tétano (esta última atacava em grande número as crianças recém-nascidas, devido ao pouco cuidado com a assepsia durante e depois do corte do cordão umbilical, o que era chamado de "mal dos dias").

Diante desse quadro (cujas doenças são na maioria dos casos as mesmas, variando apenas a sua incidência devido às peculiaridades regionais ligadas à alimentação, clima e tratamento) pode-se mesmo afirmar que há um padrão nosológico da população escrava nas grandes áreas escravistas das Américas. Ou seja, há problemas de saúde que são recorrentes nos cativeiros deste vasto continente; problemas típicos de populações com baixo nível de qualidade de vida e empregadas em trabalhos penosos. É o que revelam os dados obtidos no hospital da mina de Morro Velho (tabela 1 e 2 em anexo), estudos de diversos autores e testemunhos de médicos e cirurgiões que atuaram na época da escravidão no Brasil.[7]

O terceiro e último entendimento é sobre a relevância das ideias para a rearticulação do escravismo, isto é, para o prolongamento da escravidão via reprodução natural. Sabe-se que, desde a transformação dessa forma de organização da produção, baseada no trabalho escravo, em fato social após a guerra contra Palmares, diversos intelectuais apresentaram proposições para reformar a relação entre senhores e escravos com o objetivo de diminuir as tensões sociais.[8] Uma das propostas para atingir essa meta que se repetiu até a Abolição foi a de os proprietários cuidarem melhor da sua escravaria, inicialmente sustentadas no ideal da caridade cristã e posteriormente, na segunda metade do século XVIII, no ideal da solidariedade humanitária iluminista, quando vários autores começaram a propor mudanças estruturais em relação ao escravismo, atacando o tráfico de escravos e defendendo medidas para a promoção da reprodução natural.

Ainda não é possível dizer se o ideário reformista impactou os corações e as mentes senhoriais, sobretudo antes da Era das Luzes, quando não havia um momento histórico favorável à transformação do comportamento dos proprietários. No entanto, não se pode ignorar o fato de, a partir do final do século XVIII, quando o ideário ilustrado estava consolidado, ter sido formada uma conjuntura favorável à crítica à escravidão e à sua fonte abastecedora, o tráfico internacional de africanos. Crítica baseada no direito natural (segundo o qual a liberdade humana é inata), que contribuiu, ao municiar os movimentos abolicionistas, para desmantelar as sociedades escravistas no Ocidente ao longo do século XIX.

Foi nessa conjuntura que os relatos estudados nesta pesquisa, sobretudo os dos médicos (por serem fundamentados em seu conhecimento profissional), acabaram assumindo um tom dramático, como estratégia de persuasão do público, como uma forma de produzir comoção, e assim cooperar para reformar o governo dos escravos; expressão da sensibilidade humanitária aflorada durante as Luzes, marcada por uma narrativa que se esforça para provocar a compaixão diante dos dramas provocados pelo sofrimento humano.[9] Não é possível dizer se a mensagem

---

7   Algumas referências documentais: os tratados médicos de Ferreira (2002); de Dazille (1801); e de Imbert (1839), p. XIII; Sigaud (2009). Algumas referências bibliográficas: Barbosa (2010), Brizola (2010), Costa; Luna (2009, p. 239-259), Mariosa (2006), Falci (2003 e 2004) Karash (2000), Kiple (1984), Libby (1979).

8   Marquese (2004) e Vainfas (1986).

9   A esse respeito ver Laquer (1992).

de seus textos atingiu o seu público alvo e, se atingiram, qual foi seu impacto. Mas em fazendas do Vale Paraíba Fluminense e na mina de Morro Velho, as propostas que vinha sendo feitas por eles, desde que aquela conjuntura foi formada, foram colocadas em prática. Pode ter sido coincidência. Os proprietários e administradores desses empreendimentos podem nunca ter lido nem um texto sequer sobre o assunto. Mas as ideias utilizadas na orientação da reforma da administração da população escrava em suas propriedades eram as mesmas formuladas pelos autores que vinham escrevendo sobre esse assunto desde a época de Palmares.

Sabemos que as ideias não circulam somente em seus suportes tradicionais. Elas também correm de boca em boca, de ouvido em ouvido, contribuindo desse modo para formar opiniões a respeito de um determinado assunto. Talvez seja essa a chave para a compreensão da coincidência da proliferação do ideário reformista do governo dos escravos e da aplicação de procedimentos que lhe foram fiéis em alguns grandes empreendimentos escravistas brasileiros no século XIX.

Além disso resta ponderar sobre se a tentativa de colocá-las em prática deu certo. No maior complexo industrial do país na época, a mina de Morro Velho, vimos que houve considerável redução da mortalidade (tabela 3 e gráficos 2, 4 e 5 em anexo do capítulo 6) e aumento das taxas de nascimento (tabela 4 e gráfico 3 no anexo do capítulo 6) entre os escravos. Isso quer dizer que houve melhoras. Entretanto, elas não foram suficientes para aumentar a população escrava da mina, porque as mortes continuaram superando os nascimentos (tabela 5 em anexo do capítulo 6), dado o alto grau de periculosidade e insalubridade do trabalho de mineração no subsolo.

O caso dessa mina fica como exemplo para futuras comparações. Nela o ideário reformista das elites intelectuais que escreveram sobre as condições de saúde da população escrava foi praticado, com resultados relevantes, mas aquém do que se podia esperar para a escravaria se reproduzir naturalmente. O que outros casos poderiam revelar? Eis um dos desafios que a historiografia desse tema, nascido da interface entre a área de estudos da escravidão e a área de estudos da história das doenças, da medicina e da saúde, tem pela frente caso seus especialistas desejem continuar o seu avanço.

Enfim, os relatos investigados nesta pesquisa expressam as calamidades do trabalho escravo, como se tivessem a intenção de colocar o leitor diante de um cortejo de horrores, criando uma dramaticidade muitas vezes exagerada, hiperbólica ou até surreal, para comover aqueles que esperavam mudar sua mentalidade e seus comportamentos, de forma que enquanto durasse a escravidão os seus fardos pudessem ser menos insuportáveis para os indivíduos que tiveram a desventura de serem submetidos aos seus grilhões. Ao fazerem isso, sobretudo após a Era das Luzes, contribuíram para construir uma conjuntura favorável a reformas no cativeiro (como as leis que proibiram a separação das famílias escravas e a venda de seus filhos menores de doze anos no mesmo contexto que culminou na Lei do Ventre Livre de 1871) e para sua Abolição. Portanto, ao escancararem o espectro de atrocidades que assombrava o país com suas histórias macabras, revelaram uma realidade contraditória aos ideais de amor ao próximo e de humanidade de uma sociedade católica identificada com os asseios de civilização e progresso propalados durante a Ilustração, e que para manter-se coerente com tais ideais e identidade precisava curar uma ferida, a da escravidão, cuja demorada cicatrização ainda goteja sangue até os dias de hoje.

ANEXOS

Tabela 7: Balanço demográfico da população escrava em Minas Gerais: 1871-1876

	Localidade	Nascimentos	Óbitos	Saldo
1	Ouro Preto	61	18	43
2	Antônio Dias	38	5	33
3	Cachoeira do Campo	31	3	28
4	Ouro Branco	17	2	15
5	S. Bartolomeu	20	3	17
6	Casa Branca	19	0	19
7	Itabira do Campo	44	8	36
8	N. S. da Piedade da Paraopeba	52	13	39
9	Congonhas do Campo	41	4	37
10	S. José da Paraopeba	11	6	5
11	S. Caetano do Chopotó	91	11	80
12	N. S. da Conceição do Piranga	135	0	135
13	N.S. da Oliveira	94	10	84
14	S. José do Chopotó	150	26	124

15	Piedade da Boa Esperança	149	40	109
16	Sant'Anna da Barra do Bacalhau	133	10	123
17	N.S. da Conceição de Camargos	33	5	28
18	Paulo Moreira	93	47	46
19	N. S. do Rosário do Sumidouro	7	1	6
20	Marianna	52	5	47
21	N. S. da Saúde	80	20	60
22	Forquim	60	0	60
23	S. Caetano do Ribeirão-abaixo	17	0	17
24	Cachoeira do Brumado	10	0	10
25	S. José da Barra Longa	107	8	99
26	N.S. da Conceição de Queluz	182	16	166
27	Capela Nova das Dores	121	61	60
28	Catas Altas de Noruega	46	2	44
29	Santo Amaro	113	7	106
30	S. Bráz do Suassuhy	106	12	94
31	S. Miguel e Almas de João Gomes	78	12	66
32	Conceição da Ibitipoca	150	23	127
33	Santo Antônio do Juiz de Fora	481	46	435
34	Santa Bárbara	208	37	171
35	Rio S. Francisco	28	15	13
36	S. João do Morro Grande	34	4	30
37	N. S. do Rosário de Cocais	70	20	50
38	Catas Altas de Matto Dentro	47	6	41
39	S. Paulo do Muriaé	162	23	139
40	S. Sebastião do Salto Grande	9	2	7
41	S. Miguel do Jequitinhonha	83	6	77
42	S. Miguel do Patrocinio de Caldas	56	4	52
43	N. S. do Carmo do Campestre	148	8	140
44	S. Sebastião do Jaguari	54	1	53
45	Sant'Anna do Bambui	116	21	95
46	N.S. da Abadia do Porto Real	29	12	17
47	S. José do Paraiso	192	51	141
48	S. João do Baptista da Cachoeira	95	27	68

49	Capivari	84	23	61
50	Espirito Santo dos Coqueiros	124	31	93
51	S. Francisco do Água-pé	87	4	83
52	N.S da Graça da Capelinha	30	1	29
53	N. S. da Conceição da Água Suja	42	6	36
54	Santa Cruz da Chapada	54	3	51
55	Santa Rita da Meia Pataca	209	27	182
56	S. João Baptista	444	22	422
57	Santa Maria de S. Felix	6	3	3
58	N. S. do Livramento do Piumhy	111	38	73
59	Bom Sucesso	249	70	179
60	S. João Nepomucemo	244	67	177
61	Bom Jesus dos Perdões	269	101	168
62	Cana Verde	14	4	10
63	N. S. do Carmo da Cachoeira	271	28	243
64	Dores da Januária	73	16	57
65	N. S. da Conceição de Morrinhos	40	1	39
66	Carmo do Taboleiro Grande	148	40	108
67	Sacra Família do Machado	214	55	159
68	S. Sebastião do Areado	59	22	37
69	S. Francisco de Paula de Machadinho	177	22	155
70	S. Francisco das Chagas do Campo Grande	29	3	26
71	Carmo do Arraial Novo	113	26	87
72	Senhor Bom Jesus dos Passos	355	54	301
73	Corrego do Ouro	9	1	8
74	S. José das Pedras dos Angicos	15	0	15
75	Santo Antônio da Manga de S. Romão	22	1	21
76	S. Jose da Boa Vista	106	5	101
77	S. Carlos de Jacuí	49	6	43
78	SS. Sacramento	220	58	162
78	Espirito Santo da Forquilha	53	0	53

80	Santo Antônio dos Patos	64	9	55
81	Sant'Anna do Areado	54	130	-76
82	Santo Antônio da Manga do Paracatú	100	20	80
83	Santa Rita do Rio Claro	126	34	92
84	Boa Vista do Rio Verde	97	20	77
85	Senhora do Patrocínio do Coromandel	61	13	48
86	Santo Antônio e S. Sebastião do Uberaba	292	60	232
87	Carmo do Frutal	104	6	98
88	S. Pedro do Uberabinha	113	15	98
89	Carmo da Bagagem	126	16	110
90	S. Sebastião da Cachoeira Alegre	229	40	189
91	S. Francisco do Glória	101	12	89
92	S. Sebastião da Mata	156	16	140
93	Senhor dos Passos do Rio Preto	348	87	261
94	Santo Antônio da Glória	64	1	49
95	Senhor do Bonfim	133	37	96
96	S. Sebastião do Itatiaiussú	171	32	139
97	N. S. da Piedade dos Geraes	155	35	120
98	N. S. das Necessidades do Rio do Peixe	102	20	82
99	S. Gonçalo da Ponte	59	39	20
100	Bagres	62	13	49
101	S. José do Barrosso	89	11	78
102	S. José do Paraopeba do Ubá	202	63	139
103	S. Francisco de Assis do Capivara	208	41	167
104	Espirito Santo do Piáu	200	40	160
105	Porto de Santo Antônio	171	31	140
106	Mercés do Pomba	149	32	117
107	Senhor do Bonfim	105	23	82
108	N. S. da Conceição do Porto do Turvo	228	54	174
109	Bom Jesus do Bom Jardim	92	31	61

110	N. S. da Conceição de Sabará	30	5	25
111	Congonhas do Sabará	142	50	92
112	Santo Antônio do Rio-acima	17	2	152
113	Capela Nova do Betim	67	10	57
114	S. Gonçalo da Contagem	54	20	34
115	Venda Nova	14	0	14
116	Taquarussú	223	19	204
117	Conceição do Jaboticatubas	34	10	24
118	Barra do Jequitibá	121	31	90
119	Bom Jesus de Matosinhos	128	32	96
120	N. S. do Nazaré	269	58	211
121	S. Miguel do Cajurú	106	12	94
122	Madre de Deus	205	16	189
123	Santa Rita do Rio Abaixo	78	14	64
124	S. José d'El-Rey	95	8	87
125	Sant'Anna da Ressaca	60	9	51
126	Lagoa Dourada	122	28	94
127	N. S. da Penha de França	187	7	180
128	Abre Campo	192	18	174
129	Sant'Anna do Jequeri	184	18	166
130	S. Miguel do Anta	88	11	77
131	Piedade da Leopoldina	260	29	231
132	Madre de Deus do Angú	743	269	474
133	Conceição da Boa Vista	339	75	264
134	Rio Pardo (Leopoldina)	291	56	235
135	Mar de Hespanha	415	76	339
136	Espírito Santo do Mar de Hespanha	333	91	242
137	Dores do Monte Alegre	145	50	95
138	Espírito Santo da Cristina	394	72	322
139	Carmo do Pouso Alto	327	81	246
140	S. Sebastião do Capituba	165	46	119
141	Virginia do Pouso Alto	157	53	104
142	S. Miguel e Almas	102	29	73

143	Piedade do Pará	110	15	95
144	Morro de Matheus Leme	79	16	63
145	Nossa Senhora da Oliveira	279	38	241
146	S. Francisco de Paula	292	42	250
147	Santo Antônio do Amparo	232	54	178
148	Conceição de Aiuruoca	269	70	199
149	Nossa Senhora do Rosário da Alagoa	56	24	32
150	S. Domingos de Bocaina	128	24	104
151	Nossa Senhora do Pilar de Pitangui	194	32	162
152	Senhora do Bom Despacho	133	28	105
153	Abbadia	49	17	32
154	Cajurú ou Carmo do Pará	85	12	73
155	Itambé	10	0	10
156	S. Sebastião de Correntes	116	60	56
157	Penha do Rio Vermelho	24	8	16
158	Nossa Senhora dos Prazeres do Milho Verde	29	1	28
159	São Gonçalo	44	11	33
160	Santo Antônio do Peçanha	104	15	89
161	Santo Antônio do Curvelo	246	62	184
162	Morro da Garça	44	0	44
163	Conceição de Jaguary	102	21	81
164	Carmo do Cambuhy	86	29	57
165	Bom Jesus do Campo Místico	24	10	14
166	Itabira de Matto Dentro	279	59	220
167	Santa Maria	83	24	59
168	S. José da Lagoa	137	27	110
169	Sant'Anna do Alfié	72	4	68
170	S. Bento do Tamanduá	164	35	129
171	N. S. do Desterro	105	21	84
172	N. S. das Candeias	240	42	198
173	Boa Vista do Itajubá	220	82	138

174	Pirangussú	54	26	28
175	Soledade do Itajubá	145	26	119
176	Santa Rita da Boa Vista	274	42	232
177	S. João Baptista	144	22	122
178	Montes Claros	172	30	142
179	Sant'Anna das Contendas	26	8	18
180	SS. Coração de Jesus	83	9	74
181	Brejo das Almas	39	0	39
182	Bom Jesus do Pouso Alegre	187	55	132
183	Conceição da Estiva	32	7	25
184	S. Francisco de Paula do Ouro Fino	133	32	101
185	N. S. da Conceição de Baependi	197	43	154
186	S. Sebastião da Encruzilhada	119	24	97
187	S. Sebastião do Paraíso	245	24	221
188	Dores do Guaxupé	112	0	112
189	S. Francisco do Monte Santo	133	12	121
190	N. S. da Graça do Tremedal	35	0	35
191	Água Vermelha	6	0	6
192	Santo Antônio da Gouveia	33	10	23
193	Santo Antônio do Arassuaí	192	18	174
	Total	24717	4956	19886

Fonte: Arquivo Público Mineiro

Tabela 8: Doenças dos escravos que buscavam cura na Prodigiosa Lagoa

	Doença	Quantidade	Homem	Mulher
1	Asma	1	1	
2	Boubas	2	1	1
3	Cancro	1		1
4	Cegueira	1	1	
5	Chagas nos pés	3	3	
6	Chaga no rosto	1		1
7	Cursos	3	3	
8	Defluxo nos olhos	1		1
9	Diabetes	1	1	
10	Dor na barriga	1	1	
11	Dor no corpo	1	1	
12	Dor nas juntas	1		1
13	Dor no peito	1		1
14	Dor nos pés	1	1	
15	Dor nos rins	1	1	
16	Dureza na barriga	1		1
17	Hemorróidas	1	1	
18	Erisipela	1	1	
19	Esquentamento	1	1	
20	Fístula na boca	1	1	
21	Formigamento	3	3	
22	Lepra	2	2	
23	Mão fechada	1	1	
24	Obstrução menstrual	1		1
25	Obstrução da urina	2	2	
26	Paralisia no corpo	1	1	
27	Papo	1		1
28	Quiguilha	4	4	
29	Sarna	2		2
30	Tosse gálica	1		1
	Total	43	31	12

Tabela 9: A procedência dos escravos que buscavam cura na Prodigiosa Lagoa e suas doenças

	Procedência	Doenças	Total
1	Caeté	Cursos, dor na barriga, lepra	3
2	Catas Altas	Chagas nos pés	1
3	Crioulos	Quiguilhas	1
4	Funil das Velhas	Cursos	1
5	Inficicionado	Esquentamento, defluxo nos olhos	2
6	Jaguará	Cursos, boubas	1
7	Lagoinha	Lepra	1
8	Lapa	Fístula bucal, obstrução menstrual, chaga no rosto	3
9	Macaúbas	Dor nas juntas, dor no pé, dureza na barriga, obstrução da urina	4
10	Morro Vermelho	Formigamento	1
11	Paracatu	Formigamento	1
12	Paraopeba	Hemorróidas	1
13	Ribeirão da Mata	Dor nos rins	1
14	Roças Novas	Formigamento	1
15	Sabará	Dor no peito, cegueira, quiguilha, papo	4
16	Soledade	Boubas	1
17	Santa Luzia	Cancro, dor no corpo, mão fechada, chagas no pé (2), tosse gálica	6
18	Tacarucu	Obstrução da urina, diabetes, sarnas (2)	4
19	Vila Rica	Asma, paralisia no corpo, erisipela, quiguilha	4
		Total	43

REFERÊNCIAS

Documentais

MANUSCRITAS

1) Arquivo Público Mineiro
Correspondências das secretarias de governo. SG 526 e 530, 1826-1870
Relatórios de saúde pública. PP 1-26, 1824-1889
Ofícios do governo da província. SP 574, 1851-1886
Documentos avulsos do governo da capitania. Seção Colonial, 214 e 295.

2) Arquivo Eclesiástico da Arquidiocese de Mariana.
Testamentos e Óbitos de Mariana, 1719-1874, Q.14.
Testamentos e Óbitos de Ouro Branco, 1824-1869, S. 39.

IMPRESSAS

1) Periódicos sobre medicina e saúde no Brasil.
Anais da Medicina Pernambucana, 1842 a 1844.
Anais Brasilienses de Medicina 1850 a 1885.
Anais da Medicina Brasiliense, 1845 a 1850.

Gazeta Médica do Rio de Janeiro, 1862 a 1864.
Gazeta Médica da Bahia, 1866 a 1868.
O Propagador das Ciências Médicas, 1827 a 1828.
O Semanário de Saúde Pública, 1831 a 1833.
Revista Médica Brasileira, 1841 a 1845.
Revista Médica Fluminense, 1835 a 1840.

2) Teses do século XIX da Faculdade de Medicina do Rio de Janeiro.

CALVET, Guilherme de Paiva Magalhães. *Do aleitamento natural, artificial e misto e particularmente do Mercenário em relação às condições da cidade do Rio Janeiro*. Rio de Janeiro, 1869.

CUNHA, Augusto Álvares da. *Do aleitamento natural, artificial e misto e particularmente do Mercenário em relação às condições em que ele se acha no Rio de Janeiro*. Rio de Janeiro, 1873.

DIAS, Joaquim Bernardes. *Do aclimamento das raças em geral e em particular sob o ponto de vista da colonização no Brasil*. Rio de Janeiro, 1872.

DUARTE, José Rodrigues de Lima. *Ensaio sobre a higiene da escravatura no Brasil*. Rio de Janeiro, 1849.

JARDIM, David Gomes. *Algumas considerações sobre a higiene dos escravos*. Rio de Janeiro, 1847.

LEITE, Tobias Rabelo. *Breves considerações acerca da polícia sanitária*. Rio de Janeiro, 1849.

MACEDO, Alfredo Álvares de Azevedo. *Hipoemia intertropical*. Rio de Janeiro, 1880.

MACEDO JR., João Álvares de Azevedo Macedo. *Da prostituição no Rio de Janeiro e da sua Influência sobre a saúde pública*. Rio de Janeiro, 1869.

MEIRELLES, Nicomedes Rodrigues Soares. *Dissertação sobre a angro-leucite ou erisipela branca*. Rio de Janeiro, 1849.

MELLO, Joaquim Pedro de. *Generalidades acerca da educação física dos meninos*. Rio de Janeiro, 1846.

MOURA, Augusto César Ernesto de. *Proposições de higiene*. Rio de Janeiro, 1849.

PASSOS, José Ferreira. *Sobre a influência perniciosa das inumações praticadas intra-muros*. Rio de Janeiro, 1846.

REIS, Francisco Firmo da Fonseca. *Hipoemia intertropical*. Rio de Janeiro, 1865.

SÁ, José Marques de. *Higiene de pele*. Rio de Janeiro, 1850.

SILVA, Hermogeneo Pereira da. *Do aleitamento natural, artificial e misto e particularmente do Mercenário em relação às condições da cidade do Rio de Janeiro*. Rio de Janeiro, 1869.

SOUZA, Antônio José de. *Do regime das classes pobres e dos escravos na cidade do Rio de Janeiro*. Rio de Janeiro, 1851.

TEUSCHER, Reinhold. *Algumas observações sobre a estatística sanitária dos escravos nas fazendas de café*. Rio de Janeiro, 1853.

3) Livros sobre saúde e medicina editados entre os séculos XVIII e XIX.

BARRETO, Luís Pereira. *Guia médico ou resumo de indicações práticas para servir aos senhores fazendeiros* na falta de profissionais. São Paulo: Tipografia da Província, 1878.

BOMTEMPO, José Maria. *Compêndio de matéria médica feito por ordem de sua Alteza Real*. Rio de Janeiro: Régia Oficina Tipográfica, 1814.

_____. *Trabalhos médicos*. Rio de Janeiro: Tipografia Nacional, 1825.

DAZILLE, Jean Barthelemy. *Observações sobre enfermidades dos negros*. Tradução de Antônio José Vieira de Carvalho. Lisboa: Arco do Cego, 1801.

FERREIRA, Luís Gomes. *Erário Mineral*. 2ª ed. Belo Horizonte: Fundação João Pinheiro, 2002.

IMBERT, Jean Baptiste Alban. *Manual do fazendeiro ou tratado doméstico sobre as enfermidades dos negros*. Rio de Janeiro: Tipografia Seignot-Plaucher e Cia., 1834.

JOBIM, José Maria da Cruz. *Discursos sobre as moléstias que mais aflingem a classe pobre do Rio de Janeiro*. Rio de Janeiro: Tipografia Fluminense de Brito e Cia., 1835.

MENDES, José Antônio. *Governo de mineiros mui necessário para os que vivem distantes de professores seis, oito, dez e mais léguas, padecendo por esta causa os seus domésticos e escravos queixas, que pela dilação dos remédios se fazem incuráveis, e as mais das vezes mortais*. Lisboa: Na Oficina de Antônio Rodrigues Galhardo, Impressor da Real Mesa Censória, 1770.

MIRANDA, João Cardoso de. *Prodigiosa lagoa descoberta nas Congonhas das*

Minas do Sabará, que tem curado a várias pessoas dos achaques, que nesta relação se expõem. Lisboa, Na Oficina de Miguel Menescal da Costa, Impressor do Santo Ofício, 1749.

PINTO, Antônio Ferreira *O médico da primeira infância ou o conselheiro da mulher grávida e da higiene da primeira infância*. Rio de Janeiro: Tipografia Nacional, 1859.

SIGAUD, Joseph Francois Xavier. *Dos climas e das doenças no Brasil ou estatística médica deste Império*. (Edição original, Paris, 1844). Rio de Janeiro: Fiocruz, 2009.

SILVA, Manuel Vieira. *Reflexões sobre alguns meios propostos por mais conducentes para melhorar o clima da cidade do Rio de Janeiro*. Rio de Janeiro: Impressão Régia, 1808.

SOARES, José Pinheiro de Freitas. *Tratado de polícia médica*. Lisboa: Academia Real das Ciências de Lisboa, 1818.

4) Relatórios e estatísticas
Annual report. London, Robert Clay, 1839-1886
Circular to proprietors. London, Robert Clay, 1850.
Listas de nascimento e óbitos na Província de Minas Gerais em 1856.
Listas de escravos nascidos na Província entre 1866-1871.
Mapa de doentes tratados nos hospitais de caridade da Província em 1858.
Presidência da Província de Minas Gerais, 1827-1888
Quadro demonstrativo do movimento da população escrava da Província de Minas Gerais, 1871-1883.

5) Obras do pensamento filosófico, científico e político entre os séculos XVII e XIX.
DIDEROT, Denis; D'ALEMBERT, Jean. *Encyclopédie ou dictionnaire raisonné, des arts et des métiers*. 2ª ed. Paris: Chez Vicent Giuntini Lucques, 1758-1769.

LEME, Antônio da Silva Pontes. "Memória sobre a utilidade pública em se tirar o ouro das minas e os motivos dos poucos interesses dos particulares que os mineram actualmente no Brasil". In: reedição dirigida por José Luís Cardoso. *Memórias econômicas inéditas da Academia das Ciências de Lisboa (1780-1808)*. Lisboa: Publicações do II Centenário da Academia das Ciências de Lisboa, 1987.

MENDES, Luís Antônio de Oliveira. "Memória a respeito dos escravos e tráfico da escravatura entre a Costa d'Africa e o Brasil". In: reedição dirigida por

José Luís Cardoso. *Memórias económicas da Academia das Ciências de Lisboa (1789-1815).* Tomo IV. Lisboa: Banco de Portugal, 1991.

NABUCO, Joaquim. *O abolicionismo.* São Paulo: Publifolha, 2000.

MONTESQUIEU, Barão de. *Do espírito das leis.* Tradução de Jean Melvile. São Paulo: Martin Claret, 2007.

RAYNAL, Guillaume Thomas. *Histoire philosophique et politique des etablisements et du Comerce des Européens dans les deux Indes.* Genebra: Chez Jean Leonard Pellet, 1781.

RADEL, M. Petit.; ROCHE, M. de la. *Encyclopèdie Methodique-Cirurgie.* Paris: Chez Panchouck, 1790.

SILVA, José Bonifácio de Andrade e. *Projetos para o Brasil (1822-1831).* Textos reunidos por Miriam Dolhnikoff. São Paulo: Publifolha, 2000.

VOLTAIRE, François-Marie. *Cândido ou o otimismo.* Tradução de Miécio Táti. Rio de Janeiro: Ediouro, 1998.

6) Narativas de viagem (viajantes)

BURTON, Richard Francis. *Viagem do Rio de Janeiro a Morro Velho.* Brasília: Senado Federal, 2001.

FREIREYSS, George Wilhelm. *Viagem ao interior do Brasil.* Belo Horizonte: Itatiaia, 1992.

ESCHWEGE, Whilhelm Ludwig von. *Pluto brasilienses.* São Paulo: Editora Nacional, 1941.

HILAIRE, Auguste de Saint. *Viagem pelo Distrito dos diamantes e pelo litoral do Brasil.* Belo Horizonte: Itatiaia, 1974.

7) Obras jesuíticas

ANTONIL, André João. *Cultura e opulência do Brasil por suas drogas e minas.* 2ª ed. São Paulo: Melhoramentos, 1976.

BENCI, Jorge. *Economia crista dos senhores no governo dos escravos.* São Paulo: Grijalbo, 1977.

VIEIRA, Padre. *Sermões.* Organizado por Hernane Cidade. Lisboa: Agência Geral das Colônias, vol. III, 1940.

8) Iconográficas

Fotografias da mina de Morro Velho, 1866-1888.

RUGENDAS, John Moritz. *Viagem Pitoresca ao Brasil*. São Paulo: Martins Fontes, 1954.

DEBRET, Jean Baptiste. *Viagem Pitoresca e histórica ao Brasil*. São Paulo: INL/Brasília, MEC, 1975.

9) Dicionários

ABBAGNANO, Nicole. *Dicionário de filosofia*. São Paulo, Martins Fontes, 1999.

BOBBIO, Norberto. *Dicionário de política*. Brasília: UnB, 1986.

BURGUIÈRE, André (Org). *Dicionário das Ciências Históricas*. Rio de Janeiro: Imago, 1993.

LAROUSE, Pierre. *Grand dictionnaire universel du XIX siècle*. Paris: Administration du grand Dictionnaire universel, 1875.

Bibliográficas

ADAM, Philippe; HERZLICH, Claudine. *Sociologia da doença e da medicina*. Bauru: Edusc, 2001.

ALENCASTRO, Luís Felipe de. "Vida privada e ordem privada no Império". In: ALENCASTRO, Luiz Felipe; NOVAIS, Fernando A. (orgs.). *História da vida privada no Brasil: Império*. v. 2. São Paulo: Companhia das Letras, 2006.

AMARANTINO, Márcia. "As condições físicas e de saúde dos escravos fugitivos anuciados no *Jornal do Comércio* (RJ) em 1850". *História, Ciência e Saúde-Manguinhos*, v. 14, n. 4, 2007.

ANDRADE, Antônio Luís. *Das entranhas da terra: breve história sobre educação e cultura dos trabalhadores da mineração de ouro – Nova Lima século XIX*. Dissertação (Mestrado em Educação) - Unicamp, Campinas, 2001.

ANDRADE, Marcos Ferreira. *Elites regionais e a formação do Estado imperial brasileiro*. Rio de Janeiro: Arquivo Nacional, 2008.

ARAÚJO, Jorge de Souza. *Perfil do leitor colonial*. Salvador: Ed. Universidade de Santa Cruz, 1999.

ARAÚJO, Maria Benedita. *O Conhecimento empírico dos fármacos nos séculos XVII e XVIII*. Lisboa: Campos, 1972.

ARAÚJO, Alceu Maynard de. *Medicina rústica*. São Paulo: Companhia Nacional, 1977.

ARMESTO, Felipe Fernandez. *Do you think you're human: a brief history of humankeend*. Oxford: Oxford University Press, 2004.

ASSIS, Marcelo Ferreira de. *Tráfico atlântico, impacto microbiano e mortalidade escrava*. Dissertação (Mestrado em História) - UERJ, Rio de Janeiro, 2002.

BAILYN, Bernard. *As origens ideológicas da Revolução Americana*. Bauru: Edusc, 2003.

BASTIANELLI, Luciana. *Gazeta médica da Bahia*. Salvador: Edições Contexto, 2002.

BARBOSA Keith Valéria de Oliveira. *Doença e cativeiro: um estudo sobre mortalidade e sociabilidade escravas no Rio de Janeiro*. Dissertação em História, UFRRJ, Rio de Janeiro, 2010.

BARBOSA, Keith Valéria de Oliveira; GOMES, Flávio. "Doenças, morte e escravidão africana". *Ciências e Letras*, n. 44, 2008.

BECKER, Carolina Bitencourt. "Os escravos e sua relação com a história da saúde na fronteira meridional do Rio Grande do Sul de século XIX". *Anais do X Encontro Estadual de História – ANPUHRS*, Santa Maria, 2010.

BEGARD, Laird W. *Slavery and the demographic and economic history of Minas Gerais, Brazil 1720-1888*. Cambridge: Cambridge University Press, 1999.

_____. "Depois do Boom: aspectos demográficos e econômicos da escravidão em Mariana (1750-1808)". *Estudos Econômicos*, v. 24, n. 3, 1994.

BEWELL, Alan. *Medicine and West Indian slave trade*. London: Pickering and Chatto, 1999.

BICALHO, Maria Fernanda; FERLINI, Vera Lúcia Amaral. *Modos de governar: idéias e práticas políticas no Império português*. São Paulo: Alameda, 2005.

BRIZOLA, Jaqueline Hans. *A Santa Casa de Misericórdia de Porto Alegre e o perfil de escravos enfermos no contexto do fim do tráfico negreiro no Brasil (1847-1853)*. Dissertação em História, Universidade Federal do Rio Grande do Sul, Porto Alegre, 2010.

BOSI, Alfredo. *Dialética da colonização*. São Paulo: Companhia das Letras, 1995.

BOULLE, Pierre H. "Em defesa da escravidão: oposição à abolição no século XVIII e as origens da ideologia racista na França". In: KRANTZ, Frederick. *A outra história: ideologia e protesto popular nos séculos XVII a XIX*. Rio de Janeiro: Jorge Zahar Editor, 1990.

BOURDIEU, Pierre. *Os usos sociais da ciência*. São Paulo: Editora Unesp, 2004.

_____. "Campo de poder, campo intelectual e habitus de classe". In: _____. *A economia das trocas simbólicas*. 5ª ed. São Paulo: Perspectiva, 2001.

BOXER, Charles R. *A idade de ouro do Brasil*. Rio de Janeiro: Nova Fronteira, 2000.

_____. *O império colonial português*. Lisboa: Edições 70, 1977.

BURKE, Peter. *Uma história social do conhecimento: de Gutenberg a Diderot*. Rio de Janeiro: Jorge Zahar, 2003

_____. *Cultura popular na Idade Moderna*. 2ª ed. São Paulo: Companhia das Letras, 1995.

BURY, John. *The idea of progress*. Honolulu: University Press of the Pacific, 2004.

CAMARGO, Ana Maria; MORAES, Rubens Borba de. *Bibliografia da Impressão Régia do Rio de Janeiro*. São Paulo: Edusp, 1995.

CAMPBELL, John. "Work, pregnancy, and infant mortality among Southern slaves". *Journal of Interdisciplinary History*, n. 14, v. 4, 1984, p. 793-812.

CAMPOS, Fernanda Maria Guedes (org.). *A casa literária do Arco do Cego*. Lisboa: Imprensa Nacional/Casa da Moeda, 1999.

CASSIRER, Ernest. *A filosofia do Iluminismo*. Campinas: Unicamp, 1994.

CERTEAU, Michel. *A invenção do cotidiano*. 2ª ed. Petrópolis: Vozes, 1996.

_____. "A operação histórica". In: LE GOFF, Jaques; NORA, Pierre (orgs.). *História: novos problemas*. 3ª ed. Rio de Janeiro: Francisco Alves, 1988.

CHALHOUB, Sidney *et al*. *Artes e ofícios de curar no Brasil*. Campinas: Unicamp, 2003.

_____. *Cidade febril*. 2ª ed. São Paulo: Companhia das Letras, 1999.

CHANDLER, David L. *Health and slavary: a study of health conditions among negro slaves in the Viceroyalty of New Granada and its associated slaves trade, 1600 a 1810*. Tulane: Universidade de Tulane, 1972.

CHARTIER, Roger *A história cultural: entre práticas e representações*. Lisboa: Difel, 1988.

CHAUNU, Pierre. *A civilização da Europa das Luzes*. vol. 1. Lisboa: Editorial Estampa, 1985.

CHILD, Matt. "Master-slave rituals of power at a gold mine in nineteenth century Brazil". *History Workshop Journal*, 53(1), 2002.

COELHO, Edmundo dos Santos. *As profissões imperiais*. Rio de Janeiro: Record, 1999.

COELHO, Philip R.; ROBERT A. McGuire. "Diets versus diseases: the anthropometrics of slave children". *The Journal of Economics History*, v. 60, n. 1, 2000.

CONRAD, Robert Edgar. *Tumbeiros: o tráfico de escravos para o Brasil*. São Paulo: Brasiliense, 1985.

CORADINI. Odaci Luís. Grandes famílias e elite profissional na medicina no Brasil. *História, ciências e saúde*, v. 3, n. 3, 1997.

COSTA, Emilia V. *Da Monarquia à República*. 3ª ed. São Paulo: Brasiliense, 1985.

CRESPO, Jorge. *A história do corpo*. Lisboa: Difel, 1990.

CROSBY, Alfred. *Imperialismo ecológico: a expansão biológica da Europa, 900 a 1900*. São Paulo: Companhia das Letras, 1993.

CURTIN, Philip D. *The Atlantic slave trade*. Madison: University of Wisconsin presss, 1969

_____. "Epidemioly and the slave trade". *Political Science Quarterly*, n. 83, 1968.

DAVIS, David Brion. *O problema da escravidão na cultura ocidental*. Rio de Janeiro: Civilização Brasileira, 2001.

_____. *The problem of slavery in the age of revolution (1770-1823)*. New York: Ithaca, 1975.

DECA, Edmar de. "O colonialismo como a glória do Império". In: ZENHA, Celeste *et al*. *O século XX*. vol. 1. Rio de Janeiro: Civilização Brasileira, 2000.

DIAS, Maria Odila Leite da Silva. "Aspectos da Ilustração no Brasil". *Revista do Instituto Histórico e Geográfico Brasileiro*, Rio de Janeiro, v. 278, p. 105-170, 1968.

DUPAS, Gilberto. *O Mito do progresso*. São Paulo: Unesp, 2006.

EBLEN, J. Ericson. "Growth of the black population in Ante Bellum America, 1820-1860". *Population Studies*, n. 26, p. 273-289, 1972.

_____. "New estimates of the vital rates of the United States black population during the nineteenth century". *Demography*, n. 11, p. 301-319, 1974.

EDLER, Flávio. "Opilação, hipoemia ou ancilostomíase? A sociologia de uma doença". *Varia*, n. 32, 2004.

ELTIS, David. "Nutritional trends in Africa and the Americas: heights of Africans, 1819-1839". *Journal of Interdisciplinary History* 12, p. 453-475, 1982.

ERHARD, Jean. "L'esclavage devant la concience morale dês lumière française". In: DORIGNY, Marcel. *Abolitions de l'esclavage*. Vincennes: Presses Universitaires de Vincennes, 1995.

EUGÊNIO, Alisson. *Arautos do progresso: o ideário médico sobre saúde pública no Brasil na época do Império*. Bauru: Edusc, 2012.

_____. *Fragmentos de liberdade: as festas religiosas das irmandades de escravos em Minas Gerais na época da Colônia*. 2ª ed. Rio de Janeiro: E-papers, 2010.

FALCI, Miridan Britto. Doenças dos escravos. *Anais do XII Encontro Regional de História – ANPUH-RJ*, 2004.

_____. ALMEIDA, Ana Maria e. "Cemitérios de escravos e condições nosológicas dos escravos em Vassouras". *Revista do Instituto Histórico e Geográfico do Rio de Janeiro*, Rio de Janeiro, v. 12, n. 12, p. 211-216, 2003.

FILHO, Licurgo de Castro Santos. *História da medicina brasileira*. 2ª ed. vol. 1. São Paulo: Hucitec, 1991.

FILHO, Oswaldo Munteal. "A Academia Real das Ciências de Lisboa e o império colonial ultramarino (1779-1808)". In: FURTADO, Júnia Ferreira (org.). *Diálogos oceânicos: Minas Gerais e as novas abordagens para uma história do império ultramarino português*. Belo Horizonte: UFMG, 2001.

FLORENTINO, Manolo. *Em costas negras*. São Paulo: Companhia das Letras, 1997.

FOGEL, Robert W.; ENGERMAN, Stanley L. *Time of the cross: the economics of American Negro slavery*. Boston: Little, Brown, 1974.

FRAGOSO, João et al (org.). *O Antigo Regime nos trópicos: a dinâmica imperial portuguesa*. Rio de Janeiro: Civilização Brasileira, 2001.

FRANCO, Maria Sylvia de Carvalho. *Homens livres na ordem escravocrata*. 4ª ed. São Paulo: Unesp, 1997.

FREITAS, Octavio de. *Doenças africanas no Brasil*. São Paulo: Companhia Nacional, 1935.

FREYRE, Gilberto. *Casa grande-senzala*. 34ª ed. Rio de Janeiro: Record, 1998.

_____. *Sociologia da medicina*. Lisboa; Fund. Calouste Gulbenlkian, 1967.

_____. *Sobrados e mocambos*. São Paulo: Companhia. Nacional, 1936.

FRIEIRO, Eduardo. *Angu, feijão e couve*. 2ª ed. Belo Horizonte: Itatiaia,1982.

_____. *O Diabo na livraria do cônego*. Belo Horizonte: Itatiaia, 1981.

FREIDSON, Eliot. *Profession of medicine*. Nova York: Harper e Row Publishers, 1970.

FURTADO, Júnia Ferreira (org.). "Arte e segredo: o licenciado Luís Gomes Ferreira e seu caleidoscópio de imagens". In: _____. *Erário mineral*. Belo Horizonte: Fundação João Pinheiro, 2002.

FOUCAULT, Michel. *Vigiar e punir*. 19ª ed. Petrópolis: Vozes, 1999.

FOUCAULT, Michel. *Microfísica do poder*. 13ª ed. Rio de Janeiro: Graal, 1998.

GAY, Peter. *The Enlightenment*. New York: W. W. Norton, 1977.

GEERTZ, Clifford. *A Interpretação das culturas*. Rio de Janeiro: Jorge Zahar, 1978.

GENOVESE, Eugene. *Roll Jordan, roll: the world the slaves made*. New York: Pantheon, 1975.

_____. "The medical and insurance costs of slaveholding in the cotton belt". *Journal Negro History*, XLV, 1960.

GORENDER, Jacob. *O escravismo colonial*. 2ª ed. São Paulo: Ática, 1978.

GOULART, Alípio. *Da palmatória ao patíbulo*. Rio de Janeiro: Conquista/ INL, 1971.

GROSSI, Yonne de Souza. *Mina de Velho: a extração de homens*. Rio de Janeiro: Paz e Terra, 1981.

GUSDORF, Georges. *Dieu, la nature, l'homme au siécle des lumiéres*. Paris: Payot, 1972.

GUIMARÃES, Carlos Magno. *A negação da ordem escravista*. São Paulo: Ícone, 1988.

GUIMARÃES, Maria Regina Cotrim. "Os manuais de medicina popular do Império e as doenças de escravos: o exemplo de Chernoviz". *Revista latino-americana de Psicopatologia Fundamental*, v. 11, 2008.

GUTIÉRREZ, Horácio. "Demografia escrava numa economia não-exportadora: Paraná 1800-1830". *Revista Estudos Econômicos*, vol. 17, n. 2, 1987.

GUTMAN, Herbert. *Slavery and the numbers game: a critique of time on the cross*. Urbana: University of Illinois Press, 1975.

HAZARD, Paul. *O pensamento europeu no século XVIII*. Lisboa: Editorial Presença, 1973.

HECKSCHER, ELI. *La época mercantilista*. Cidade do México: Fondo de la Cultura Económica, 1983.

HENRIQUE, Márcio Couto. Escravos no purgatório: o leprosário do Tucunduba (Pará XIX). *História, Ciências, Saúde-Manguinhos*, v. 19, suplemento 1, 2012.

HOBSBAWN, Eric. *A era dos impérios*. Rio de Janeiro: Paz e Terra, 1988.

HOLANDA, Sérgio Buarque de. *Raízes do Brasil*. 5ª ed. São Paulo: Companhia das Letras, 1997.

_____. "Botica da natureza". In: _____.*Caminhos e fronteiras*. 3ª ed. São Paulo, Companhia das Letras, 1994.

HOLLOWOOD, Bernard. *História de Morro Velho*. Tradução de Lúcia Machado Almeida. Londres: Sanson Clarck, 1955.

HONORATO, Cláudio de Paula. *Valongo: o mercado de escravos no Rio de Janeiro, 1758-1831*. Dissertação em História - Universidade Federal Fluminense, Niterói, 2008.

KARASCH, Mary. *A vida dos escravos no Rio de Janeiro, 1808-1850*. São Paulo: Companhia das Letras, 2000.

KIPLE, Kenneth. *The caribbean salavery: A biological history*. Cambridge: University Press, 1984.

_____."The nutritional link and child mortality in Brazil". *Hispanic, America Historical Review*, v. 69, n. 4, 1989.

KLEIN, Herbert S. *O tráfico de escravos no Atlântico*. Ribeirão Preto: FUNPEC, 2004.

_____. *A escravidão africana: América Latina e Caribe*. São Paulo: Brasiliense, 1987.

KODAMA *et al.* "Mortalidade escrava durante a epidemia de cólera no Rio de Janeiro (1855-1856)". *História, Ciências, Saúde-Manguinhos*, v. 19, suplemento 1, 2012.

LARA, Silva. *Os campos da violência*. Rio de Janeiro: Paz e Terra, 1988.

LAQUER, Thomas W. "Corpos, detalhes e narrativas humanitárias". In: HUNT, Lynn. *A nova história cultural*. São Paulo: Martins Fontes, 1992.

LE GOFF, Jacques (org). *A doença tem história*. Lisboa: Terramar, 1997.

LEITE, Ilka Boaventura. *Antropologia da viagem*. Belo Horizonte: UFMG, 1996.

LIBBY, Douglas Cole. "Escravidão e demografia". *LPH, Revista de História da Universidade Federal de Ouro Preto*, n. 1, v. 3, 1992.

_____. *Trabalho escravo e capital estrangeiro no Brasil: o caso de Morro Velho.* Belo Horizonte: Itatiaia, 1984.

_____. *Trabalho escravo na mina de Morro Velho.* Dissertação em História - UFMG, Belo Horizonte, 1979.

LIMA, Silvio Cezar de Souza. *O corpo escravo como objeto de práticas médicas no Rio de Janeiro (1830-1850).* Dissertação (Mestrado em História) - Fiocruz, Rio de Janeiro, 2011.

LINDEMAN, Mary. *Medicine and society in Early Europe.* Cambrigde: Crambridge University Press, 1999.

LORNER, Beatriz Ana *et al.* "Enfermidade e morte: os escravos na cidade de Pelotas, 1870-1880". *História, Ciências, Saúde-Manguinhos,* v. 19, suplemento 1, 2012.

LOURENÇO, Fernando Antônio. *Agricultura ilustrada: liberalismo e escravismo nas origens da questão agrária brasileira.* Campinas: Unicamp, 2001.

LOVEJOY, Paul E. *Transformation in slavery. A history of slavery in Africa.* Cambridge: Cambridge University Press, 1983

LUNA, Francisco Vidal *et al. Escravismo em São Paulo e Minas Gerais.* São Paulo: Edusp, 2009.

_____; COSTA, Iraci Del Nero da. *Minas colonial: economia e sociedade.* São Paulo: Fipe/Pioneira, 1982.

_____. *Minas Gerais: senhores e escravos.* São Paulo: IPEA/USP, 1981.

MACHADO, Roberto. *Danação da norma.* Rio de Janeiro: Graal, 1978.

MAC NEILL, William. *Plagues and peoples.* New York: Doubleday, 1976.

MARIOSA, Rosilene Maria. *O tratamento e doenças de escravos na Fazenda de Santo Antônio do Paiol 1850-1888.* Dissertação de História - Universidade Severiano Sombra, Vassouras, 2006.

MARQUES, Vera Regina Beltrão. *Natureza em boiões. Medicina e boticários no Brasil setecentista.* Campinas: Unicamp, 1999.

MARQUESE, Rafael de Bivar. *Feitores do corpo, missionários da mente: senhores, letrados e o controle dos escravos nas Américas.* São Paulo: Companhia das Letras, 2004.

MATTOS, Ilmar Rohloff de. *Tempo saquarema: a formação do Estado imperial.* Rio de Janeiro: Access, 1994.

MATTOSO, Kátia de Queirós. *Ser escravo no Brasil*. 3ª ed. São Paulo: Brasiliense, 1990.

MAUZI, Robert. *L'idée du bombeur au XVIII siécle*. Paris: Librairie Armand Colin, 1969.

MAXWELL, Kenneth. *Marquês de Pombal: paradoxo do Iluminismo*. Rio de Janeiro: Paz e Terra, 1997.

MELLO, Pedro Carvalho de. Estimativa da longevidade de escravos no Brasil na segunda metade do século XIX. *Estudos Econômicos*, v. 13, n. 1, 1983.

MOREIRA, Paulo Roberto S. "'Portanto, os senhores exigindo dos escravos mais do que podem, cometem homicídio': vida e morte de indivíduos cativos nos oitocentos através dos registros de óbito". *Espaço Plural*, Porto Alegre, n. 22, 2010.

MELO, Ciro Bandeira de. *Nova Lima ontem e hoje*. Belo Horizonte: Arte editora, 2008.

MOTA, Carlos Guilherme. *Ideologia da cultura brasileira*. 3ª ed. São Paulo: Editora 34, 2008.

MOTTA, José Flávio. "A família escrava e a penetração do café em bananal: 1801-1829". Separata da *Revista Brasileira de estudos de população*, vol. 5, n. 1, 1988.

NASCIMENTO, Dilene Raimundo do; CARVALHO, Diana Maul e MARQUES, Rita de Cássia. *Uma história brasileira das doenças*. v. 2. Rio de Janeiro: Mauad, 2006.

NASCIMENTO, Dilene Raimundo; CARVALHO, Diana Maul (org.). *Uma história brasileira das doenças*. Brasília: Paralelo 15, 2004.

NETO, André de Faria P. *Ser médico no Brasil*. Rio de Janeiro: Fiocruz, 2001.

NEVES, Maria de Fátima Rodrigues das. "Mortalidade e morbidade entre os escravos brasileiros no século XIX". *Anais do Encontro Nacional de Estudos Populacionais*, ABEP, 1994.

NISBET, Robert. *History of idea of progress*. New York: Basic Books, 1980.

NOVAIS, Fernando. *Portugal e Brasil na crise do antigo sistema colonial (1777-1808)*. 6ª ed. São Paulo: Hucitec, 1995.

NUTONN, Vivian. "Humoralism". In: BYNUN, W.F.; PORTER, R. *Companio encyclopedia of the history of medicine*. Londres e Nova Iorque: Routledge, 1997.

ODA, Ana Maria Galdini Raimundo. "O banzo e ouros males: o páthos dos negros escravos na memória de Oliveira Mendes". *Revista latino-americana de Psicopatologia Fundamental*, v. 1, n. 2, 2007.

PAIVA, Clotilde A. e LIBBY, Douglas Cole. Caminhos alternativos: escravidão e reprodução em Minas Gerais. In: *Estudos Econômicos*. São Paulo, v.25, nº. 2, 1995.

PARAHYM, Orlando. *Doenças dos escravos em Pernambuco*. Recife, Gráfica Caxangá, 1978.

PEREIRA, Júlio César Medeiros da Silva. À flor da terra: o cemitério dos pretos novos no Rio de Janeiro. Rio de Janeiro, Garamond/IPHAN, 2007.

PHILLIPS, Ulrich B. *American negro slavery*. Baton Rouge, LSU, 1966.

PINTO, Natália Garcia. Trabalho e morte: um estudo das causas de falecimentos de trabalhadores cativos na cidade portuária de Rio Grande (1864-1870). *Aedos*, no 4, v. 2, 2009.

PORTER, ROY. *Das tripas coração. Uma breve história da medicina*. Rio de Janeiro: Record, 2004.

PORTO, Ângela. *Doenças e escravidão: sistema de saúde dos escravos no Brasil do século XIX*. Rio de Janeiro, Fiocruz, CD-Rom, 2007.

_____. Sistema de saúde dos escravos no Brasil do século XIX. *História, Ciência e Saúde-Manguinhos*, v.13, no 4, 2006.

_____. A assistência médica aos escravos no Rio de Janeiro. In: *Revista Papéis Avulsos*. Rio de Janeiro, Fundação Casa de Rui Barbosa, p. 13-25, 1988.

POSTEL, Willian. Dosite. *The health of slaves on Southern plantations*. Baton Rouge: Louisiana State University Press, 1951.

PRADO Jr, Caio Prado. *História econômica do Brasil*. 42ª ed. São Paulo, Brasiliense, 1995.

_____. *Formação do Brasil contemporâneo*. 14ª ed. São Paulo, Brasiliense, 1976.

READ, Ian. *The Hierarchies of Slavery in Santos, Brazil, 1822-1888*. Stanford, University Press, 2012.

_____. "Um declínio triunfante? Tétano entre escravos e livres no Brasil". *História, Ciências, Saúde-Manguinhos*, v. 19, suplemento 1, 2012.

REIS, João José e SILVA, Eduardo. *Negociação e conflito: a resistência negra no Brasil escravista*. São Paulo, Cia das Letras, 1989.

RIBEIRO, Márcia Moisés. *A ciência nos trópicos: arte médica no Brasil do século XVIII*. São Paulo, Hucitec, 1995.

ROCHA, Antonio Penalves. "Idéias antiescravistas da Ilustração na sociedade escravista Brasileira". *Revista Brasileira de História*, v. 20, n. 39, p. 15-42, 2000.

RODARTE, Mario Marcos Sampaio. *O trabalho do fogo: domicílios ou famílias do passado – Minas Gerais, 1830*. Belo Horizonte: UFMG, 2012.

RODRIGUES, Cláudia. *Lugares dos mortos na cidade dos vivos*. Rio de Janeiro: Biblioteca da Cidade, 1997.

ROSENBERG, Charles E. *Explaning epidemics and other studies in history of medicine*. Cambridge: Cambridge Universty Press, 1995.

ROSEN, George. *História da saúde pública*. São Paulo: Unesp, 2000.

ROSENTHAL, Caitlin. *From slavery to scientific management: capitalism and control in America (1754-1911)*. Mimeo 2013.

SANTOS, Magnólia Costa (org.). *Diderot: Da interpretação da natureza e outros escritos*. São Paulo: Iluminuras, 1989.

SAVITT, Todd L. *Medicine and slavery: the diseases and health care of blacks in antebellum Virgínia*. Urban: University of Illinois Press, 1978.

SCHAFF, Adam. *História e verdade*. São Paulo: Martins Fontes, 1978.

SCHWARCZ, Lilia M. *A longa viagem da biblioteca dos reis*. São Paulo: Companhia das Letras, 2002.

SCHWARTZ, Marie Jenkins, *Birthing a slave: motherhood and medicine in Antebellun South*. Havard: University Press, 2006.

SCHWARTZ, Stuart B. "Resistance and acomodation in 18th century Brazil: the slaves view of slavery". *The Hispanic American Historical Review*, v. 57, n. 1, 1977.

SHERIDAM, Richard B. *Doctors and slaves: a medical and demographic history of slavery in the British West Indies*. Cambridge: Cambridge University Press, 1985.

SILVA, Alberto de Costa e. "A memória histórica sobre os costumes particulares dos povos africanos." *Afro-Ásia*, v. 28, 2002.

SILVA, Maria Beatriz Nizza da (org). *Brasil: colonização e escravidão*. Rio de Janeiro: Nova Fronteira, 2000.

SILVEIRA, Alessandra da Silva. *Sacopema, Capoeiras e Nazareth: estudos sobre* a formação de família escrava em engenhos do Rio de Janeiro do século XVIII. Dissertação, Unicamp, Campinas, 1997.

SLACK, Paul; RANGEL, Terence (org). *Epidemic and ideias: ensays on the historical perception of pestilence*. Cambridge: Cambridge University Press, 1999.

SLENES, Robert. "African, Lucretias and men of sorrows: Allegory and Allusion in the Brazilian Anti-slavery (Lithographis) (1827-1835) of Johann Moritz Rugendas". *Slavery and Abolition*, v. 23, 2002.

_____. "As taxas de fecundidade da população escrava brasileira na década de 1870". *Anais do V Encontro Nacinal de Estudos Populacionais*, ABEP, 1986.

SOMARRIBA, Maria das Graças G. *A medicina no escravismo colonial*. Belo Horizonte: UFMG/FAFICH, 1984.

STECKEL, Richard H. "Birth weights and infant mortality among American slaves". *Economic History*, n. 23, p. 173-198, 1986.

_____. *A peculiar population: the nutrition, health, and mortality of American slaves from childhood to maturity*. Mimeo, 1985.

_____. "Slave mortality: analysis of evidence from plantation records". *Social Science History*, n. 3, p. 86-114, 1979.

STEIN, Stanley J. *Grandeza e decadência do café no Vale do Paraíba*. São Paulo: Brasiliense, 1961.

SKINNER, Quentin. *As Fundações do Pensamento Político Moderno*. São Paulo: Companhia das Letras, 1996.

SOUZA, Laura de Mello e. *Os desclassificados do ouro*. 3ª ed. Rio de Janeiro: Graal, 1990.

SOUZA, Rafael de Freitas. *Trabalho e cotidiano na mineração aurífera inglesa em Minas Gerais: A Mina de Passagem de Mariana*. Tese de História - USP, São Paulo, 2009.

TEIXEIRA, Heloísa Maria. "Família escrava, sua estabilidade e reprodução em Mariana: 1850-1888". *Afro-ásia*, n. 28, 2002.

TULLY, James. *Meaning and context: Quentin Skinner and his critics*. Cambridge: Polity Press, 1988.

VAINFAS, Ronaldo. *Ideologia e escravidão*. Petrópolis: Vozes, 1986.

VALADE, Bernard. "Idée de progrés". *Encyclopaedia universalis*, 2004.

VENÂNCIO, Renato Pinto. *Cativos do reino: a circulação de escravos entre Portugal e Brasil, séculos 18 e 19*. São Paulo: Alameda, 2012.

VILLELA. Bráulio Casardale. *Nova Lima: formação histórica*. Belo Horizonte: Ed. Cultura, 1998.

VOVELLE, Michel. *O homem do Iluminismo*. Lisboa: Editorial Presença, 1997.

WISENBACH, Maria Cristina Cortez. "Gomes Ferreira e os símplices da terra: experiência social dos cirurgiões no Brasil colonial". In: FURTADO, Júnia Ferreira (org). *Erário mineral*. 2ª ed. Rio de Janeiro: Fiocruz; Belo Horizonte: Fundação João Pinheiro, 2002.

ZEMELLA, Mafalda P. *O abastecimento da Capitania de Minas Gerais no século XVIII*. São Paulo: Hucitec, 1990.

AGRADECIMENTOS

Agradeço à Fapemig pelo apoio para publicação deste livro, à minha família, por tudo que ela representa para mim; pelo afeto, pela educação, pelo preparo para enfrentar a os desafios impostos pela vida e pela civilização. Aos mestres, desde as séries iniciais até o pós-doutorado, em especial Renato Pinto Venâncio, que me preparou para lidar com pesquisa na graduação, Celeste Zenha, cuja memória homenageio, que me ajudou a desenvolver meu estudo de mestrado, e Penalves Rocha, meu orientador no doutorado. Ao professor Ivan do ICHS/UFOP, que retornou aos braços do criador precocemente, com quem aprendi a cultivar meu espírito crítico, e à minha primeira professora, Nanci Couto, exemplo de cultura, educação e gentileza que instiga a admiração de seus ex-alunos.

Sou grato também às instituições arquivísticas e às bibliotecas de obras raras que franquearam seus acervos para que esta pesquisa pudesse se conduzida: Arquivo Público Mineiro, Arquivo Eclesiástico da Arquidiocese de Mariana, Biblioteca da Academia Nacional de Medicina, Biblioteca Nacional, Casa da Memória de Nova Lima, Centro de Estudos Mineiros/UFMG, Instituto de Estudos Brasileiros/USP, Museu da Inconfidência e Real Gabinete Português de Leitura.

Esta obra foi impressa pela Renovagraf em São Paulo no outono de 2016. No texto, foi utilizada a fonte Adobe Jenson Pro em corpo 11 e entrelinha de 15 pontos.